# 时尚教主

## 告诉你一个真实的迪奥

王笑月 郑红涛 译

［法］伊莎贝尔·拉比诺（Isabelle Rabineau）著

华东师范大学出版社

克里斯汀·迪奥(Christian Dior,1905—1957)

克里斯汀·迪奥在位于格兰佛的童年港湾「罗经点」别墅的花园中。这张照片大约摄于1920年,远景中依稀可辨认出第二张脸,那是克里斯汀其中一个兄弟贝尔纳·迪奥的脸。

布拉塞1947年为迪奥拍摄的肖像照。这张照片是围绕着三"头"构思的。第一个是悬挂在迪奥身后某幅画上人物的脸,其视线与迪奥的视线重合。在两张脸之间,支着一盏高高的灯,这是照片的第三个"头"。

左图:1947年2月迪奥公司第一个时装发布会举行前,工人们在做最后的布置调整。迪奥在建筑师格朗皮埃尔的陪同下参观现场。这张照片出自能从"内部"理解迪奥的摄影师威利·梅沃德之手。

上图:迪奥在工作室,1948年。

下图:迪奥与时装模特在一起,1950年。

迪奥在桌前书写,1950年。

# 克里斯汀·迪奥的疾速人生

## 大 事 记

1905 年　1 月 21 日出生于芒什省格兰佛(Granville)。
1928 年　和雅克·邦让(Jacques Bonjean)合开第一家画廊。
1931 年　玛德莱娜·迪奥(Madeleine Dior)去世。与一群建筑家访问苏联。迪奥家破产。
1932 年　和皮埃尔·科勒(Pierre Colle)合开第二家画廊。
1934 年　在西班牙伊比沙(Ibiza)患结核病,后康复。
1936 年　完成首批时装设计图。
1946 年　创立迪奥时装公司。
1947 年　发布第一次时装秀,推出 New Look(新风貌)系列时装(2 月 12 日)。
1948 年　创立迪奥纽约分公司。
1957 年　10 月 24 日在意大利蒙泰卡蒂尼(Montecatini)突发心脏病去世。

# 目 录

引言　渴望改头换面的男人 / 1

## 第一部分　从童年的服饰到不朽的祭服 / 1

　　第一章　肥料、鲜花和风玫瑰：迪奥的童年 / 3

　　第二章　偶像的诞生 / 25

## 第二部分　迪奥：年轻的艺术家 / 43

　　第三章　迪奥的相册 / 45

　　第四章　面具下的迪奥 / 64

　　第五章　艺术家和摄影师圈子里的迪奥 / 78

　　第六章　他的眼眸：威利·梅沃德 / 96

　　第七章　另一个克里斯汀 / 105

## 第三部分　战时迪奥 / 129

　　第八章　时尚之战 / 131

　　第九章　迪奥一家的大逃难 / 151

　　第十章　没有迪奥，就没有黛德丽！ / 169

## 第四部分　蒙田大道上的迪奥 / 185

　　第十一章　1947年2月12日：最初的舞台 / 187

第十二章　马塞尔·布萨克：飞机、降落伞和时尚／204

第十三章　迪奥，国之丰碑／215

第十四章　手杖和设计师／226

第十五章　迪奥和圣罗兰：情如父子？／231

结束语　当汀成为克里斯汀·迪奥／236

# 引 言
## 渴望改头换面的男人

毫无疑问,你早就和他打过照面了,不是在某张照片上,就是在某个时尚报道中。你欣赏他作品的优雅,同时也注意到他作为人本身的平凡和独特。而他这样一个人物,在去世半个世纪后,正慢慢隐退于时间中。你曾经追随过他时装公司的发展,见证过它傲人的业绩。你或许拥有一两款迪奥的丝巾,又或许更追捧迪奥香水。很快,当你在旅行中,或者在某个中转城市时,你的目光会不自觉地追随着那著名的深灰底白字的品牌标志。迪奥,他向世人展示了法国文化的魅力,其影响力遍布全球,相信在你心中也定然占据了某个小小的角落。

诚然,这个男人让人联想起时尚和那些供人赏玩的小玩意儿,但他首先是20世纪欧洲某种稳重而潇洒的特定时装类型的代言人。这很难解释。事实上,在你之前,迪奥的标签早就绣在了好几代人的衣服内领上。1950年到1960年间的法国,由戴高乐、芭铎(Bardot)和迪奥共同写下历史。2012年,美丽、技艺和奢华依然同这一熠熠生辉的姓氏联系在一起。迪奥陪伴着你的父母走过人生旅途,如今它将同样在你的人生中续写篇章。这位时装设计师的盛名历久弥新、经久不变。这个名叫克里斯汀·迪奥的男人,他的传奇故事仍将在你的生命中以千变万化的方式精彩上演。

关于迪奥,你以为你什么都知道,但事实上你什么都不知道。而他,却对你了若指掌:无论你穿衣还是脱衣,他都观察着你。因而,他参与了你最私密的生活。另外,你的家中、你的包里,随处可见他的踪迹;你的行头、你的筒袜或者领带,处处打上他的烙印。如今,即使克里斯汀·迪奥这个男人已经几乎消失在他的作品中,即使他在他所缔造的传奇中的分量被日益淡化,又有什么关系呢?是他用他的笔勾勒出你的身形,因为他早已被铭刻在有关风尚和欲望的当代历史中。

迪奥的箱子有两层底，里面装着时尚，但不仅仅只有时尚。人们还会在其中找到一面镜子，映照的是集体记忆的图像。迪奥的传奇是一本你从不会想到要去打开的小说，因为其中谈论的正是你自己。双面迪奥，是他，也是你。克里斯汀·迪奥将自传命名为《克里斯汀·迪奥和我》①，他就是这样顽皮地将自己的人生历程一分为二地看待。他赋予他的作品内部精益求精的品质，却让它的外部看起来自然得好像不曾刻意雕琢过似的：迪奥是可以溯源的。他在高端服装定制界从业将近11年，"书写"了一部法国时尚的史诗。这本书揭开了他的创作中许多不为人知的内幕，里衬、边角线、背面、图样，样样俱全。他希望带着您绕到时装的另一边去观察它。

为了勾勒出一个人物的轮廓，必须大量阅读，尤其是那些几乎不曾直接引自克里斯汀·迪奥先生的言论、却能从中发现迪奥先生蛛丝马迹的资料，比如让·谷克多（Jean Cocteau）、作曲家亨利·索盖（Henri Sauguet）以及画家让·雨果（Jean Hugo）的私人日记。我激情满怀地聆听有关他生活的记述，在种种有关他生平的资料中流连忘返——这里得感谢"迪奥之家"的负责人诚挚地为我打开了一扇扇认识迪奥先生的大门。我拜访迪奥先生在格兰佛和蒙托鲁（Montauroux）的住处，寻找米利拉福雷（Milly-la-Forêt）的房子，我仔细地观察这些寓所如何与景色相映衬、如何巧妙地镶嵌其中。这是理解迪奥的关键点，因为迪奥把他的房子看作自己的分身。

我随意地选取了一条小径，从"迪奥"品牌诞生前的迪奥先生一直走到迪奥时期的迪奥先生身边，但今天人们所熟知的那个金融和工业帝国并不在我所规划的路线上，我更无意寻找它和迪奥先生的某种联系。在"迪奥"获得成功前，他所度过的40年人生，尤其是他和同时代艺术家的亲近关系，让我直觉地认为人们不应该仅仅用传统的笔法、以常见的传记形式来描述他的人生，他配得上更好的方式，也正是这点促使我开始了手头这一工作。

阅读他所写的回忆录，尤其是对于其中几段的反复阅读，让我相信迪奥先生拥有现代意义上的多重姿态，而这样的经历引起了我浓厚的兴趣。我想要

---

① 克里斯汀·迪奥，《克里斯汀·迪奥和我》（*Christian Dior & moi*），阿米奥-杜蒙（Amiot Dumont）丛书，1956年。后文引用的克里斯汀·迪奥的话，如果没有特别指明出处，均出自这本回忆录。

弄清楚他心中的渴望,我觉得这是理解他的关键所在。随后我追踪故事的来龙去脉,想象它情节的曲折,并随之跌宕起伏,沿着那些看似不连贯的表面前行。我试图揣摩在迪奥先生身上是否存在画家所说的"修饰痕迹":这是掩在厚重的涂层之下、画布深处的最初痕迹。因为,和在凭兴趣却天赋奇才的年轻人身上一样,在成熟老练的时装设计师身上,凝思吞噬了好动,阴影笼罩了生机,第二重自我迈着孤寂的脚步,任由他人揣度。

　　在这非比寻常的命运中,没有什么是单一定义的,然而一切又毫无歧义。我们无时无刻不感受到,在这一伟大的时装设计师的外表下,隐藏着永不餍足的另一个自我——他时刻窥伺着,严于律己,以令人生畏的超我面目出现。来说一则轶事吧:如果克里斯汀·迪奥偶尔遇到自己无法做到尽善尽美的情况时,他会不知该如何面对自己的团队,因此他常常要求他的司机在外头绕好几圈后才敢踏入自己的时装公司的大门。在迪奥身上,他的多面性也有众多"具体"的体现:比如你以为他只是一个时装设计师,但你却能在他身上看到园艺师、建筑师、作曲家、外交官、画廊经营者等多重姿态。他改变,他调换,他创造。不仅是服饰,还有面貌和面具。克里斯汀·迪奥到底渴望什么?他渴望改头换面。而他擅长的工作,他所致力于完成的事业,正是帮助他人改头换面。

　　多亏了迪奥档案馆的工作人员,以及这一次走访过程中遇见的其他所有人的帮助,在和他们的交流过程中,我对迪奥的另一面有了越来越清晰的认识,他不仅在对风尚的把握上充满洞见,更对自己的人生目标极为明确。翻开他的双重人生篇章,不妨让我们一起侧耳倾听他的默默伤情,感受他的工作魄力,体会他如何将兴趣爱好和严肃认真融为一体,品味他那凝重不乏调皮的微笑。前文已经提到,严格意义上的传记并不能恰当自如地展示迪奥的一生;相反,他的一生无不在折射着生命历程一致性的虚幻。他想象着、堆砌着一个个虚构的故事,将它们披挂在模特身上,只有他才知道破解的密码。由于被太多的虚构环绕,他——连带着我们——已不再信赖直线的魅力,只有在以简单几何图形为图案的布料上才能"捕捉"到他的痕迹。

　　克里斯汀·迪奥的艺术家梦想化作裙子、成套制服、帽子的形状。他追求的是本质,是最重要的东西,而非那些无关紧要的附着物,也正是如此他方能在时尚圈里护己周全，方能提出最精妙的建言：人有权利再活一遍，在这第二人生中，无论男女人兽都相亲相爱，以更好的面目相互展示。说到底，迪奥对我们而言，最大的意义不正在于通过改变我们的发肤从而改变我们的生活吗？

让·谷克多曾说："迪奥(Dior)是属于我们时代的天才，这一神奇的名字中包含了上帝(Dieu)和黄金(Or)。"① 这种说法引人注目，它几乎可以用这样一个公式进行概括：优雅和黄金的产物＝迪奥。这位作家兼电影工作者是第一个声称迪奥的名字具有数学之美的人，也是第一个天马行空地理解这一征兆的重要性的人，这一定义太具有先见之明了。这不仅仅只是因为谷克多耳聪目明，具有远见卓识。事实上，迪奥品牌的活力、迪奥这一名字的魅力无一不是上述断言的最佳佐证：这四个不起眼的字母中蕴藏着某种极度饥饿的力量形式，这一原始野蛮的饥饿感誓将全世界都置于它的欲望之下。

为了追求无尽的变化，为了达到永不消逝的目标，迪奥为不朽的肌肤创造了美丽的"身外物"，60年来，它们在炽热的阳光下高举着迪奥的名号，每一季都以一种姿态展现在世人面前，永不失略带讽意的优雅。在我们面前的是一只不断浴火重生的凤凰。每一季，在他的接班人推出的时装系列中，迪奥都重获新生；这和毕加索如出一辙，后者永恒存在于他所画的缪斯女神多拉·玛尔(Dora Maar)的双眼中，每当人们凝望她时，他便在人们的嫉妒中苏醒过来。

1947年，当仍处于起步阶段的迪奥公司为了建立自己的帝国而开疆拓土时，腼腆保守的克里斯汀便表示自己不愿让其他人替他作传。1957年，也就是他去世的那一年，他的回忆录相继问世：一本《时尚小词典》②、一本解释何

---

① 这句话的原文："这个天才属于我们的时代，他那神奇的名字包含了上帝和黄金。"当人们抒发对于克里斯汀·迪奥的感想时常常借用这句。当"新风貌"系列获得成功后，谷克多很可能对这句话做了改动。谷克多还写过另一句与此呼应的句子，献给玛琳·黛德丽(Marlene Dietrich)——迪奥和他本人的共同朋友。他写道："您的名字以轻抚开头，以一顿马鞭作结。"让·谷克多很可能是在为乔治·奥里克(Georges Auric)和弗朗西斯·普朗克(Francis Poulenc)画像时认识克里斯汀·迪奥的，估计是在1923年左右。奥里克和普朗克都与迪奥走得很近。迪奥在他的回忆录中谈到谷克多："谷克多这盏指路明灯笼罩一切，照亮一切。'屋顶之牛'(Boeuf sur le toit)酒吧是这一奥义的拉萨。"他俩关系非常亲近，曾在枫丹白露附近的米利拉福雷比邻而居很长一段时间：谷克多买下了一栋执行官的旧屋，而迪奥则住在"库德莱磨坊"(Moulin du Coudret)。

② 克里斯汀·迪奥，《克里斯汀·迪奥的时尚小词典》(Christian Dior's little Dictionary of Fashion)，卡塞尔出版公司(Cassell and Co)，伦敦，1954年。

为时装设计师的访谈录《我是时装设计师》①、一本食谱②以及数十篇国际性报刊杂志的专访。克里斯汀鲜少表达自我,他撷取自己的生活片段,在其上平添甲胄发肤、容貌面具,让他人遵循他的方式探索他的人生。

还是1947年,当迪奥的第一批时装发布带给人的冲击还未完全消退之际,想象一下他对你露出默契的笑容,笑意在眼角嘴角漫开;想象一下他手持小量尺,将裙子的折边卷到他深思熟虑后的长度。这一举动显得司空平常,但在那个年代,在战争硝烟刚刚散去的那个年代,在食物和布料的定量配给始终占据人们关注焦点的那个年代,对于欲公开以自己的设计征服全世界的一名时装设计师而言,这一举动却具有革命性意味。表现这一情景的那张著名照片所象征的正是该男子的胆量,他敢于在世人面前摆出姿态,连同他用来为灵魂和躯体塑形的工具,恰如那些文艺复兴的画家们以调色盘和画笔献祭于世人的目光。

1957年,克里斯汀·迪奥骤然离世,将他的位置留给了他的继任设计师们。这些设计师争相登船,以期获得迪奥公司的保驾护航。而迪奥公司在这位全能的设计师宣告自己成为奠基人的那刻起,便全面奉行他的行为准则。没有人,甚至连伊夫·圣罗兰都无法企及这位迪奥设计师团队先驱的特殊尊荣。这份尊荣历久弥新,成为这个不愿受人瞩目的男人的印记。

在永恒的时空倒错的晕眩中,人们微笑着想象这位如今享有国际声誉的克里斯汀·迪奥的模样。所有讲述迪奥的故事拼凑出的只是一篇杂乱的人物传记,就好像一份长裙的图样,人们接二连三地在肩膀上拼接袖子,却再找不回初稿上的样子。

因为克里斯汀·迪奥的故事从未终结,在本书引言的结尾,我们将话语权交还给迪奥本人,让他发声。这段《克里斯汀·迪奥和我》的结束语让人联想到大作家弗拉基米尔·纳博科夫以及他于1941年出版的小说《塞巴斯蒂安·

---

① 克里斯汀·迪奥,《我是时装设计师》(*Je suis couturier*),对话由埃利·拉布丹(Élie Rabourdin)和艾丽丝·沙瓦讷(Alice Chavane)收集整理,征服者出版社(Éditions du Conquistador),1951年。

② 克里斯汀·迪奥,《裁缝手的烹饪术》(*La Cuisine cousu-main*),沙特洛德伦(Chatelaudrun),1972年。书中插图由勒内·格鲁瓦(René Gruau)所画。这本书收入了设计师最喜欢的菜谱,有原创的,也有充满异域风情的。该书在迪奥去世后出版。

奈特的真实生活》，这部小说讲述了一个人为自己的兄弟而实际上是消失的另一个自我作传的故事。而迪奥说：

"和我这位双生兄弟正面交锋的时刻似已到来，而我总是如履薄冰。自我成为克里斯汀·迪奥以来，他处处走在我前面。他和我之间有一笔账要算。对我来说，我们的对话发生在此地，离我的葡萄枝和茉莉花几步之遥的此地，实是极好的。贴近大地总让我感觉更加有所依凭。这场对话势在必行，因为对我这位来势汹汹的双生兄弟，我有一些心里话不吐不快。我想告诉他，首先，我和他并非来自同一个世界（……）。任何小事都能将我们分开。他完完全全是时代的产物，完完全全活在他的时代的风起云涌间：他夸夸其谈，自称时代的革新者，或者至少也要干些让时代为之侧目的大事。而我，出生于一个资产阶级家庭，对于生存有着清醒的认识，并为之感到骄傲。从这个家庭中，我秉承了对于坚实可靠、经得起考验的结构的执著热爱，这是诺曼底人最珍贵的财富。"

本书将是一部关于成功的伪精神分裂者的传奇。

## 第一部分

从童年的服饰到不朽的祭服

# 第一章
## 肥料、鲜花和风玫瑰：迪奥的童年

从房子高处的露台眺望，可见普拉-古塞（Plat-Gousset）步道与海浪的嬉戏。我和其他拜访者一样被要求随身携带花园下方大门的钥匙，迪奥一家过去也是这么做的。我穿过旧时狭长的海关通道，来到通向大海的阶梯前。我三步并作两步冲到宽阔的沙滩上，和浪花的星星沫点来了个亲密接触。终于，一望无际的海平面在我面前展现。溜达到半途，我才意识到自己和克里斯汀·迪奥的童年港湾"罗经点"别墅（Les Rhumbs）失了联系，别墅似乎隐匿在新的景色之后。然后，它又忽然出现，浮在空中，直到再次脱离视线之外：由于玫瑰园和灌木丛的遮蔽，别墅时隐时现。这些被精心培育的植物不乏异国情调，至今看来仍是赏心悦目。这山顶花园占地一公顷，由迪奥母子在上世纪初共同布置打理，可谓工程浩大。花园最初由格兰佛那幢别墅的原主人①在一个世纪前设计打造而成，建造时充分考虑了圣米歇尔海湾的特殊气候特征。

### 一座悬崖上的别墅

当人们抵达海边时，眼前铺展开的是一幅宽银幕电影似的广角画面。左侧，海盗城在悬崖峭壁上虚张声势。若沿着海滩前行，再转头看向山顶，别墅就会清晰地出现在人们眼前；然而，此地劲风盛行，让人举步维艰，迎着风便只能不由自主地后退，与别墅渐远。事实上，映入眼帘的房子算得上一座小小城堡，样子精干结实，绝不卖弄风情；外墙已根据克里斯汀母亲玛德莱娜·迪奥

---

① 这栋房子由建筑爱好者伯斯特（Beust）建于19世纪末，而后转卖给莫里斯·迪奥。"罗经点"之名指的是三十二分位风玫瑰，以马赛克小地砖的形式镶嵌在别墅正门入口的地面上。

和他的四个兄弟姐妹的愿望重新设计并粉刷一新。在自己儿子的回忆录中，玛德莱娜的简笔画形象呼之欲出：她"**身材单薄，胃口不好**"①。从字里行间，人们能揣度出她的模样：肌肤白皙，举止若贵族般优雅，就像被流放到拉芒什海峡的女王。玛德莱娜和植物共生共息，这样的环境让她安心，激发出生的喜悦，而在她儿子眼中，她是世上独一无二的女人花——她是根茎略略弯折的玫瑰，向着天空全然绽放。

没有什么能比一个儿子的视角更加公正。这个家庭的其他成员都是诺曼底式的"乐活者和吃货"，因此，"在这个和谐整体中"，玛德莱娜可谓是唯一纤细敏感的存在，她的独特使她显得格格不入。她时常表现出昂热人的柔情，孤独而沉思，特立独行。为了维护她的阶级地位，她也遵从资产阶级的行为准则，但以一种全然个人的方法，并意志果决，充满胆识。玛德莱娜·迪奥正是这样一位女性，个性卓著，不无权威。然而，她的丈夫莫里斯·迪奥（Maurice Dior）的想法却比较墨守成规，甚或常常一成不变，比如他希望他的儿子克里斯汀将来成为外交官。在他眼中，他这儿子卓有天赋，只是有些异想天开的气质，如果愿意努力的话，就能获得比他的学业成绩所预示的更好的未来。玛德莱娜却不这么看。这一点，克里斯汀像他母亲。他很清楚，自己永远不会成为外交官。然而，对于自己将要成为什么，他并不知道。他徘徊不决。

谈到家庭荣誉，玛德莱娜向来不苟言笑。她的眼皮无精打采地抬起，投来意味深长的一瞥。她的眼眸炯炯有神，柔光四溢，似要看穿照相机复杂的取景机制可以记录下的画面以外的东西。再细看她的鹅蛋脸，下方有两枚不起眼的耳钉正闪闪发亮。她讨人喜爱，并且知道自己讨人喜爱。她一头浓密的褐色长发高高拢起，是对美好年代（Belle Époque）的一种致敬。无论是发卡和编发，还是鬓角的成型小卷，处处都可看出为她打理发型的人的耐心、用心。她的孩子们了解她所独有的优雅，并且欣赏她那些精致讲究、直觉和忧郁交织的渴望。她的穿戴仪表同样表现出对于美好年代的怀想，而她的儿子则向她的这种优雅表达了敬意——自克里斯汀第一个时装秀起，他脑海中想着的都是他母亲的形象。可以说，玛德莱娜在克里斯汀·迪奥的成功之路上印下了

---

① 《克里斯汀·迪奥和我》。

浓墨重彩。

玛德莱娜和莫里斯·迪奥共有五个孩子。雷蒙(Raymond)是他们的大哥,性格叛逆,常和父亲起冲突;克里斯汀是老二,平日里装作温顺听话,对一切都充满好奇;贝尔纳(Bernard)从不安分守己,常出人意料;雅克利娜(Jacqueline)排行倒数第二,紧随其后的是吉内特(Ginette),老幺,理性且平易近人。最后这位小妹妹尤为克里斯汀喜爱。根据贝尔纳的要求,她很快更名为卡特琳(Catherine)。孩子们阅读古斯塔夫·多雷(Gustave Doré)插画版本的佩罗(Perrault)童话故事,或者其他一些经由吕西安·梅蒂韦(Lucien Métivet)润色配图后的"现代风格"故事,其中最著名的包括《嫉妒者马蒂厄》(Mathieu l'envieux)和《我的叔叔本杰明》(Mon oncle Benjamin)。"我是个特别乖的小男孩,很有教养,"克里斯汀·迪奥如是说,"在生活中独自一人什么都应付不来。"

1931年,玛德莱娜在巴黎接受外科手术,手术引发败血症,她于翌日悄无声息地离开了人世,任由她的孩子们陷入巨大的惊慌失措之中①。失去玛德莱娜对于整个家庭来说可谓毁灭性的打击。对于所有人,尤其是克里斯汀而言,这一打击造成的影响从未湮没在时间长河中。

将近30年后的1957年,轮到克里斯汀·迪奥撒手人寰,在这之前,他结束了最后一场他最爱的凯纳斯特纸牌游戏(出掉最后一张牌方能获胜)。迪奥经常邀请宾客到他位于朱尔-桑多大街(Jules-Sandeau)的私宅参加"迪奥周日"聚会。其中某位座上常客曾指出,对于迪奥而言,这一纸牌游戏可谓一场真正的仪式。人们围坐在厚重的红丝绒帷幔、插满绿色植物的铜花盆以及镶着金边的深色长沙发间,在这个私密的牌友圈中,必须要提及的是首都"黑夜之王"马克·多尔尼茨(Marc Doelnitz),其他作陪的还包括迪奥公司的苏珊娜·卢琳(Suzanne Luling)、春天百货橱窗设计师金皮·鲍姆加特纳(Kimpy Baumgartner)、巴西友人玛丽亚·弗里亚斯(Maria Frias)以及法国驻美大使夫人埃莱娜·博内(Héléne Bonnet)。但在迪奥看来,仅有纸牌游戏不足以讨

---

① 这个版本的"官方"说法和迪奥在回忆录中的叙述互相矛盾。迪奥写道:"我的弟弟得了一种无法治愈的精神疾病,我母亲的健康愈发受损,最后死于悲痛之中。"

宾客们欢心，满足他们对于感官愉悦的追求，因为愉悦从来都应该过剩。在谈起那些在游戏和盛筵中一起度过的下午时，马克·多尔尼茨说道："我们才刚刚消化完一顿丰盛的午餐，仆人们便端上来一份全世界孩子梦想中的餐后甜点：甜腻的热巧克力、吐司、蛋糕、纯果酱，这些都根本应该是在庞大固埃式①的冷餐后才会端上来的食物。在这一道道考验过后，消化不良是必然的结果，一个星期的时间用来消化根本不算长，而接下来又立马要面对一顿新的大餐。"②在这一近乎孩子气的丰盛背后，掩饰不了的是一种害怕再次缺失的心情。在这些周日，在这些欢笑和对撞大运的期待中，我们看到的是一个仍未从失去母亲的创痛中恢复过来的孤儿迪奥。

在"罗经点"别墅，克里斯汀·迪奥将"一块玻璃掉在地板上，碎成千百片"看作是母亲之死的前兆。在他的个人传记中，他毫不掩饰地将失去母亲和弟弟贝尔纳被关入精神病院所带来的悲痛联系在一起。在一篇干巴巴的、不带任何安慰色彩的文章中，他这样写道："我的弟弟得了一种无法治愈的精神疾病，我深爱的母亲健康愈发受损，最后死于悲痛之中。"除此以外，人们一无所知。

## 玛德莱娜和风玫瑰

1905年1月21日，也就是在克里斯汀出生不久后，玛德莱娜意志坚决地说服她的丈夫购置了位于格兰佛的一处产业，它由一位建筑爱好者伯斯特先生于19世纪末建造。她坚决想要将之收为己有，因为她觉得，"罗经点"别墅不仅提供了面朝大海独一无二的视角，或许也将从此点亮她的人生。第一眼

---

① Pantagruel，法国作家拉伯雷的作品《巨人传》中人物。在此引申义为"胃口大的"。——译注
② 马克·多尔尼茨（马克·亚历山大·德奥斯尼茨的化名）是杰出的戏剧服装大师、演员、制片人，他曾出版了一本引人入胜的回忆录，名为《圣日耳曼德普雷的欢聚》(*La fête à Saint-Germain-des-Prés*)，罗贝尔·拉封出版社(Robert Laffont)1979年出版。马克·多尔尼茨1921年出生，2000年逝世。他是咖啡社交圈(café society)的常客，也是很多明日之星以及文艺资助人的座上宾，有他在的聚会总是云集了一批青年爵士迷、存在主义者、跳舞疯子、鲍里斯·维昂(Boris Vian)、克里斯汀·贝拉尔(Christian Bérard)和朱丽叶特·格雷科(Juliette Gréco)也都混迹其中。"我们的聚会是手工艺人的乐事，是家庭的娱乐。我们在戏剧的氛围中无功利、无目的地任情挥洒。"

看去,别墅倒没什么惊艳之处,然而它所提供的视野却可无限向远方延伸。从露台上,朝肖塞岛(île Chausey)方向遥望,如果天气允许,可以一直望到泽西岛(Jersey)。对于喜欢在风景前凝思的人来说,这无疑是意外的收获:可以凝望着一幅纯粹自然的全景图,并被一种令人眩晕的静谧环绕;或许只有海浪周而复始的柔情、树干的窃窃私语、一只胡蜂转瞬即逝的嗡嗡作响会打扰这份静谧,甚或这根本算不上是一种打扰,这般雅致促人内省。

"罗经点"别墅就像格兰佛中的内陆小国,是迪奥童年的城堡,为迪奥一家抵挡了1920年至1930年间的风风雨雨,直到某日,迪奥家宣告破产,房子也随之被强制拍卖,家具散落在大厅中等待清算。充满欢声笑语的屋子,重新修建的花园,得到庇护的童年,克里斯汀打心底热爱这一切,他曾以为这是他永恒的天堂,却在某一天重重摔下。两年间,他眼睁睁看着从美国蔓延开的"1929年危机"侵吞了他们家的财产,看着他的母亲香消玉殒,看着他的弟弟贝尔纳以脆弱的精神面貌退居于他们兄弟姐妹无法进入的另一个平行世界。

后来,别墅历经变迁,成为格兰佛人心中一道上了锁的记忆。"这是迪奥的家,"他们通常这么介绍。别墅庄严地端坐在公园中间,而公园在20世纪60年代被改建得面目全非,70年代成为公共花园。最终,别墅重新归为迪奥的产业,并于1992年举办了第一次展览。贝尔纳·阿尔诺(Bernard Arnault)先生善意地促成了迪奥博物馆在此建立。品牌的成功终于将别墅重新带回了克里斯汀的世界。

所幸,别墅入口的风玫瑰马赛克装饰虽历经波折,却几乎原封不动地被保留了下来。风玫瑰贴在地上,虽然所有来访者的步履都从其上踏过,但它始终完好无损。它是别墅的皮缇亚①。为别墅绘制平面图的爱好者将之命名为"罗经点",以示敬意。这一航海术语指称的正是三十二分位风玫瑰。今天,这一星形花朵依然是迪奥家族别墅的入口标志,同样也是和克里斯汀一生紧密相连的重要标志。

在成为时装设计师10年后,迪奥希望能在蒙托鲁的"黑胶"庄园(la Colle noire)中变回当年简单快乐的花匠。从1950年起,负责庄园翻新工程的安德

---

① Pythia,古希腊阿波罗神的女祭祀,负责传达神谕,并有预见未来的能力。——译注

烈·斯维奇纳(André Svetchine)以风玫瑰为主题铺就了庄园入口的道路。这已不是这朵玫瑰的第一次再现:二战爆发后不久,迪奥在巴黎的人行道上非常偶然地看到了向四面八方折射光芒的星星的形状,他以为在这形状中找到了自己的分身。后来,他意识到这是一种绘画的图案。玫瑰和星星从那时起就成为了设计师笔下最重要的图腾,它们象征着迪奥在"罗经点"度过的童年。如果我们不透过这朵风玫瑰就想去解读迪奥的神话,那简直是痴人说梦。

克里斯汀还是小男孩的时候就什么都懂,他明白玛德莱娜对于这栋盎格鲁-诺曼底式的建筑怀有怎样一种非理性的热情。虽然在他看来——如他的回忆录所写——这房子"面目丑陋","和上个世纪末建造的所有盎格鲁-诺曼底式的房子一模一样",但他始终对这一住处抱有"最温柔、最惊叹的记忆"。玛德莱娜在两年时间中以卓越的能力监督了"罗经点"的改造工程,这一工程最主要是为了解决风在悬崖上四处乱窜的问题。就像玛格丽特·杜拉斯的母亲希望能够建立起"对抗太平洋的壁垒"一样,玛德莱娜怀有同样的雄心壮志,她希望能够建起一座对抗大西洋的壁垒。因为当时周围还鲜有人烟,他们的别墅便不得不饱受大气旋流的折磨。这一景象仿佛向设计师揭示了他的一生:"我的生活便是如此,从未得到过平静。"他是否读过儒勒·米什莱(Jules Michelet)的作品?这位作家将格兰佛这座城市和永恒的冒险精神联系在一起,他在1861年如此描摹:"格兰佛的岩石傲然矗立,它的峭壁与骇浪对峙。浪花或者偕拉芒什海峡的狂怒由北而来,或者聚集了大西洋的力量千里迢迢由西面奔赴此地。"在"罗经点"别墅中,正激荡着一部家庭传奇,让人联想到《呼啸山庄》的悲壮之美。

别墅周边的小径纵横交错,迪奥正是从中学到了基础地理的第一课。曼奇耶小道(Minquiers)、诺鲁瓦路(Noroît)、埃斯图特维尔路(Estouteville)以及悬崖路围成了迪奥的整个世界。在他面前,在想要创造属于自己的蓝色海岸的玛德莱娜面前,茫茫大海上汽笛声声,还有喧哗交谈声日日夜夜陪伴着这个家庭。

那个时期的房子主要由两种颜色组成:"非常柔和的粉色胚层中混着灰色砾石"。"它们一直是我设计服装时最偏爱的两种颜色,"迪奥如是说。从地质学看,灰色主要取自悬崖峭壁、海滩岩礁和水生植物(蜡菊、瓜叶菊、胡颓子、迷迷香、海甘蓝)。园艺设计师纪尧姆·佩尔兰(Guillaume Pellerin)于2000年开始着手按照1910年代的样子"重塑"花园,"重塑"玛德莱娜和克里斯汀联手改造并赋予其独一无二视野的花园。2002年,在研究了当时的照片后,他希望能够按照花园原来的陈设把一个大鸟笼摆回到它最初的位置,鸟儿也随之归巢。虽然花园常遭大雨侵袭,但玛德莱娜毫无畏惧,将它布置成英式花园的样子,又重建了悬崖边的道路。然后,"因为我的母亲钟爱绿色植物,我们便也没怎么考虑和谐问题,就钉上了一块冬园的金属标牌,"克里斯汀补充道。玛德莱娜要求玻璃师傅完成一件技艺非凡的杰作——如孔雀开屏般铺展开的巨大玫瑰花窗,它正是玻璃师傅心灵手巧的最佳证明。异域的花草和竹子亦点缀在冬园之中。

玛德莱娜选定"罗经点"别墅时,她正照看着刚刚出生的迪奥。迪奥将这个地方看作他的分身,看作以寓所形态出现的双胞兄弟,也就不足为奇了。他常常在叙述自己的生活时提及这一命中注定的安排:"我的生活,我的风格,几乎全部要归功于它(别墅)的位置和它的建筑。"在他的一生中,他都倾心在其他房屋中寻找"罗经点"的气味、声音和容积,不完全雷同,又不完全相异。童年时期的阅读使迪奥深深地被 doppelgänger① 这一说法所迷惑,这一世人都寻寻觅觅的分身对于这位时装设计师来说就藏于那朵逝去的玫瑰花蕾的线条中,而他始终都在试图重现这份魅力。即便他心里一清二楚,这其实早已不可能了。

## 一 连 串 图 腾

1946年,在巴黎的人行道上,这位未来的时装设计师注意到一颗掉落地面的金属星星——那实际上是货车车轴上的某个部件,他由此获得了某种预感,心甘情愿地觉得自己应该立刻投身于喧嚣的时尚圈。时年41岁的迪奥重新回忆起那份偶然、那种魔力,这位在"罗经点"别墅长大的年轻人正是从中辨认出超现实主义的巧合。在这位艺术家设计师身上,童年从未逝去,即使长大

---

① 德语,意为分身。——译注

成人仍迈着坚定的步伐向着目标前进。正是如此,在巴黎,迪奥悄然寻回了他的格兰佛城。他不断演绎着同一个符号,将它展现在世人面前。在他眼中,这个符号和他所熟知的舞蹈家、戏剧家们所使用的舞台符号相似。那些舞蹈家、戏剧家们通过透明胶带的痕迹来辨认方向,使他们不至于太过信赖自己临场发挥的水平或是地点本身的魔力。那些看似自然、实则刻意为之的"小玩意儿"透着优雅,仿佛浑然天成。这一课,我们的时装设计师时时牢记于心,他的道路上布满着这些遗落在地面的符号,仿佛尘世的一个个出口,仿佛承载着无与伦比的传奇。通常,引起迪奥注意的都是些无关紧要的琐碎小物、边角残料。他的父亲莫里斯·迪奥身上所具有的也正是这种化废料为神奇的能力,并以此养家。子承父业,迪奥一家都是淘金者和炼金师。那些被丢弃之物无人注意,而他们却能从中创造价值。

当时,迪奥和他的兄弟姐妹在"罗经点"别墅撒欢奔跑,这是庇护着他们的小小宇宙,狭小但也应有尽有。他们以这座房子的风玫瑰主题作为游戏内容,尽情嬉戏。随着他们逐渐长大,这座房子给他们讲述了更多不同的传说,它在方方面面成为了大地的象征。镌刻在屋子地基上的纹章上,一只眼睛正时刻窥伺着,它仿佛有预见前路的能力,每个人都根据自己的愿望择路而行。在这一住所中,玫瑰追随着风,轮盘转动着。它的建造者一生漂泊,住所的外表虽然看起来资产阶级气派十足,而他本人终其一生都从未完全成为资产阶级的一员。

1910年,克里斯汀5岁,家部分地搬迁到巴黎的阿尔伯里克-马尼亚尔大街(Albéric-Magnard),由此开始了在首都和格兰佛间往返的生活。1914年第一次世界大战打响后,迪奥一家又搬回了拉芒什海峡,直到1919年。1919年以后,"罗经点"别墅完全成了迪奥家的度假别墅。当回忆起那几年间经历的种种,未来的时装设计师幽默感十足又不无讽意地描述了他的德国女教师的反应。他说:"我们在格兰佛度假的时候,征兵动员的消息把所有人都惊到了。这位德国小姐起初拒绝动身,因为她和其他所有人一样,都相信不会大难临头。然而战争真的爆发后,让我们大跌眼镜的是,这位可以说和我们家朝夕相处的女士竟然宣称:如果必要的话,她随时准备好向法国士兵来那么'乓乓乓'几下。"

1918年,克里斯汀·迪奥待在格兰佛,火车载着伤兵向这座后方城市驶来。

医院很快就挤不下了,诺曼底的旅馆和赌场都被征用来接收伤员。女人们自发组织起来,慈善活动渐渐被各类救济、支援工作所取代,包括制作医用纱布,或者替前线写信等。在休息之余,人们会交换巴黎最新的时尚信息,并从中了解到"巴黎人穿着短裙和飞行靴,筒靴或是黑色或是金褐色或是苏格兰格子花纹,紧紧裹着小腿,直到膝盖"。大伙儿对这样的着装异口同声出言指责……而就在当天,每个人都争先恐后地通过夜间邮政系统向巴黎订购短裙和靴子。这便是那个年代的流于潜意识的时尚小物,那个年代"以18世纪蕾丝战争①的方式,见证了一场毫无转圜、摧毁一切的冲突",克里斯汀如此评价。

## 生活是一件艺术品

部队压境的几年前,迪奥曾独自一人到巴黎市中心拜访他的祖父母,他无法自拔地爱上了这座城市。它就像一道内心的永恒光亮,尤其点亮了他孩童时期的所有文艺憧憬:"在这里,我发现了电,同时也发现了夏特莱(Chatelêt)剧院舞台上米歇尔·施托戈夫②的悲惨呼号——'睁大眼看吧,米歇尔·施托戈夫,看啊'。从《环游世界八十天》以及杜法耶(Dufayel)那儿看到的电影影像则彻彻底底征服了我。我当时5岁,那真是一个最好的年纪,可以到处看、随心记,之后就不得不进入一个更加理性的年龄段,屈从于令人绝望的逻辑思考。"

玛德莱娜·迪奥本姓马丁,父亲是土生土长的昂热人,是名律师,母亲则是来自卡尔瓦多斯省(Calvados)的诺曼底人。克里斯汀和他的外祖母朱丽叶·苏罗斯讷(Juliette Surosne)关系极好,描述她时不乏溢美之词。这个女人虽非学者,却像百科全书一样见多识广,什么都能聊。当她的小外孙安静地给她画像时,她可以连续数小时滔滔不绝。克里斯汀最宝贝的小妹妹卡特琳·迪奥似乎遗传了朱丽叶的某些性格,尤其是她的独立精神。

这位寡妇独自养育了她的女儿玛德莱娜,并怀着决心和抱负、不无原则地通过音乐实践将其往艺术道路上引。克里斯汀像极了她,他俩相处得不能更

---

① Guerre en dentelles,指17、18世纪期间发生的战争,战场上交战双方军官身衬有蕾丝花边的服装,彬彬有礼,举止得体。——译注

② Michel Strogoff,凡尔纳小说《沙皇的信使》主人公。——译注

融洽了。她最喜欢谈论政治，交换政见，但也并非对一些迷信说法完全无动于衷。她相信命运。

她的女儿也努力地将一个远大的理想传递给自己的孩子们：应该将生活过成一件艺术品，并为之全力以赴。除了将"罗经点"打造成欣欣向荣的别墅以外，这是她人生的第二大挑战。当她在房子正面开出一道拱门、重新用植物和露台铺满花园后，她要求她的孩子们不要让她失望。

玛德莱娜在花园的时候身边总是围着克里斯汀和卡特琳，她把自己对园艺的热爱，对于花的无限眷恋怀思传递给了她的孩子，而她所迷恋的正是花朵能卸下人一切防备的娇弱特质。那一束束、一丛丛、一棚棚花草写就了她的生活哲学。所有发生在"罗经点"的一切，都稀松平常地进行着一场与四季、与潮汐、与星辰的长时间密谈。

克里斯汀·迪奥用花的语言和他的母亲交谈，由此拉近了两人间的距离。他为了她才去学习那些复杂的学名，去留心那些精细的描述，去记住那些源流和谱系。卡特琳也是一样。后来，这种家族式的条件反射在迪奥口中显得如此理所当然："我从我的母亲那里秉承了对花的热情，当我和花花草草、园林花坛相伴时总是尤为开怀。"铃兰成为了他的幸运花，唤起他对灌木的嗅觉记忆，这记忆伴着扑鼻的香气，转瞬即逝而又逡巡不前。迪奥和花的联系，也即他和玛德莱娜的联系，从无边界，也无见证。那些奏着小曲小调的赌场，那些鲜花节庆聚会，或许会让拖着箱子、孩子和仆人到海边度假的巴黎人找到一种假日的感觉，但迪奥一家并不曾真正融入过这种夏日的氛围中。他们尽可能地无视这种氛围，"在剩下的9个月里，我们缩在自己的寓所里，和外界隔离，就像一座孤岛，尤其远离山下那座充斥着商业味儿的城市，我们几乎什么人都不见。这种隔离恰合我的胃口"。在"罗经点"的迪奥一家像岛民一样生活着。

## 迪奥，臭死了！

正当玛德莱娜专心于园艺事业或者忙于在报纸以及她推崇备至的维尔莫兰种子公司(Vilmorin & Andrieux)产品目录中寻找新的园艺尝试时，在"罗经点"别墅外，会回响起两种截然不同的吵嚷声，有时候甚至是令人难忘的尖叫声，打乱了整个家庭的井然有序。

仔细听，一句"迪奥，臭死了！"清晰地从下面传了上来，淘气鬼们一直刻意重复着这句话。尤其是在那几天，当大风将化肥的臭味散布于整个城市中时。之后，另一些叫喊从普拉-古塞海滩传到"罗经点"的露台。你会听到那些关于格兰佛皇后选举的连篇累牍、夸夸其谈的演说，还有那些阿谀奉承的尖叫欢呼，因为每年的格兰佛狂欢节都选在这片沙滩上举行开幕式。这两种声浪此起彼伏，仿佛在为迪奥的童年打着节拍。

克里斯汀·迪奥在他的笔下没有谈及这声全格兰佛居民都记得的"迪奥，臭死了"在他的身上留下了怎样的印记。这些斥责是有据可循的。虽说回想起来，迪奥别墅似乎只散发香气，但在 20 世纪到来之时，一提到迪奥公司，人们就会联想起工业化手段如何将令人作呕的废弃物变为化肥和其他洗涤剂。少年迪奥需假以时日方能明白他的姓氏缘何在其他人心中产生这样微微的厌恶和排斥感。

## "迪奥"是怎样一个姓？

"迪奥"这个姓氏是未来设计师从他父亲莫里斯那里继承的。莫里斯是个举止稳重、眉头紧锁的男人，在小克里斯汀的心中，父亲的形象某种意义上是和他的大办公室中一件家具的骇人模样混在一起的。这件家具大得让人害怕，使孩子心中充满一种"神圣的恐惧感"。从克里斯汀对这间"父亲在其中拼命干活"的办公室的描述，可以看出父亲在他心中有多严厉。成年后的迪奥在他的回忆录中谈起这个地方时，出人意料地描绘了大量细节：办公室里面藏有一口文艺复兴时期的锡制装饰挂钟，上面持戟的士兵"在我看来特别令人生畏。虽然我父亲感觉良好，但我走进这间房间的时候永远都是惴惴不安的。通常，等着我的都是一顿责备。有时我进去只是为了瞅一眼神秘的电话机，那真是轰动一时的新玩意儿，它永远都不会让我感到厌倦"。电话机被放在和办公室连通的玻璃小阳台上，藏在一个大型木质时钟里面，钥匙只有莫里斯·迪奥才有。电话铃声从箱子里发出，听起来反倒更加响亮，仿佛是为了冲破桎梏而撕心裂肺地吼叫。办公室拥有一个独立的入口，这样就可以避免那些和家族工厂有关的业务往来打扰到家庭生活。

参观父亲的工厂在克里斯汀心中留下了可怕的回忆,由此使他明确了自己的志向:"永远不愿在办公室工作,无论是行政工作还是其他。"这一志向在很大程度上坚定了少年的心意。虽然迪奥不曾公开表示要和工厂断绝往来,但他也逐渐抹杀了接手家族工业的可能性。1929年的危机助了他一臂之力,虽然在这之前他或许已经决定中断这一伴随欧洲经济腾飞而兴起的家族事业。这个肩负着神话、承载着激情的企业家家族,孕育出了一个新王朝的理想。

如果想要往工厂的方向前进,就得再一次穿越"罗经点"的种种景致,抹去大西洋海滨的纯粹之美,才能抵达这座克里斯汀·迪奥诞生前的迪奥家所坐拥的工业帝国。在悬崖的另一侧,毗邻格兰佛的圣尼古拉(Saint-Nicolas-près-Granville),这个家庭靠着化肥、肥料和洗涤剂获得了成功。

## 肥 料 帝 国

事实上"迪奥"家的工业传奇可以追溯到有家谱记载的两代以前。克里斯汀的曾祖父路易-让·迪奥(Louis-Jean Dior)是个一心依附土地的诺曼底人,他在1832年创建了一家肥料工厂。在转向其他种类的天然肥料之前,他首先开发的品种是海藻肥料。据拉芒什的档案记载,这个男人是圣伊莱尔-迪阿尔库厄(Saint-Hilaire-du-Harcouët)的农场主,但自己住在萨维尼-莱弗约(Savigny-le-Vieux),后者位于布列塔尼省和诺曼底省交界处,那里有一座著名的修道院,而他则担任该市市长。他自己也刚接触土壤改良剂这种新型产品,知道酸性物质和钙质土地之间会发生某种微妙的化学反应,缺乏有机物质的土壤会由此变得更加多产。

这名先行者经常听到人们谈论那些遥远地方生产的肥料,因为在1840年,由于地利之便,拉芒什早已开始从智利和秘鲁进口天然肥料(guano)——该词来自盖丘亚语,指的是动物排泄物分解后得到的物质。布干维尔(Bougainville)上的鸬鹚是这一肥料的最大制造者。

这种肥料经船运转铁路运输,最后送到迪奥家的工厂做进一步转化。肥料开采大多在太平洋不同的小岛上进行,在那些地方肥料堆积如山,实实在在是值得开发的金矿。1820年至1860年间,私有企业和国有企业纷纷加入开采队伍,而开采出来的最优质肥料主要被运往美国、英国和法国,很多人由此赚取了大量财富。

在法国,人们通常用动物的碳化骨来提炼肥料,称为"黑子",也用家庭废物垃圾转化并发酵成"城市肥料"。路易-让·迪奥长期坚持生产天然肥料,后来才开始收集家庭垃圾,并终于在1860年拿下了格兰佛的这块市场。当港口因为废水日益面临霍乱的威胁时,居民开始高度重视保持街道整洁。因此,交付到路易-让·迪奥手上的市场可以说是一个战略性市场。这样一种工业行为在人们眼中不仅效用卓越,更是一种保洁行动,它不仅没被诟病,甚至恰恰相反,它相当受当地人欢迎,因为它满足了那个年代民众的一大诉求。

## 洗涤剂、漂白剂和泪水

1873年,毗邻格兰佛的圣尼古拉允许迪奥在本区设厂,工厂命名为迪奥兄弟公司(L. Dior Frères)。路易-让·迪奥的五个儿子先后接手,将肥料的生产销售扩张到整个地区,并在西边,也就是在朗代尔诺(Landerneau)和圣马可(Saint-Marc)开设了新的工厂。迪奥家第三代——其中包括克里斯汀的父亲莫里斯和吕西安(Lucien)——于1893年接手家族生意。这对日耳曼兄弟将公司业务向各方面拓展,开始生产不同种类的化学制品、洗涤碱和洗涤剂。公司最畅销的产品是圣马可洗涤剂和迪奥漂白剂。迪奥家的广告都创意非凡,布告栏、折叠册、标签到处可见。回头看,今天迪奥的形象推广就像一个糟透了的小把戏的受害者,恶魔仿佛正耍着小聪明伸出魔爪将洗涤剂和漂白剂的瓶子换成香水瓶。"迪奥肥料,黄金品质(L'engrais Dior, c'est de l'or)",当年随手拿到的传单上都会印着这句标语。而一个世纪后的今天,著名的"迪奥真我"(Dior j'adore,直译为:迪奥,我钟爱)①成了它的后继者,隐在蜡光纸或视频上黄金色的梦幻氛围中②。

---

① "迪奥真我"是该品牌的著名广告系列,由查理兹·塞隆出演,2009年后陆续分季播出。
② 两句广告宣传语都押-or韵,or指黄金。——译注

在对后者耳熟能详的人们眼中,过去那句宣传语显得如此荒唐可笑。

工厂的业务欣欣向荣。格兰佛 11 公顷的厂房中雇用了多达 500 名工人,这一工厂被命名为圣尼古拉工厂,1905 年起更名为迪奥兄弟公司(Dior Fils et Cⁱᵉ),1911 年迁至吕西安居住的巴黎。这位巴黎综合理工学院毕业的高材生于 1904 年被选为拉芒什的议员,1921 至 1924 年间在白里安(Briand)和普恩加莱(Poincaré)的内阁担任商务部长,这无疑为家族添了光,将其声誉提高到前所未有的国家高度。吕西安秉承了迪奥家族的传统,自称是天主教徒和共和国拥护者。但格兰佛的报纸称他是君主制的狂热拥趸,认为他在巴黎获得的种种成功是因为他取悦了反动派。莫里斯·迪奥自 1910 年起将自己持有的一部分股权,尤其是肥料工厂部分的股权卖给了佩西内集团(Groupe Pechiney)。他曾经准备在巴黎讷伊(Neuilly)大兴土木,但终究没能付诸实践。①

1923 年,公司更名为迪奥工厂有限公司(Société anonyme des usines Dior)。20 世纪 20 年代,追求农业机械化以及生产效率使得人们对肥料产生大量需求。但是,以动物为主要来源的传统制造工艺满足不了,因此人们开始越来越多地转向生产化学肥料,尤其是通过提炼硫酸盐和硝酸铵的钾和氮元素进行制造。这是家族生意的失败转型?的确,当 1929 年的特大经济萧条来临,就像当时许多其他企业一样,迪奥公司困境重重,最终不得不以出售作结。售出后的公司仍有谱系演变可循:1958 年的西部肥料公司(Société des fertilisants de l'Ouest),1973 年的肥料总公司(Société générale des engrais),1988 年起归到索菲蒂(Soferti)旗下。作为埃尔夫阿托集团(Elf Atochem)以及后来的道达尔集团(Total)旗下的子公司,它一直到 20 世纪 80 年代都在生产迪奥家的肥料。格兰佛的工厂被保存了下来,但只在其中进行一些诸如产品(主要是农场动物砂)装袋等零活儿,直到 2008 年末工厂被"物理性"损毁。一场工业冒险,这种说法完美地概括了上个世纪的工业腾飞及衰退。

---

① 莫里斯·迪奥的生平资料,存放于"纳伊斯"(Naÿsse)的"不动档案"(私人档案,于贝尔·德·沙博纳里)中,"纳伊斯"是莫里斯·迪奥自 1935 年以来的居所。女管家玛尔特(Marthe)为了避免任何可能的查封,在法律上拥有这一房产。

## 肥 沃 土 壤

虽说当莫里斯·迪奥的孩子们牙牙学语时,对于腐殖土问题丝毫没有表现出任何兴趣,但正是这样一个革新的企业世界提供了一片天然的肥沃土壤,让他们在上面茁壮成长。迪奥的传奇正是从这样一种奇异的矛盾中开始,一面是鸟类的排泄物,另一面是花朵争艳。事实上,这群小子们观察过的鸟禽只有蛎鹬、银鸥、翻石鹬,这些鸟儿都不怕人,而且不知倦怠地在沙滩上寻找着那些无脊椎小动物的踪迹。当他们在沙丘散步时,也会把鸣禽和蟾蜍赶走。蟾蜍是两栖动物,白天躲起来,晚上才纷纷出来活动,叫个不停,孩子们便闻声出动。更远处,朝着圣米歇尔湾(Baie du Mont-Saint-Michel)的方向,他们的目光长久地循着远去的红嘴鸥和游隼。

再说说另一些让孩子们眼前一亮的梦吧。"我曾说过,自己对于我们的大花园外的一切都感到抵触,但这不意味着孩子们之间的头几次舞会和狂欢没有震撼到我。那个年代,外省举办的狂欢真是魅力无限。在所有闪亮的、装饰一新的、鲜花堆砌的、让人轻飘飘的东西面前,数小时的时间就这样一下子被消磨光了。捕鳕鱼者们的回归或者三桅帆船的入港——上面装载着即将运往我家仓库的肥料——这些本该是多么感人的场面啊,但却远不及舞会和狂欢让我兴致高昂。"1956 年克里斯汀委婉地写道。

对他而言,他所参加的社交舞会就像是时尚在他面前拉开序幕,格兰佛的狂欢节展示了一个错乱的、意义颠倒的癫狂世界,而他是第一次和这样的世界发生激烈碰撞。在迪奥的记忆里,装满了肥料的三桅帆船和狂欢节的魔力是联系在一起的。当时,年轻的迪奥已经开始为朋友、兄弟姐妹设计各种节庆场合的漂亮首饰和装饰品,他作为时装设计师的才华已初露端倪。未来,这个年轻人更将成为时尚的魔术师、他自己品牌的活化身以及各大奢侈品公司的风潮预言家。通过勤勉严谨的工作,通过对原材料的创意转变,通过对附加值的追寻以及颇具先见之明的国际化推广活动,他将读懂所有人身上蕴藏的巨大潜力。克里斯汀·迪奥无愧为迪奥家族企业的接班人。

## 众 人 狂 欢

格兰佛狂欢节给了迪奥一个机会,去观察人群中形形色色个体的迥异和丰富,并在心中打下烙印。未来,迪奥所创造的不仅仅是女性衣饰,更是一种置于男性目光下的女性风格。而正是在青年时代,他学会了从集体中来观看时尚,这意味着在大环境中辨认每个个体所处的位置。格兰佛狂欢节上,迪奥饶有兴致地观看那些工会、友好协会、同学会的游行队伍行进。他也会兴致勃勃地挤到游行队伍里,等着看狂欢节之王突然现身,各种造型层出不穷:从阿卜杜勒-阿齐兹八世(Abd al-Aziz VIII)到海滨企鹅王子,又或者是狂欢节煎饼男爵,个个精彩纷呈。

在18世纪,格兰佛狂欢节是疯子的节日,它和其他相仿的节庆一样,秉承了各种滑稽模仿和意义颠覆的原则。在这样的节日中,人们欣赏着倒背的祷告词,由一群假神父领唱的赞歌,或者是一群不同等级的真神职人员的颂词。这样的节日要求人们全然放下一切,投入一场巨大而猛烈的、超现实主义的喧嚣中去。同时,如果说它还承载了什么具体功能的话,那就是它标志着冬天的结束。光明驱散焦虑。因为它的存在,那些庆贺白昼渐长的异教仪式传承了下去。在拉芒什地区,民间的信仰以及向圣母、圣主保人祈求庇佑的传统历久弥新,在人们心中地位超然。在格兰佛,每年的8月15日,人们也会以相同的方式庆贺,请求利屋岬角圣母(Notre-Dame du cap Lihou)的宽恕。

因此,参加狂欢节是为了抵抗恐惧。人们以奇装异服、改头换面来消遣。在迪奥的家庭相册中,至今还存有孩子们扮成侯爵的照片。3岁时,克里斯汀·迪奥和他的挚友塞尔日·埃夫特莱-卢伊什(Serge Heftler-Louiche)双双出现在格兰佛赌场举办的鲜花节上,两人都打扮成小水兵的模样,头顶海军帽,白带子高高飘扬。而塞尔日·埃夫特莱-卢伊什正是日后迪奥最重要的合作伙伴之一、迪奥香水的掌舵人。克里斯汀·迪奥创建服装公司时,重建了这个格兰佛小团体,塞尔日和其他一些诺曼底友人加入其中,成为迪奥公司的坚实砥柱。这些参与制造迪奥传奇的格兰佛人全都理解狂欢节的意义:那是乔装的艺术,那是相信奇迹的艺术。

格兰佛狂欢节是迪奥注目的第一场游行,也是他训练自己独到眼光的最佳场合。它预示了这位时装设计师日后对于化装舞会以及其他大众节日的钟爱。它向迪奥展示了这样一种可能:每个人都能把自己的烦心事放到台面上,并想象自己已把它们统统甩在身后。过去的狂欢节常被当作社会政治的讽刺剧,后来在同一个舞台上慢慢开始上演另一种戏码,剧情不再那么艰涩,人物也不再那么暴戾。但是,两次世界大战期间情况依然如此吗?青年导演让·维果(Jean Vigo)20世纪30年代曾在蔚蓝海岸拍摄过一部电影,名字叫做《话说尼斯》,影片忠实地记录了这些盛大活动活力四射的场面,许多艺术家的身影活跃其中,他们美艳不可方物,想象力无边无际,更敢于打破禁忌。不管怎样,在格兰佛,那个年代的狂欢节始终拥有一种打破稳定架构的力量,它嘲笑着,它乔装打扮,它滑稽模仿。

正如市政厅档案中所记载的那样,大革命年代对这些节日的影响至今没有褪去。从资料中我们读到,在共和4年雨月21日,也就是1796年2月11日,孩子们出门庆祝大革命还没宣布取消的、历史悠久的某个狂欢节。当天是忏悔星期二①,他们便玩起了戏弄路人的把戏。好像为了互相攀比,他们把黑漆泼在人身上,把石灰浆抹在女人们的衣服上。"污损衣服是对警察制定的法规的公然违背",雨月22日格兰佛市议会对外宣布了这一决议。很快,无政府主义者便开始为下一次革命进行招募。战争、和平的胜利、高卢人的欢笑、老歌,这些都像节日彩车一般在我们身边一一经过,而慈善之车排在车队的末尾,结束了那整整一年的时光。但无论是过去还是现在,节日都让我们以焕然一新的姿态去看和被看,它带走了一切。日子就这样一直兴高采烈地过着,直到圣灰星期三②那天,狂欢节人像在普拉-古塞广场的大火中化为灰烬,火焰带走了欢声笑语。

成为时装设计师后,迪奥在诺曼底度过的这段青少年时期时常带给他最直接的灵感。他最早画的一些时装设计稿,和这些小时候参加狂欢节的经历之间存在着千丝万缕的联系,他笔下的帽子,正是19世纪末在拉芒什北部人

---

① 是圣灰星期三的前一天。在许多地方,人们通过狂欢、化装舞会和化装游行的方式来庆祝这个节日。——译注

② 大斋首日,当天教会举行圣涂灰礼仪。——译注

们所戴的那种窄檐毡帽。诺曼底的女性服饰最主要的特征也正在于帽子品类多样、尺寸特别。在集市日,阿弗朗什(Avranchin)的女人们都会在自己的头发上绑上白色的"蝴蝶"。这一切都变成未来设计师的灵感源泉,女士小帽就这样被他重新置于大众目光的焦点下。

## 情　节

在格兰佛,专栏作家将狂欢节称为"全民参与的盛筵",所有阶层的人都其乐融融。这座城市一直庇护着法国西部的这类大型游行,并以此为荣。当然,它需要提前数月为像这样的一场"大骚乱"作好准备。正如克里斯汀在回忆录中所述,在这样的节日中,大家尽情追忆当年——当时的格兰佛是仅次于圣马洛(Saint-Malo)的鳕鱼中心,捕鳕鱼者出发前往纽芬兰岛的场面总是盛况空前。在狂欢节的那几天,家境良好的年轻人作曲写歌并义卖,以此资助贫困者。乞儿们登上由简单马车装饰而成的彩车,化装成王子与穷人们,吟诵诗歌。

迪奥家有一名远亲叫埃德蒙·迪奥(Edmond Dior),他会自编自唱,曾写过这样一首赞歌——他的好友、作曲家和手风琴演奏者保罗·利库尔(Paul Ricourt)作曲:"格兰佛万岁!(重复)快来看看我们的水手,他们都是群逗人发笑的家伙!格兰佛的人们啊,开在悬崖上的花朵啊,精心装扮的他们啊,将成为我们的爱,我们的爱。"他请来蒙马特共和国的代表们。入夜,大酒店飘扬起男高音的歌声。大队人马鱼贯而行,驯兽师和走钢丝的杂技演员在马戏团里溜达,小丑们吆喝着他们的表演。

除此以外,在狂欢节上,人们还能短暂地交换性别和各自的社交圈。无论你是涂脂抹粉的小丑,还是意大利喜剧、木偶剧或者其他剧种的丑角;无论你是流浪汉还是绅士;无论你是无政府主义者还是特权阶层,有关真实身份的一切都隐于狂欢之后。格兰佛有这样两个化装用品商店,真像两个阿里巴巴宝库。首先要提的是位于勒康皮永路(Lecampion)的"时尚宫",由迪戈内(Digonnet)家的小姐们打理,节庆期间24小时不打烊,是不善打扮者的福音;另外在花之谷公园(Val-ès-Fleurs)还有一家"杰克的店",其中一项专营业务叫做

"千衣",从名字就能让人对商店业务一目了然。

年轻的克里斯汀发掘了自己对服装的兴趣,对他而言,这是跨过青年门槛前的最后一次排演,可以将自己培养成这个充满想象力的游戏的爱好者。他不仅仅对化装舞会兴趣浓厚,大型主题晚会和游行对他也具有同样的吸引力,这一切恐怕都可追根溯源至此。1949 年,在国王和王后的舞会上,迪奥把自己打扮成"百兽之王"狮子。1951 年,他变身为威尼斯一个华丽幽魂,这套服饰由他和萨尔瓦多·达利以及盖拉(Gala)合作完成。那次舞会被称为世纪舞会,在拉比亚宫(Labia)进行,由夏尔乐·德·贝斯特吉(Charles de Beistegui)组织举办,是 18 世纪流行的那种面具和斗篷舞会。

## 海神自画像

狂欢节的装扮很快就不再能激发迪奥的创造力。为了让想象力任意驰骋,年轻的他在赌场的欢庆活动中继续展示天赋。这座全白的赌博宫殿 1911 年在格兰佛落成,主要是为了满足海滨浴场那群饕餮客的需求。这幢房子在完工前所呈现的是一派荒芜景象,而今已经蜕变成临海的一道美丽风景线。迪奥不放过任何一个给他人设计行头的机会,他的手仿佛具有点石成金的魔力,能把任何微不足道的小东西为己所用;他对这种服装猜谜游戏乐此不疲。这是他非常中意的一种风格练习,直到他入住蒙田大道后依然不时重温一番。这一练习要求他巧妙利用周边环境中的素材,在几分钟内迅速创作出一套具有显著辨识符号的服装,然后让在场的其他人一块儿来揣测他的表现意图。

在一次规模盛大的欢庆活动中,年轻的克里斯汀小心翼翼地完成了一件设计繁复的服装,而他所用的材料不过是些无用的水下沉淀物。那是一件气魄非凡的海神装,完全由贝壳编织而成,这些贝壳是从格兰佛沙滩上捡来的,染色后用酒椰连结。海神形象是以凡·唐吉(Van Dongen)《海神自画像》中的形象为模本,迪奥很可能是在 1922 年 7 月的巴黎秋季沙龙上欣赏过这幅画作。这套衣服是迪奥为他妹妹卡特琳精心设计的,于 1925 年完成全部制作,那年他 20 岁。海神是罗马神话中的神,希腊神话中波塞冬的化身,他的王国坐落在海洋深处。他掌管风暴,三叉戟从不离身——就像迪奥,人们或许已经注意到,他那根用来对模特指指点点的知名手杖同样从不离身。迪奥选择表现这样一个主题,并非出于巧合。

　　如果不是在秋季沙龙,难道克里斯汀·迪奥是在蒙巴纳斯(Montparnasse)遇上凡·唐吉的吗?这位出生于荷兰的画家称得上那个时代的典型代表,他曾凄惨地住在蒙马特的"洗衣船"①里,其作品和现代艺术先锋作品几无联系。凡·唐吉常受邀参加一些资产阶级沙龙,在那里物色自己未来的模特,作家丹·弗朗克(Dan Franck)②曾言辞尖刻地将他物色来的人称作是希望"戴着珍珠和金耳环"入像的女人。凡·唐吉慢慢致富,在搬入位于丹费尔-罗什洛(Denfert-Rochereau)的工作室后,便开始组织规模盛大、排场铺张的各色庆祝活动。迪奥参加这些活动了吗?恐怕没有。但如果有机会,相信他一定不会错过。

## 从旧窗帘到中世纪连衣裙的华丽变身

　　多亏了迪奥公司留存的档案,我们才能够对这个年轻人在成为时装设计师之前就已经展现出的精湛技艺和天赋有所了解。那时,只要布料在手,迪奥便仿佛受到一种快速执行力的驱使,三下五除二就能把设计图画好。在那些用来存放信件的文件盒和文件夹中,有一封名为"伟大设计师的小内幕"的信件颇引人注意,它描述的正是作为业余爱好者的迪奥参与服装猜谜游戏的情形,那个时候的克里斯汀身无分文、结核病缠身。这封手写信的寄信人回忆称:当时她是个腼腆小女孩,被关在东比利牛斯山上的丰罗默(Font-Romeu)结核病疗养院。她的邻居是一个非常美丽的年轻姑娘,一头棕色头发。她病得很重,经常弹着吉他、颤着声唱上几曲悲伤的那不勒斯小调。一天,"听众中一个身材高大的年轻小伙子"和她聊天,两人交换了各自对于绘画、建筑和古堡的看法。信中说,这个年轻人亦身染肺病,住在同一个疗养院养病。他和那个年轻姑娘气味相投、相谈甚欢。作者接着写道:"有一天,外面下着雨,百无

---

① Bateau-Lavoir,位于巴黎蒙马特的建筑,20世纪初曾有大批文人艺术家聚集于此。——译注
② 丹·弗朗克,《波西米亚,现代艺术的冒险家》(Bohèmes, les aventuriers de l'art moderne),法国总书局(LGF éditeur),2006年。

聊赖中这两个人交换起了他们宝贵的精神财富,这在小女孩眼中成了一场最无可抗拒也最疯狂的消遣。(……)最让她难以忘怀的是那些服装。(……)年轻小伙子负责打点那些服装。他懂得利用手边的一切资源,加以创作上的发挥,只需给他几分钟时间,他所展露的惊人才华就让人终生难忘。他把旧窗帘折成了一条庄重而宽松的中世纪连衣裙。当他退后几步以便更好地观察衣服效果时,他看上去似乎不太满意,一溜烟就跑不见了。过了一会儿,他又回来了,手里拿着一些卷纸。就在眨眼之间,卫生纸被他压出花纹、折成褶状,如同波浪起伏,不复可辨,装点在连衣裙上作饰带、边饰,悉窣作响……15 年后,那个小女孩和那个年轻姑娘重逢,年轻姑娘对小女孩说:'你还记得克里斯汀·迪奥吗?'"[1]从迪奥对于卫生纸的巧妙运用中,人们可以看出他的创造力不无幽默,这段轶事也再一次见证了这位未来设计师在特定情境和特定受众前的挥洒自如。

## 肖塞岛的魅力

在离开迪奥度过青年岁月的格兰佛之前,不能不去看一眼迪奥尤为钟情的肖塞岛。在这个由 53 个花岗岩小岛组成的群岛上,兀立着 300 多块礁石,潮汐涨退范围可达 14 米。圣米歇尔修道院的修道士们曾到此地获取修建修道院所需要的花岗岩。肖塞岛作为圣米歇尔山的属地,也拥有属于自己的小修道院。亨利二世在此地建造了一座堡垒,后被英国人拆毁。1804 年群岛归属格兰佛,旅游业、鱼虾业、贝壳业开始蓬勃发展。迪奥最喜欢听这段闹哄哄的故事。1867 年在肖塞岛最大岛屿(Grande-Île)的最高点修建的灯塔、修道院、信号台都让人联想起各种传说和故事。经过改建,信号台自 1939 年起归一群鸟类学家所有。还有一座雷诺城堡傲然于奥马尔港(Port-Homard)的沙滩之上。两次世界大战期间,路易·雷诺(Louis Renault)曾安居于此,他拜倒在这片花岗岩地的魅力之下,即便这里不通路、不通水、不通电……也不通车。

当这位汽车工业先驱于 1924 年 4 月买下雷诺城堡的时候,克里斯汀 19

---

[1] 1957 年写给灵感女神米察·布里卡尔(Mitzah Bricard)的信,存于迪奥档案馆。

岁。他热衷于前往地广人稀的肖塞岛钓鱼或者散步。雷诺和克里斯汀两人很可能曾经擦肩而过，各自陷于沉思中，各自在同一片土地上凝成孤零零的剪影。但战后，两人的命运最终相去甚远。对于迪奥而言，随着1947年个人服装公司的成立，一切行将起步；而路易·雷诺的工厂被政府接管，在他因为和法西斯合作被逮捕后，他的事业便画上了句点。1944年，他在弗雷讷(Fresnes)去世。

# 第二章
## 偶像的诞生

在成为荣耀加身的时装设计师以前,克里斯汀·迪奥也曾是个前途未卜的文艺青年。他出生于可靠的资产阶级环境中,但很快便开始对这份可靠心生疑虑,时局的动荡更将之彻底瓦解。1920年的迪奥是一个不折不扣的15岁少年。他身材纤细,总穿着短裤。他最主要的消遣便是在学校的各种作业本上画画,将世界定格在画笔下能够帮助他理解这个世界。

他所画的通常是没什么实际内容的素描草图,有时亦以一种半自动方式涂鸦,但他一直坚持着这样的绘画练习,从未中断。在梦与现实间涂画,是第二种生活方式,是放空的艺术,是让人不再感到形单影只的方法。此后,当他构思新一季的服装时,当他隐居某处、与人隔绝时,所有人都知道,他正不可避免地承受着巨大的苦闷,而正是那些他在奇思涌动中的涂画给了他力量,新一季的设计主线应运而生①,他这才得以信步走出苦闷的深渊。"我到处乱涂,在床上,在浴室,在桌边,在车上,走路时,阳光下,台灯下,不论昼夜,"迪奥写道,"突然,灵光乍现,设计稿的图样冲击着我的神经,我被激情推动着。这一涂画的冲动最终慢慢平息。我就像糕点师傅那样把揉好的面团摆放在那里。"

在格兰佛,克里斯汀·迪奥对世界有了初步认识。他对家庭相簿中家庭成员的身形轮廓做了番细致观察②,企图从中揣度自己未来的模样。色彩的

---

① 迪奥对于设计图的热爱激发了素描画家让·奥泽恩(Jean Ozenne)的灵感,他开始给时尚杂志制作些小版画。奥泽恩是克里斯汀·贝拉尔的表兄弟,克里斯汀·迪奥曾在他位于亨利四世码头的家中借住过一阵。马克思·肯纳(Max Kenna)和奥泽恩于1935—1936年间的那个冬天教授过迪奥时装画的技法。同样也是奥泽恩,从绘画和艺术的角度为迪奥开设画廊提供了便利,并和迪奥两人在丰罗默疗养院留下了合影:那是1934年,迪奥正深受结核病之苦,瘦得不成人形,奥泽恩站在迪奥身边,手搭着他的肩膀。让·奥泽恩后来改行,成为了戏剧和电影演员。

② 迪奥去世后,人们在他的房间找到了一本1930年的相册,同时还找到了别墅和外廊景致的一些铬盐相片,这足可证明迪奥对摄影艺术的浓厚兴趣。

表现力赋予了他面对明天的力量,他相信其中孕育着属于他自己的符号,那是他个人的独特表达。

1919年,一个预言家预言他的一生将进行很多旅行,并收获巨大成功。"你将身无分文,但女人会对你大有裨益,你将通过她们获得成功。"自那时起,他便信了这些预言。占卜师告诉他,他将穿越大海;因而,多年后的1947年9月,当他第一次横渡大西洋前往达拉斯(Dallas)领取服装界奥斯卡奖时,他丝毫不感到惊讶。他尤其向往这样一次乘坐飞机穿越大洋的旅程。在那一刻,他想起了这几句预言:他将因为女人而成功,他将穿越大海。克里斯汀是个聪明孩子,他非常相信自己的直觉,但他也会将他人生中最关键的决定交托给手相家。然而,当他忠诚的预言家德拉艾夫人(Delahaye)强烈建议他放弃蒙泰卡蒂尼的那次旅行时,他却选择充耳不闻,而他正是在这次旅行中殒命,那一年他52岁。为了讨好他人,他遵循一套严格的瘦身疗法;为了生存,他相信他必须再一次改头换面。

## 半 边 名

和许多同代人一样,照相之谜也引起了迪奥的好奇心。约瑟夫-尼塞福尔·尼埃普斯(Joseph-Nicéphore Niépce)1826年的这项发明直到一个世纪后才真正让世人为之折服、为之惊叹。摄影技术对于光影的强化表达激发了很多艺术家以及很多像迪奥这样的业余爱好者的想象力。在格兰佛,迪奥一页页地翻过自己的童年时光,他期待着人生的进展,但也并没有流露出特别迫不及待、想要长大成人的愿望。他依然在所谓传统的学业之路上徘徊犹豫,虽说他对此兴趣缺乏,也并无过人天赋。他满足于这样一种悬而未决,仿佛一种悬在有形世界现实之上的失重状态。

那时候,他在给友人的书信末尾,总会迅捷而优雅地签上他的名字的一小部分——"汀"。他没有保留任何能让人将他和"克里斯"①联系在一起的痕迹,而只是留下个"汀",温柔的"汀",卸下了一切象征含义的"汀"。世人所认

---

① Christ,有"基督"之意。——译注

识的不过是这一半的迪奥。

将自己对称地一分为二，或者反过来说，戴着面具、同时以两种面目活着，这是时装设计师的生存法则之一。他意欲迫使现实向他屈服，让自己得以继续顺从内心的警示生活下去。克里斯汀以微不可察的方式向周围人施压。他不无腼腆地重新命名、重下定义、挥动画笔。因为拥有艺术的变形能力，所以他总能得偿所愿。不知不觉间，他已经改换了布景；回头一看，一切改头换面。迪奥公司正因掌握了这一隐秘的能力而屹立不倒：孩童时期的迪奥已经开始在各种节庆、狂欢场合为他人构思打扮，他为自己所爱之人挥动手中魔杖；成人后的迪奥继续设计衣饰，女人们通过他重塑自身。

他重新设计了格兰佛"罗经点"别墅的绿廊，将桌椅和长凳摆得四四方方，这是从一些北欧设计师的图样中得到的灵感。他在这个小宇宙的中心安放了一面水镜，天空仿佛在镜子中不断摇曳。这是他最爱的一面镜子，它映出的是一幅动态图。

勒菲弗小姐(Lefebvre)是迪奥家的女管家，她名叫玛尔特(Marthe)，克里斯汀非常喜欢她。他从来不喊她玛尔特，而喜欢叫她"玛"(Ma)或者"末底改(Mardochée)"——这一圣经人物将以斯帖(Esther)当作女儿般抚养长大，并由此拯救了他的族人；同时他虽为人臣，却从不在自己的王面前卑躬屈膝。当1929年危机以及一些不可靠的投资深刻地影响到迪奥一家并最终导致其破产之际，是玛尔特"拯救"了他们。她把他们带到了和格兰佛以及那些盎格鲁-诺曼底小岛相距甚远的卡利昂(Callian)，那里居住着她自己的家人。据卡特琳·迪奥的继子于贝尔·德·沙博纳里(Hubert des Charbonneries)所言，Diorama这款香水正是日后蒙田大道的克里斯汀·迪奥向玛尔特-末底改的致敬。如果想把这款香水名读对，就必须以克里斯汀的方式去断句、分节，去停顿、重读："迪奥-阿-玛(Dior-a-ma)"，意为"玛的迪奥，末底改的迪奥，玛尔特的迪奥"。和克里斯汀·迪奥一起，得时刻提醒自己戴上双焦眼镜去观看世界。

## 最后的写照

克里斯汀·迪奥和照片剪不断理还乱的纠缠自此才刚刚开始，本书也将着墨于此。这种充满爱意却又距离遥远的关系既植根于震慑，也植根于怀疑，这种关系一直持续到1957年10月29日才宣告结束，也即迪奥在巴黎下葬的当日。他的灵柩上覆着铃兰、晚香玉和山茶花，被安放在了16区维克多-雨果广场附近的圣奥诺雷-迪洛教堂(Saint-Honoré-d'Eylau)，他在全世界新闻摄影师的镜头下成就了不朽。迪奥声名赫赫，无论是在咖啡馆还是在部长办公室，无论是在市场还是在城市餐桌边，所有人都在谈论他的突然病故。而那些摄影记者本是心照不宣，想要添油加醋、大肆渲染一番。但是，这些隐私的窥视者除了欣赏到一片纯白的灵台之美以外，一无所获。在葬礼中，时尚界的流言蜚语集体噤声，上流社会的冷酷残忍也在绝非做作夸大的惊愕中消失殆尽。在这位时装设计师的照片前，所有人都陷入沉思，他们被诚恳打动，表现出节制和谨慎的美德。

在这一刻，所有围绕在克里斯汀·迪奥周围的人都重聚一堂。他最爱的小妹妹卡特琳，他欣赏的卡特琳的继子于贝尔·德·沙博纳里，他的哥哥雷蒙，所有兄弟姐妹，孩提及青少年时期的小伙伴——他们把自己称为"蒙田大道30号的友人"。所有这些人都围在一个由菊花、石竹及玫瑰组成的巨大花圈边上。迪奥在创办服装公司前认识的其他一些近友也都立在一边垂泪，向他们的挚友表达哀思，其中包括：身为画廊经营人、作家兼布景师的塔玛拉·贝格拉里昂(Tamara Beglarian)和帕露伊·贝格拉里昂(Parouir Beglarian)、皮埃尔·加克索特(Pierre Gaxotte)、马克思·肯纳、让·奥泽恩，以及身为作曲家的弗朗西斯·普朗克和亨利·索盖。正是这批人20世纪30年代一起凑钱送他们的朋友到丰罗默结核病疗养院治病，当时的克里斯汀穷得叮当响，人也因为结核病而瘦得不成形，多亏了朋友的帮忙才能在一个较好的环境中得以康复。那一次，克里斯汀和死亡只有半步之遥。后来他又经历两回突发心脏病，除了他的私人小圈子，外界对此都不知情，直到第三回心脏病发作将他永远地带离了人世。

无论是福西尼-吕桑热家族(Faucigny-Lucinge)还是诺瓦耶家族(Noailles)，巴黎的贵族名士们也都在礼拜堂列队追思逝者。温莎公爵夫人[①]、夜间

---

[①] 温莎公爵在谈及他的妻子时曾说："公爵夫人热爱巴黎，因为巴黎离迪奥不远。"

活动家玛丽-路易斯·布斯凯(Marie-Louise Bousquet)以及最爱周旋于奢华盛宴的阿图罗·洛佩兹(Arturo Lopez),都流下了悲伤的泪水。明里暗里聚在一起的这群人经常穿着汀·迪奥的衣服,是他的才华给了他们快意人生的资本。正是穿着迪奥,他们舞至黎明;这身行头就如他们的第二层肌肤,使他们极为引人注目,使他们光彩照人,身心自由。对他们而言,他们失去的是一位最亲近的密友,一位有预知能力的通灵者。向他致敬,同时也是向他们心中所设想的自己的形象致意。对于克里斯汀这样一位灵魂和身体的裁缝而言,他和这群人的私交能够帮助他揣摩他们的心意,然后把他们的心意化作实物——这正是悬挂在他们衣帽间的那几件迪奥时装所构成的景致。

接下来是迪奥的生意圈子,除了纺织业大亨、迪奥公司的持股人和投资人马塞尔·布萨克(Marcel Boussac)到场外,面前缓缓走过的还有迪奥创业历程中所有不可或缺的伙伴。雅克·鲁埃(Jacque Rouët)带领下的董事会,所有员工——销售员和工人、买手和学徒,还有那些加入他们以见证并感受"迪奥传奇"的格兰佛的友人们,他们共同组成了一支小小的忠诚追随者的队伍,从灵柩前走过。

迪奥公司的 1200 名员工最先是从广播电台听闻这一消息的,接着他们收到了一封内部通告,内容简洁明了:"克里斯汀·迪奥先生过世了。出于对他的追思和爱戴,希望您能一如往常尽忠职守。这一定是他最后所愿。"那些时装店的女员工们为她们的老板哭泣。她们毫不做作地在报纸上讲述她们心中的迪奥。在这个祭悼的时刻,大家即便免不了要争相将迪奥供奉起来赞美,但我们还是能感觉到她们口中的迪奥是真实而鲜活的:"在工作繁重的那几天,有时候他会用他的车子亲自接送我们";"要是我们和他一起乘坐同一部电梯,出电梯的时候他会让我们先走";"他待人很好,一点不骄傲"。在讣告发出的几小时后,人们拨通迪奥公司的电话号码 ELY. 93—64,听到的不再是那个惯常的从容女声。电话那头,一个哽咽的话务员用支离破碎的声音说道:"等到明天才会有服装展示。"人们眼中迷雾缠身的那个男人,人们以为会永垂不朽的那个男人,就这样突然离世了,这自然地触动着人们真实的情绪,引起感情上的涟漪。但迪奥的离世远非如此,他还在他的合作者心中激荡起一股柔情,一股很多人直到他的离开才察觉到的彻骨柔情。

## 重 要 人 物

在到场者中,首先要提及的是迪奥公司的四朵姐妹花,她们是守护神缪斯,是仙女,是公司的顶梁柱——迪奥工作室负责人雷蒙德·泽纳克(Raymonde Zehnacker)、工作坊负责人玛格丽特·卡雷(Marguerite Carré)、迪奥帽饰系列的灵感女神米察·布里卡尔以及迪奥沙龙主管苏珊娜·卢琳。她们个个哀恸不已。雷蒙德擦拭着眼泪,她想起1957年迪奥发给她的一条讯息:"我亲爱的雷蒙德,此地便是天堂,但即使身处天堂,我仍忘不了蒙田大道和你们所有人。"

自1947年迪奥的第一个服装系列发布起,让·谷克多便在他的创作过程中占据一席之地。一直以来,他就这么看着迪奥在自己人生的航程中渐行渐远。他在教堂举办的仪式中向迪奥致意;在他面前,他的这位挚友的照片简单朴素。他认识汀那么长时间,非常了解那个男人不愿对外展示自我。这和外界认识的他全然相反。于是谷克多拿起画笔,用纤细的、胸有成竹的笔触塑造了一个完全不同的迪奥,以晦暗不明的调子来表现迪奥的形象。简言之,谷克多在这位时装设计师中性的、有时平淡无奇的形象之上突然挖出了一道悬崖:"克里斯汀·迪奥是荣耀加身的王子,是光亮的王子,但他也理解和尊重阴影的表现力。"

很快,以灵车为首的车队驶离了教堂,行经蒙田大道30号对面的旅馆,再到瓦尔省(Var)的卡利昂,设计师将在那里的家庭墓地落葬。那一天,阳光灼热,白昼长到似乎永远没有尽头。皮埃尔·巴尔曼(Pierre Balmain)在他朋友的墓前念起了献给年轻迪奥的颂歌。认识迪奥时巴尔曼正习艺于吕西安·勒龙(Lucien Lelong)①,在随后给《艺术与时尚》杂志撰写的一篇文章中,他描述

---

① 皮埃尔·巴尔曼自1941年起待在吕西安·勒龙工作坊,一直到1945年迪奥到来。他俩曾一起工作。时尚观察者和专栏作家一致认为,巴尔曼一直在支持迪奥。迪奥发布了很多服装系列,而勒龙则打理一切。巴尔曼写道:"克里斯汀·迪奥,对于时装设计师来说真是个美妙的名字……当我俩面对面坐着时,我在草图上把一些宽大的裙装画入橱窗,好让人相信……而后我却只往橱窗里摆放上了瘦长的裙装。"

了那副沉重的用意大利橡木制成的灵柩,还有在最后的鲜花仪式中覆在灵柩上的铃兰和晚香玉花圈。他也顺便提及了小报社会新闻版记者所报道的凯旋门下发生的轶闻:那一日,在无名士兵墓前,在国家的追思仪式上,花朵长长久久地散发出怡人的香气。

皮埃尔·巴尔曼在这篇文章中始终饱含深情,他将镜头再一次聚焦卡利昂。他写道,那一天,乡村风光揉进了一种令人心碎的柔情,冬日的阳光照在黑色的丧服上。而与此同时,城里来的豪车凯迪拉克令人惊讶地占满了所有马车小径,不同寻常的景象这般呈现在人们眼前。这是"巴黎在卡利昂"。到达墓地,他说自己看到了最本质的东西,他选择通过这样一幅定格的画面来诉说:"在我身边有两个女人,这些年来她们或许亲历了各种时尚浪潮,其中包括墨绿色编织麦秸帽、非正式罩衫等。此刻,她们正悄悄抹去为这位谦逊温和的伟人所流下的眼泪。"①

在巴黎的圣奥诺雷-迪洛教堂,时装界的许多重要人物纷纷现身,其中包括迪奥生前赞誉有加的"精神之子"伊夫·圣罗兰(Yves Saint Laurent),以及皮埃尔·贝尔热(Pierre Bergé)、皮尔·卡丹(Pierre Cardin)、于贝尔·德·纪梵希(Hubert de Givenchy)、克里斯特巴尔·巴伦夏加(Cristóbal Balenciaga)。加布里埃·香奈尔(Gabrielle Chanel)没来,但送来了玫瑰花圈。她曾不无挖苦地表示:"迪奥?……不过是一堆通过刻苦勤勉工作才勉强及格的作品!"②伊尔莎·斯奇培尔莉(Elsa Schiaparelli)仅仅送来了插着菊花和菖兰的花篮。她俩是否从这一突如其来的亡故中看到了自己可被预见的结局?《时尚》(*Vogue*)杂志主编米歇尔·德·布伦霍夫(Michel de Brunhoff)和室内装饰师乔治·格夫雷(Georges Geffroy),是迪奥在最初开始绘制设计图时便交情笃厚的朋友,他们不仅表达了自己的悲痛,更陷入了深沉的回忆中。电影界人士亦纷纷致意:其中尤其值得提及的是导演安纳托尔·李维克(Anatole Litvak)和勒内·克莱尔(René Clair),演员丹尼尔·盖林(Daniel Gélin)和

---

① 在卡利昂的葬礼现场,巴尔曼为了向迪奥致敬,也为了向这个村庄和它的居民们表达赞美,选择了这样一种感人至深的方式,和克里斯汀·迪奥"同频共音"。

② 塞西尔·比顿(Cecil Beaton),《五十年:优雅及生活艺术》(*Cinquant ans d'élégances et d'art de vivre*),阿米约·杜蒙出版社(Amyot Dumont),巴黎,1954年。

简·拉塞尔(Jane Russel)。玛琳·黛德丽和奥利维娅·德·哈维兰(Olivia De Havilland)送来了两捧巨大的花束,前者可谓迪奥最忠实的追随者。在媒体展示的迪奥的最后形象中,这两捧超级巨星送来的花束尤其抓人眼球。

## 爆炸性新闻和杂志封面

时装大师在蒙泰卡蒂尼去世,举世哗然。在美国,在欧洲,各大报刊(包括《纽约时报》)的封面纷纷成为了这一轰动事件的重要见证。根据迪奥本人的遗愿,没有任何人去拍他遗体的照片,这比其他任何事都更能说明迪奥对于自己形象完完全全的掌控欲。《巴黎竞赛报》(*Paris-Match*)对此做出回应:"他去世后,没有人给他拍照。事实上,克里斯汀·迪奥在某种程度上留下了一份精神遗言,他不希望在他过世后被人拍下任何照片。这一遗愿受到了尊重。"迪奥不愿在死后接收任何目光的审视,他白纸黑字地写下了这一愿望。即使已经安息,这个曾经备受关注的男人仍要表达出自己不愿再受到任何瞩目的意愿。

苏珊娜·卢琳在某一刻忽然忆起了迪奥在服装发布秀场上的模样——他躲开众人的目光,隐在厚重的帷幕之后。那一刻,她就已经开始害怕"官方死亡"这样的说法,在她看来,这一形式令人联想到被展示的棺柩,还有至亲好友以及追随者们络绎不绝的长队。"这是一个人人生的明面,而克里斯汀·迪奥偏爱的是生活中更加隐秘的暗面,他将暗面称为'最好的部分',"她写道。那是迪奥一生坚守的暗处。

在1957年10月29日当天,得避开巴黎的罢工人潮,因此也得避开戴着头盔的警察和警车;还得甩掉那些零零散散蹲守在通往克里斯汀住所所在的环城大道上的摄影师们,躲过"他们的镜头和他们的冷漠:那些人时刻窥伺着自己的猎物,用突如其来的闪光灯将猎物钉死在绿色大门上"。苏珊娜·卢琳回忆起当天迪奥住所入口的景况,那一天和其他任何一天都不一样,第一声门铃响起时大门便立即打开了;而通常情况下来客都需要在门前等候相当长的时间才会被迎入门内,仿佛他所站的是某栋乡村大宅的门口,还是"一栋距离大门口甚远的乡村大宅,住在里面的人迎客时总是姗姗来迟"。卢琳还详细地描述了现场的种种细节,她的目光不无痛苦地投向了灵台、鲜花、放在台阶高处的蜡烛、簇拥着这些东西的两座希腊雕像以及雕像边络绎不绝的亲友。"克里斯汀·迪奥应该感到满足和宽慰了:肃穆的面容,因为守夜而熬红的双眼;悄悄地、拼命握住的双手;静默。"她回忆道。

一个德国报纸的记者当时蹲守在这扇能通车的大门前,他写了篇文章,聊胜于无地描述了当时的情形。在文章中,他自陈对眼前这份平淡无奇的简单朴素感到惊讶,而他所期待看到的名人效应并未上演,因而大失所望、感到气馁。最终,迪奥的死和他的荣耀时刻一样节制有度。即使离世,迪奥依然和众人保持着一定距离,对于这个闻名于世的男人而言这似乎是最合理的安排;这个男人曾于1947年造访美国,看上去几乎就像一个最平凡无奇的游客,对此吕西安·弗朗索瓦(Lucien François)这位卓有才华的专栏作家在14年后出版的《一个人名如何成为标签》中做过如下描述:"看到他时,美国人都惊呆了,甚至有些失望。这个法国人矮小,体圆,秃头,看上去毫不起眼,脖子上还戴着办公室职员常戴的那种假领。"①那个德国记者还算走运,他刚好抓拍到一张照片。从照片上可以依稀辨出,在台阶高处,在门廊尽头,一小群人正聚在一起,一副狭长的棺木被置于画面中心,棺木上覆着厚重的黑色天鹅绒,刺绣花边上堆满了鲜花。

最终恐怕还是摄影大师塞西尔·比顿在《五十年:优雅及生活艺术》一书中描绘的迪奥形象最为写实:"他属于资产阶级,双脚稳稳地扎在大地上的那种人。虽然赞誉声不绝于耳,但他仍像紫罗兰一样谦逊温和。他那鸡蛋形状的脑袋或许会东摇西晃,但绝不会为成功而转头。虽然他到访纽约时在报刊上占据的版面和丘吉尔一样多,但迪奥从不犯那种相信公众宣传的错误。对他来说,若有一日成功离他而去,那么他就会为自己准备个安乐窝,安安心心地隐居在里面栽种花草、打理他的花园;每思及此,迪奥就感到心满意足。"

---

① 吕西安·弗朗索瓦,《一个人名如何成为标签》(*Comment un nom deviant une griffe*),伽利玛出版社(Gallimard),1961年。这个比利时作家兼画家以其本名吕西安·采尔斯蒂文(Lucien T'serstevens)发表了几本诗集,于1927年主编了文学杂志《样本》(*Échantillons*),随后又和欧莱雅创始人欧仁·舒莱尔(Eugène Schueller)创办了杂志《你的美丽》(*Votre Beauté*)和《你的幸福》(*Votre Bonheur*)。他还是《战斗》(*Combat*)和《文艺》(*Arts*)的专栏作家。他的文笔精细,表达完全没有过时,比如他这么写迪奥:"克里斯汀·迪奥永远活在他创办的公司的领域中。"

## 战 后 的 归 宿

迪奥的丧事波及范围之大,让人震惊,就好像一座雕像骤然坍塌,又好像一部战后传奇的幻灭。克里斯汀毫无预兆地离开人世,随他逝去的还有他独特的个人魅力以及他所代表的时代风貌。没有人真的担心迪奥公司的未来,人们相信它将继续蓬勃发展,毕竟它的创建本就是为了挥霍生、躲避死。

但还是有某些将法国人凝聚在一起的东西被打破了,那是某种失而复得的骄傲。自1947年起,在战后的这段动荡时期,法国人重新感受到附着在肌肤上的布料所拥有的自由,这让他们感到骄傲。在这段悄然交织的欧洲共同史中,迪奥是不可或缺的重要组成。他和所有欧洲人一样,肩上刻着苦难战服的印记。

迪奥公司的成功根植于战后的泥淖,当时的法国正是借力于像迪奥服装公司这样一批企业的成功而实现了经济复苏。人们对这位帝国奠基人、奢侈品界楷模的骤然离世全然没有心理准备,这无疑要求他的合作者凭本能求存。迪奥之死如惊涛拍岸,标志着新的开始。事实上,这位时装设计师的离世象征着一段缓冲期的结束,在此期间,出于国家重建并保障经济发展的双重需要,法国人重新站了起来,商业也逐渐步入正轨。

诚然,迪奥服装公司里哀泣一片。从档案馆保存的通报底稿中确能察觉出一份深刻的慌乱、巨大的悲伤,但同时也有一份坚持的力量正暗自涌动。公司员工,尤其是领导层遭受到不小的冲击。谁来接替迪奥?怎么做?那一刻,他们前所未有地感受到这位帝国奠基人身上所具有的与他者相异的独特性,而他们必须为这份独特性买单。吕西安·弗朗索瓦在1961年的传记中曾援引弗朗索瓦丝·吉鲁(Françoise Giroud)的一段话来作为迪奥与众不同的特质证言:"这位先生既不算巴黎男同性恋的标志性人物,也不是戴着单片眼镜、蓄着小胡子、拜倒在女人石榴裙下的男性,更谈不上活力四射的伪美式年轻小伙。这位先生让大西洋彼岸的人左右为难,因为他们不知道应该怎样替这个法国人归类。嘿!或许得把他归到历史不朽丰碑这一类!"究竟该拿这个不可归类的男人怎么办?没人知道。人们为他对友情的忠诚哭泣,感受着一种巨大的悲痛和沮丧,但与此同时,所有人都怀有一种共同的感觉:事实上,并没有人足够靠近他、了解他。迪奥既是孤独的存在,又是社会性动物;他是多重人格汇聚而成的。

吕西安·弗朗索瓦这位天才专栏作家长于记述一头被称为"时尚"的半残酷半虚幻的怪物,而他在描写刚刚离世的迪奥时,并不曾装模作样地试图将这个男人身上的不同要素拼凑在一起。他揭露了这样一个严酷且自相矛盾的事实:"不说公司,只说人。他是大工厂主之子,法国部长的表亲,遵照有教养的大资产阶级的行为准则行事,一举一动像个高级教士,谦逊有礼,审慎而发自肺腑。他像极了那些略显肥胖的大'慈善家',那些人轮廓生硬,又显得软弱无力,在他们的肖像画下,跪着一批批艺术家。"专栏作家指出,迪奥死后,陆续有一系列以他为主题的埃皮纳勒木刻画(image d'Épinal)发行,这番称颂至少存在一点合理性:因为鲜少有人能像他一样将全然个人的品味扩散到如此广大的经验和可能性中去。吕西安·弗朗索瓦继续写道:"成为时尚界弄潮儿前,他是画商、绘画者,是决定时代风格的那批画家、诗人和音乐家的朋友,克里斯汀·迪奥无数次证明了他具有创造奇境并为之布景的天赋。他不仅设计服装,更大肆挥霍着生活的艺术。他是慈善家吗?当然。他所赠与的是什么?理想化的情结。"由此,他人不知该如何继续迪奥的作品创作也就无可厚非了。

## 说"不"的男人

《巴黎竞赛报》将整个头版都留给了这位逝者。他穿着标志性的白衬衫,占了足足一整版。照片选自杰克·吉劳法罗(Jack Garofalo)在迪奥生前为他拍的为数不多的照片之一。照片上,迪奥伸手意欲挡开来自公众和摄影师的猛攻;他反抗;他斗争。而当他在被镜头捕获的那一刻,迪奥展示出的是人们如何将他当作猎物一样追捕的过程。

在他身后,依稀可辨认出是服装公司的工作现场。《巴黎竞赛报》的封面上仅有一条大标题,这种情况极为罕见:巴黎哀悼克里斯汀·迪奥先生。照片上的克里斯汀看上去相当专注,人物轮廓也显得惊人的稳定——通常情况下,他留给镜头的都是一张浮动不定的脸。在照片下方有一段短小的说明:"伟大的时装设计师辞世,享年52岁。直到生命尽头,他仍守护着时尚之秘。他穿着白色衬衣,监督着他个人最后一季服装系列的发布。"除了营造出某种围猎氛围,这张照片还有另一值得称道之处:画面上的迪奥显得庄重又不乏帅气。他的身体挡住了背景中的喧腾,让人几乎辨认不出他所处之地是后台一隅。在那里,迪奥享有绝对的权威,这让读者觉得自己一眼就能直窥他的内心。

那一段时间迪奥无处不在,他扮演了所有角色。包法利夫人是他。茶花女是他。比蒙是他。哈姆雷特和李尔王也是他。在那一刻纯粹的镜像中,所有折服于这一封面魅力之下的人都成为了这个男人,这个伸手说"不"的男人,这个并非心甘情愿却被卷入时尚乃至情爱和死亡的尘世季节交替中的男人。在拒绝屈服于摄影的同时,迪奥亦点头默许;他从不自我呈现,却将自我交付。两种矛盾的行为合而为一,它们都属于迪奥——而这也是这一封面获得成功的秘密,它直到今天依然具有某种触人心弦的强烈视觉效果。它通过揭示这样一个男人想要摆脱欲望的矛盾心理,让每个人——无论是纯粹的读者还是时尚爱好者——都能从这张照片中辨认出自己的影子。

各方人士都表达了哀思,因为这不仅仅意味着一位服装界领袖就此离开,也不仅仅代表了一名时尚界教主优雅谢幕,这更是一个20世纪非凡史诗预告者告别了人世。对于所有人来说,他是优雅的代表,更是成功的象征。迪奥为重振自己的国家尽心尽力,也为重塑他人的生活鞠躬尽瘁。当他退出人们的视线时,平凡男女的日常神话也随之轰然坍塌。他曾如此贴近每个人的生活空间,或者说他曾如此直接或者间接地贴近每个人内心。他如此神秘莫测,这样一位名人的亡故成为全球关注的焦点实是不足为奇。

迪奥是如何做到同时拥抱衣服作为生活必需品的有用性和它的不可承受之轻的?又如何将纤细敏感和庄重沉稳、痛苦折磨和轻松愉悦间的分寸拿捏得当?1947年,这一低曝光率的个体在世界舞台粉墨登场,引起全球媒体的关注;1957年,他毫无预警地退出舞台,再次引起轰动;而在1947年和1957年间,他的名望超越了好莱坞最闪亮的巨星;这一切的一切,应该作何解释?这个从无绯闻缠身,腼腆内向、却来去都如此受人瞩目的迪奥究竟是谁?

同时,法国民族性、法国精神、法国品味,这一切都是怎样透过迪奥得以表现的?他究竟是以何种私密的方式回应着法国的文明、文化和历史?让·法亚尔(Jean Fayard)于 1957 年 11 月 15 日在《两个世界》杂志(*La Revue des Deux Mondes*)①上发表了一篇献给这位时装设计师的文章,文中提到了葬礼上人山人海的景象。从法亚尔的描述中,人们将有所领悟——一份属于整个国家的荣光正在湮灭:"民意调查可能会显示克里斯汀·迪奥是法国最有名的人。再说,没有什么能够证明那些挤在人群中的不具名者的悲伤和那些亲朋好友的悲伤有所不同。整个法国弥漫着同样一种感受:他们刚刚失去一位国家栋梁。"然而,在这幅"严肃"肖像画中,法亚尔倒是出人意料地为众人呈现了一个"无法抑制对糖果的喜爱"的迪奥,还为他量身订制了一套谦卑者的祭服。然而,作为一个消息灵通人士,他更多地是以迪奥近友而非时尚圈人士的视角补充道:"迪奥不相信人的不朽,他为自己在个人时尚帝国的统治设定了期限——十年,他是这么对别人说的,毫无勉强之意。没人能知道这是否有理有据。他恰是在十年之限,也正是他的声望达到巅峰之时去世。星辰将要陨落了吗?"

## 我来跟你说一声,我走了

就在巴黎这座城市为迪奥悲恸的同时,从纽约、里约、莫斯科、柏林、东京、布宜诺斯艾利斯、伦敦,从世界上所有迪奥公司入驻的城市,向蒙田大道 30 号发来成千上万的电报。马塞尔·布萨克用私人专机将迪奥遗体从蒙泰卡蒂尼温泉的帕齐酒店(Hôtel Pace)经由佛罗伦萨机场接回巴黎。苏珊娜·卢琳等在那里,她想起迪奥的脸,那张对空气中任何微笑颤动都异常敏感的脸,她再次忆及阴影是如何快速地笼罩在这张脸上:"他始终有迅速陷入悲伤的本事,就像海天对于任何风云变幻都极为敏感。"

在圣奥诺雷-迪洛教堂里,一位悲伤得不能自已的女士正向她的朋友表达

---

① 让·法亚尔,《巴黎生活,克里斯汀·迪奥》,1957 年 11 月 15 日,刊载于《两个世界》杂志。这篇文章见证了文学和知识分子圈子如何为迪奥所倾倒。《解放报》于 1957 年 10 月 25 日曾刊出这么一段题头文字:"1947 年,克里斯汀·迪奥推出'新风貌'系列,这个巴黎政治学院的叛徒把外国的高级定制服装打得落花流水。"报纸趁机回顾了 1955 年迪奥在索邦大学的演讲,他就时尚在文化和社会层面的重要性发表了见解。他的演讲题目为《一节时尚课》,由法国时装学院(Institut français de la mode)和勒加尔出版社(Regard)于 2003 年出版。

最后的哀悼。那是迪奥最爱的花商德德邦夫人,她整晚都在为葬礼"做准备"①。她用鲜花完全覆满迪奥周身,这是仅属于他们两人之间的仪式。对于世人而言,众所周知,迪奥是时代的先驱,是服饰界里决策果断的人物,人们也由此愈发清晰地认识到他的观感、他的见解的重要性。但对于身为迪奥盟友、同谋的德德邦夫人而言,克里斯汀是汇集植物精华的独特存在,渐衰,但永远不败。对此她将不会声张;谁都不曾窥见那一晚,它就像迪奥本人一样,隐成了一个秘密,只属于他们两人的秘密。对此,这位花商直到50年后才言辞谨慎地以只言片语简单带过,话语间依然能感受到其中饱含的情感。当然,花商和着迷于鲜花的男人之间的这一次令人惊叹的面对面交流没有留下任何照片。随着克里斯汀·迪奥的去世,一种普鲁斯特式的魅力骤然崩陷。

利斯·埃利娜(Lise Elina)是一名广播电台记者,风格犀利,算是能在时尚界呼风唤雨的人物。她为 TSF 巴黎频道写了一份通讯,详述了丧礼的过程。由于圣奥诺雷-迪洛教堂的容量有限,众人聚在门外,或是在教堂前,或是在雷蒙-普恩加莱大道(Raymond-Poincaré)排起长队,将那里围了个水泄不通,这份热忱不可谓不让人惊叹。她提到了亨利·索盖所写的弥撒曲《愿主庇佑》(*Pie Jésus*),也将目光投向了分隔教堂墙面低处彩绘玻璃窗的鲜花装饰。对于一位审美者的最高致意,便是为他呈现一场真真正正的、自然流露的美的盛筵:"铃兰如泉涌般遮蔽了灵柩,将它整个盖满,简直成了一座铃兰之墓。克里斯汀·迪奥对铃兰是如此地钟爱,以至于自他的首批时装系列发布以来,他

---

① 作者于 2009 年和波勒·德德邦(Paule Dedeban)夫人进行过一次对谈。波勒·德德邦夫人是迪奥生命最后一段时期的专属花商。1954 年某个晴天,迪奥到访了她的小店,之后就仿佛再也没有迈出过小店的门,他在那些精心包扎的花束中找到了心心念念的简洁之美。迪奥去世之际,她为他打造了一座开满铃兰和其他各式花朵的坟墓,她提起当时情景的时候几乎让人感受到一种诗意的美感:"我在教堂里、在克里斯汀·迪奥身边度过了最后一晚。我把即将覆在他的棺材上的铃兰两两相连。而在当时那个季节,你就算跑遍整个巴黎都找不到一朵铃兰。"但德德邦夫人的花店却能全年供应铃兰,因为她每天早晨都要给迪奥先生准备一小枝铃兰,插在他的上衣口袋作为花饰。她甚至为这些珍贵的铃兰准备了一间温室。这是她和迪奥两人共有的秘密。由各方搜集来的资料显示,1957 年迪奥已经做好了告别服装业的准备,打算回归他最初所爱——花艺,我迟疑地向德德邦夫人确认这一信息是否可靠。老夫人立即想到了"高级花艺定制服务",这是一个想法:"是的,当然。我们俩都有这个计划,也交流了很多。但我们提供的不是那些把花剪下来、只为让人欣赏一眼的花艺服务。我们想到的是一个全新的主意,而且对此信心满满。是那种最优质的鲜花的全球配送服务,您懂的。"

每一季的男性服饰都选用铃兰作为花饰;这一点,他的朋友们没有忘记。他的朋友们爱他。"

那一日,迪奥永远地转身而去;那一刻,他成为了一个谜,隐在他所创建的、以他为名的品牌的辉煌背后。弗朗索瓦丝·吉鲁这样一位优雅从容的领袖型女子一直在圣奥诺雷-迪洛教堂,陪着他走向最后的归宿。在几年前,也就是1952年,她曾为一系列人物做过小传,收录在《弗朗索瓦丝·吉鲁带你认识巴黎名士》这本书中。她把迪奥放在达尼尔·达黎欧(Danielle Darrieux)和费南代尔(Fernandel)之间。她写迪奥的那篇文章的头几句就引来了大批拥趸的追捧,其中不乏微妙的冷幽默,时不时还流露点儿挖苦的语气,一读就能辨出她的个人风格:"1947年2月12日还籍籍无名,13日就名声大噪,在杜鲁门夫人的左侧用餐,被引荐给英国女王,管理着800名员工,为全世界成千上万的女性造梦,但克里斯汀·迪奥一如既往腼腆怕羞。"而这段小传的最后一段同样引人遐思,她试图用寥寥几笔勾画出一个神秘的迪奥:"正因如此,在那些挤满人的静谧大厅中,仿佛所有被世间驱逐的优雅与和谐都在这里找到了自己的庇护所,慢慢从这个来自诺曼底的魔法师的手中流泻出来。"

自古罗马时期,命运三女神帕耳开(Parcae)便摇动起生命历程的纺车,由生向死。她们手中编织出一个个带着宿命感却始终不屈不挠的存在。她们是掌控时间流逝的裁缝。然而时尚却属于一种悲剧性的激情,它不持久,它消失在每一季的新展中。迪奥的命运让每个人领悟到生命存在的重量,那是每一具身体都背负着的凝重,而衣饰所不断试图否认、减轻、令其失衡的也正是这一重担。因为时尚总是逆着身体向前发展,它也成了应对身体早已被设定好的衰退过程的某种抵抗方式。

## 最后时刻的影像

有关克里斯汀·迪奥的最后时刻,人们简直可以编出天方夜谭般的故事;参考的资料不同,故事也就大不一样。但不该忘了迪奥在自己的回忆录中对于私生活曝光一事态度坚决:"在这本书最开始,我就要敬告那些窥探者,那些对他人私生活或者绯闻轶事好奇的人,总之所有那些爱到处嚼舌根搬弄是非的人,我的叙述将完全不对你们的胃口。"事实上,迪奥从来不曾违背过自己严守私密、有所保留的意愿。他的亲友们也是如此。

因而,有关他人生的最后时刻,没有人能给出确切的描述,而都只能提供一段段可能。再回头看看他留下的最后一组镜头,正如报刊媒体上翻来覆去报道的那样,在我们面前呈现的是一组群像。那天天色已晚,迪奥在晚餐时显得稍有些不舒服。两三年间,他心脏一直有些毛病。《巴黎人报》(*Le Parisien*)后来曾着重指出,克里斯汀"每次出门都要带上他的小药盒,还有详细的医嘱,为的就是以防万一",即使"他的总体健康状况已经得到了改善"。报纸还强调,迪奥已经时常表现出"他的退意,他希望能够完完全全回到位于瓦尔省的黑胶庄园展开隐居生活"。晚餐过后,他的朋友们以及他的两位合作伙伴雷蒙德·泽纳克和玛丽-皮埃尔·孔第(Marie-Pierre Conti)陪他回房间。当别人在为凯纳斯特纸牌游戏整理桌子的时候,迪奥在浴室穿了件丝质睡衣,套了件家居服。纸牌游戏一直进行到晚上近11点,就在那时,我们的时装设计师突然手捂心口,脸上流露出痛苦万分的表情。他就这样晕倒在地,失去了意识。片刻后,医生赶到,宣告了死亡。

"克里斯汀·迪奥在蒙泰卡蒂尼突然去世",《费加罗报》(*Le Figaro*)以此为题,报道称迪奥的死亡时间为午夜时分,而非11点。《巴黎人报》则提供了另一种叙述视角,呈现的是巴黎这座城市在迪奥去世时的第一反应:当时苏珊娜·卢琳被一个从意大利温泉馆打来的电话吵醒了,人们在电话里告诉她"迪奥在脱衣服的时候死了"——这样一位传奇时装设计师居然在这样的情景中去世,在某种意义上可谓荒谬感十足!她迅速赶去了蒙田大道,那里的"灯光通宵达旦地亮着"。

《巴黎人报》驻意大利记者从蒙泰卡蒂尼这座奇迹之城发来的报道中呈现了这样一幅最后的画面:"昨天,两位圣方济各会修士面戴黑纱,在和平酒店敞亮的房间中祷告了整整一天。"接着他描述了将要被带回法国的灵柩:"昨天晚上,他的遗体被放到了棺柩中。棺柩以实心胡桃木制成,两边以花彩为饰,配有玻璃和实木盖各一。"

## 最后一次拜访达芬奇

院士皮埃尔·加克索特和迪奥的关系密切,他为迪奥的传记作序,文中忆及这位艺术家、创新者时不乏溢美之词和追思之意。他在自己的书中写道:迪奥无法因任何事物而安心,他总说财富让自己感到诚惶诚恐。"迪奥再也不需要从杂志、报纸中去寻找自我认可。我们都知道他非常焦虑,永远处于紧张不安的情绪中。每一季,在法国、美国举办服装发布,他都有一种正在拿自己的名誉、品味和公司的未来冒险的感觉。"亨利·索盖给皮埃尔·加克索特打了电话。他俩都是迪奥最亲密的朋友,是他们年轻时组建的"七人小圈子"的成员。索盖向加克索特坦陈:"我们是幸存者。"的确,就在那一天,他们中的每个人都多少和死亡打了一次交道。

就在他去世的当天,迪奥这个绘画狂热爱好者拜访了达芬奇——这位意大利大师的出生地。他细览了达芬奇出生时住的房子,又前往专属于达芬奇的博物馆参观;他就站在那里,仿若将自己置于艺术杰作图腾式的守护下,由此找回了他最初的爱。亨利·索盖以这样几句话结束了他对好友的追悼:"他一点也不骄傲,对什么都不确信。他的去世就像一场无法预计的、不可能发生的灾难,让我们惊慌失措。克里斯汀52岁。每每思及死亡——他常常想到死——他都希望那将是温和而平静的过程。"克里斯汀和他的母亲玛德莱娜·迪奥都在52岁去世。在这之前,他度过了温和而平静但同时也是险峻而喧哗的一生。在1905年和1957年间,在童年和死亡之间,克里斯汀·迪奥这个始终具有双面特质的男人穿越了重重生命历程,这段历程如今亟待我们前去探索。

## 第二部分

### 迪奥:年轻的艺术家

# 第三章

## 迪奥的相册

意欲理解克里斯汀是如何成为迪奥的,恐怕得往前追溯,去翻看那些年代久远的老照片。当读者同我们一起翻阅迪奥的相册时,会逐渐读懂他的许多期待和失望。克里斯汀年轻时,便已经开始窥探成人的外表,想象着有朝一日自己穿上银行家或国家驻外使节的衣服的模样。此外,他毫不掩饰地在回忆录中打趣自己:"银行?机关?循规蹈矩的生活?我可不敢去想这些。如果说我始终举棋不定,不知应该怎样去选择一种特定形式的生活,那么对于我想要做什么这点,实则早已下定决心了。总之我想改变生活。"

改变生活。所有一切都囊括其中了。迪奥想要来一场"变形记"。改变,这是他唯一的信念。年轻的克里斯汀·迪奥似乎没有留下什么照片能让人一眼辨出这种意欲去改变的愿望,又或者说,几乎每一张照片都向人们展示了这一愿望。我们所看到的绝大多数照片上,克里斯汀正缓缓地、温和地改变着。他不是静止的。这对我们来说无疑是一个颠覆性的发现,因为在我们的一贯印象中,这位时尚界巨头总是一副冷冰冰的样子,好像一座了无生气的雕塑,不高不矮不胖不瘦,稍显笨拙沉重,栗色眼睛,没什么特别之处。

### 远离家庭决定论

克里斯汀青少年时就好好揣摩过他的亲人们。他细细研究了他们的轮廓,这些轮廓和他自己的太过相像,在他看来显得不怎么真实。所有这些形象所描画的仿佛都是他自己,他和他们来自同一个世界,从他身上能辨认出某种"家庭气质"。但少年还是在自己和其他人之间看到了一条裂缝。这条狭窄的缝隙存在于他所感受到的和别人所看到的表象之间。

他倾听着内心深处,触碰它的脉搏,将之称为命运。这种内心和外部世界的脱节赋予迪奥力量,让他远离家庭决定论的影响。他在让松-德萨伊中学(Janson-de-Sailly)读书的时候成绩平平,但深受一位名叫塞萨尔·热洛索(César Geloso)的钢琴及作曲教师的影响。迪奥在巴黎的坦嫩贝格(Tannenberg)准备高中会考。这所私立学校名声在外,莫里斯·迪奥如此重视自己儿子的成功,因而把他送到了那里。克里斯汀在那儿获得了两张中学毕业文凭。

在即将告别青少年时,迪奥认识了"六人团"(groupe des six)——由乔治·奥里克、阿尔蒂尔·奥涅格(Arthur Honegger)、路易·迪雷(Louis Durey)、达律斯·米约(Darius Milhaud)、弗朗西斯·普朗克、热尔梅娜·塔耶芙尔(Germaine Tailleferre)组成的音乐团体,这对他而言意义巨大。他对让·谷克多、雷蒙·拉迪盖(Raymond Radiguet)以及埃里克·萨蒂(Erik Satie)①也略有了解,正是这三个才华横溢的人于1916年促成了"六人团"的建立,意在对抗瓦格纳(Wagner)和德彪西(Debussy)无处不在的霸权。"六人团"②成了迪奥音乐修养道路上的启蒙老师,迪奥在自己家里和他们一起度过了一个个不同寻常的下午和夜晚。他如此回忆:"我坐在地上,在一片几乎全暗的阴影中——这是那个年代的规矩——听着那些会引起长辈反感的现代音乐。在那些夜晚,我受惊的父母亲总是把自己紧紧关在房间中。"

1921年,"六人团"发行了著名的《埃菲尔铁塔上的新婚夫妇》(*Mariés de la tour Eiffel*),1923年停止了音乐活动。而就在那时,来自于阿尔克伊乐派(école d'Arcueil)③的作曲家亨利·索盖和迪奥之间的友情却细水长流地发展了下去。迪奥描述索盖时说他是"库特拉的吉伦特人",使"我这样一个缄默

---

① 埃里克·萨蒂在音乐上对迪奥的启发甚大,尤其是他的《裸体歌舞》(*Gymnopédies*)以及《梨形曲三段》。迪奥在1950年为埃里克量身设计了一件礼服和一件大衣。
② "六人团"是一群反对陈规陋习之人。他们试图推广一种"现代"音乐。
③ 当埃里克·萨蒂为阿尔克伊乐派"施洗"时,他特别提到了这群人正值青春。亨利·索盖本名亨利-皮埃尔·普帕尔(Henri-Pierre Poupard),他最初是和路易·埃米耶(Louis Emié)和让-马塞尔·利佐特(Jean-Marcel Lizotte)组成了个三人团体,随后又吸纳了另外三个作曲家、音乐家——亨利·克利凯-普莱耶尔(Henri Cliquet-Pleyel)、罗杰·德索尔米埃(Roger Désormière)、马克西姆·雅各布(Maxime Jacob),才最终于1923年成立了"阿尔克伊乐派",后来加入的三人都和迪奥关系密切。迪奥称索盖是"自发的、柔情蜜意的、反学院派的风格的创新者"。

而迟缓的诺曼底人"不由自主地为之倾倒。迪奥还写道:"索盖早期所创作的作品便已经宣告了一种自发的、柔情蜜语的、和学院派相抗衡的风格的诞生,而他本人正是这种风格的创立者。""他藏在镜片后的那些捉弄意味的眼神、他脸上千变万化捉摸不定的神情、他话语中的智慧和风趣"都让迪奥着迷。克里斯汀曾在1928年4月巴黎电台的午后文学音乐节目中听到了塞萨尔·热洛索的演奏,后者用五种乐器诠释了一首西班牙的谐谑曲,克里斯汀梦想着自己有一天也能够成为这样一名作曲者。

但汀的父母对于儿子最大的期望却是考入巴黎政治学院。他的父亲希望他至少能成为一名大使,或者出任其他类似的职务。克里斯汀不愿让他失望,便竭力为之——至少假装竭力为之。他于1926年从这所享有盛名的学校毕业,但并没有拿到文凭。这并不是说他在里面什么都没有学成,但他也承认自己极少出现在巴黎政治学院的课堂上。他常常旷课,宁可到巴黎和他的朋友们一起喝点小酒,兴致盎然地享受人生:"多么随心所欲的生活呀!康拉德·维德(Conrad Veidt)和路易斯·布鲁克斯(Louise Brooks)出演的德国表现主义电影,巴克斯特(Bakst)和本努瓦(Benoît)的新立体主义团队打造的俄国芭蕾,还有那些由一幕幕引起非议的场景组成的超'前卫'瑞典芭蕾舞剧。"

## 走 进 画 面

15岁的时候,迪奥便观察起这个文艺复兴时期的女人嘴角变化莫测的微笑。光线透过红色彩绘玻璃窗照进格兰佛大房子的餐厅中,将她的美映衬得更加淋漓尽致。这一画面属于他的药典,是他个人的"大莫纳"。当他上楼回到自己的房间,他定定地看着玫瑰花窗的轮廓。从天花板的中央垂下一盏彩色玻璃夜灯,在迪奥眼中,这盏顶灯诠释了脆弱、光亮和一种近乎奇幻的透明感。此后,他将认识到这一"具有康复之效的微光将怎样使荨麻疹和水痘的症状得到改观"。

光亮使他平静,令他痊愈。而有关艺术和光亮间不可思议的化学反应从此再也不曾离开他。这个年轻人片刻不停地发掘着那些与某个时代、某个季节、某日的光照以及某夜特别的光线最为相配的面孔。在博物馆里,在美术馆藏品中,在艺术作品的每一页,迪奥倾尽一生观察着那些面孔、那些轮廓、那些内部的和谐,并探寻着那些微妙的协调一致。

克里斯汀和他的兄弟姐妹在格兰佛别墅拍照时都逃脱不了被摆拍的命运:全家人盛装打扮,聚集在一片葱郁的花园深处,试图让全家福上升到风俗画的高度。而他和朋友们在一起的照片则完全是另外一种调调:他的朋友们个个感情充沛,他们跳着舞,还不无炫耀地把车子停在格兰佛的海滩或者山上。他们大笑着,放肆着,还有那么点儿爱赶时髦,说话时夹杂几个英文单词。他们是在他们所深爱的首都和拉芒什之间长大的孩子,也常常前往泽西岛或者盎格鲁-诺曼底其他小岛闲逛上整整一天。这些忠诚的伙伴始终都站在迪奥身边支持着他。

有时,克里斯汀没有出现在镜头前,可能正是他本人在执掌相机。在相片成像的一刹那,所有人都屏住了呼吸,迪奥也不例外。上世纪初,快门可以控制曝光时间的长短,但人们也可以通过缓慢拿开目标前的"障碍物"达到控制的目的。曝光速度通常很长,这和所涂的感光剂相关。自从风箱式折叠相机——它比柯达生产的头几批相机的操作性更强——在两次世界大战期间迅速普及后,摄影不再只是摄影师的专利。所有人都能体验到"让瞬间永恒"那一刻的心醉神迷。迪奥家也有这么一台相机。克里斯汀的哥哥雷蒙频繁地躲在游戏房中的那间小黑屋里面,足以说明这一家人对于摄影艺术的热爱。或许就在这个狭小的暗房里,也正是雷蒙将那些经过长时间曝光的底片放到了显影液中;"我哥哥进入暗房的次数比我多多了,"克里斯汀这么说。由此我们可以看出,如果说克里斯汀热爱照片,并不意味着他对于照片制作过程尤为感兴趣;引起他思考的也不是负片或者显影效果,而是摄影在他者的环境中对于他者所造成的影响。雷蒙孤僻的脾气和反抗的性格倒是与他对摄影技术的热情颇为吻合:在这样一个狭窄的昏暗空间,他可以依着自己的想法尽情用光线作画。而当克里斯汀站在相机镜头前时,他确切地知道机器的背后藏着一张画面操控者的脸,那个人能够借助光与影的游戏加强某些表情的表现力。据说,成像的那一瞬,光亮灼烧整个舞台,迎来一段密集但毫无痛苦的集体眼盲时间,传说中的鸟儿便在那一刻腾跃飞翔。最真实的是什么?究竟在哪一刻人们才展现最真实的自我?将个人生活以近乎仪式化的形式呈现在人们面前是否属于现代性的重要范畴之一？人们能够呈现的样子是否永远不是模糊就是清晰？这些都是摄影促使克里斯汀开始思考的问题。

自 1911 年来,意大利的未来主义者安东·朱利奥·布拉加利亚(Anton Giulio Bragaglia)就在他有关新摄影项目的声明中提出这样的"要求":摄影应该和现实的机械化复制完全脱离开来,艺术家可以自由地成为自己作品的主宰。迪奥所看到的现实并不完全是照片所反映的现实。相反,迪奥心里非常明白,摄影亦可制造幻象。

## 金色的青年时期

自 20 世纪 20 年代中期起,克里斯汀开始出国旅行。他需要独自去面对和理解被德国思想家称为 Weltanschauung(世界观)的概念,或者说,他需要走出那些"年轻小姐们"掌控的课堂,那些"年轻小姐"只负责把孩子们教导得举止优雅、行为得体,而他所需要的是走出去,到这个世界各处看看。他游历了意大利、西班牙还有斯堪的纳维亚国家。记者伊夫·萨尔戈(Yves Salgues)这么描写迪奥:"克里斯汀,戴着礼帽和天鹅绒领子出现在世界各地,而他就读于巴黎政治学院。那是一战后,正是在这段黄金时期,克里斯汀度过了他金色的、梦游般的、滋养心灵的青年时代,而谷克多和贝拉尔是他那时的精神领袖。"①

迪奥显然在回避学位的颁发,他不愿困在一条他自己并不想走的道路上。多年后,他充分展示了作为企业家的实际能力,向人证明他确确实实把所有学到的东西记在了心里,由此打消了所有人的疑虑。他记下了他认为的重点,仅此而已,也已足够。因为他早已知道这不是他心中所愿,他真正向往的,是成为艺术家中的艺术家。但迪奥家族丝毫没有妥协,于是他有时不得不在必要时采取迂回策略。"当时有那么多让我分心的事儿,我真不知道我是怎么拿到两个高中毕业文凭的,"迪奥诉说着,"那一刻来临了:我成为了高中毕业生,紧

---

① 伊夫·萨尔戈出生于 1924 年,身兼记者和作家之职。他在 1987 年出版了《海洛因》一书,其中叙述了 1944 年他沾染毒瘾的经历,以及几十年间他如何和海洛因的毒瘾抗争的过程。他也是青年诗人,是纪德(Gide)、阿拉贡(Aragon)、布勒东(Breton)的朋友。他也担任《费加罗报》文学专栏作者。他于 1997 年去世。

接着就得继续读大学。我那时候对建筑很感兴趣,因而我曾向家人提议报考美术学院,他们当场大叫起来,我可不能混在那群波希米亚人中。为了节省时间,也为了享有充分的自由,我在圣纪尧姆(Saint-Guillaume)路上的巴黎政治学院注册入学了。这对我来说根本不算什么束缚,反而是能够让我继续过自己喜欢的生活的一种手段。"

迪奥摸索着,想在自己身上找到一些东西,和他家人的期待有所不同的东西。"发明,创造,定下了我青年时期的基调。我学习了绘画、音乐、艺术,我接触了所有领域,但从来不曾将自己固定在任何领域。"法国国立文献学院有一阵让他非常向往,但最终他还是没有注册入学。

选定一个领域或者不做选择,听任偶然性的引领?对于迪奥而言,这两种可能性间的界线始终微妙。通灵者、占卜师还有种种先兆帮助他确认了他的意愿……又或者说,他心里早就已经有所决定,只是需要一些助力帮他最终确认。这不只是因为他不相信自己的选择是明智的,也是因为他希望能够在环绕的人群、环境中,找到一些线索,促使他做出破釜沉舟之举。

## 人 像 定 格

正如那些传言所述,20世纪初期,迪奥一家人都十分乐意拍照,他们觉得照片能使自己家族的形象得以永恒地保存。这种名流们尤为看重这种自我表现的欲望,它为我们留下了诸多珍贵见证,让我们得以一窥当年住在格兰佛"罗经点"别墅里的这一大家子的风采。大部分的照片都是在乡野拍摄的,是兄弟姐妹或者他们父母的即兴创作。在这样的乡村风光中,两个小姑娘雅克利娜和卡特琳通常会以小天使的面目出现在镜头前,偶尔还做做鬼脸,特别招人喜爱;而男孩子们的态度则不无挑衅,他们微微后撤的身体将这一心态暴露无遗。

雷蒙,克里斯汀的哥哥,他脾气急且暴躁,总对一家之主的言行提出异议;贝尔纳,他的弟弟,属于情绪容易激动的那类人。他的精神疾病的发作频率越来越高。1930年,医生诊断后认为他的"精神性"疾病已经无法治愈,精神病专家也无法让他的状况得以改善。自此,贝尔纳再也没有离开过蓬托尔松(Pontorson)精神病院(今天的海滨中心医院),直到1960年去世。"罗经点"

别墅尘封了这段往事,这个与众不同的孩子的故事被永远隔在了高墙内,如迷雾缠绕。唯有照片定格下了他的不安。他英俊而蛮横,时间仿佛在他身上凝滞,允许他脱离兄弟姐妹的步调,而不随他们一起变老。

汀有一些极富魅力的照片,其中一张是他正走在别墅通往底下格兰佛海滩的小径上。在克里斯汀身后露出了一张极小的脸,是和岩石一块儿作为照片远景被照进去的。额头被黑色刘海遮住,使人们一下子难以分辨这张脸的主人,而那正是贝尔纳。这个弟弟是如此纤弱,他的离去给"罗经点"别墅中的每个人心头重重一击。是因为他的精神疾病?没人知道,或者说几乎没人知道。克里斯汀陷入回忆时,这一幕家庭悲剧所引起的伤感情绪再次盈满他的心头,他写下这么寥寥数语:"1930年度假回来时,一个比股市下滑更让我心悸的征兆蓦然显现了。空荡荡的房子里,一块玻璃掉到了地板上,碎成千百片。不幸就这样突如其来,搅乱了我们这个一直以来都幸福美满、受到庇护的家庭。我的弟弟得了一种无法治愈的精神疾病。"关于这份悲痛,照片或许比言语更有说服力。贝尔纳是格兰佛大相册里的中心人物,他吸引了所有人的目光,但在那沉重的眼睑后,他仍是孤孤单单、独自一人。

贝尔纳的忧郁把整个家庭推向悬崖边上,而迎接他们的是更大的灾难。迪奥在"罗经点"度过的无忧无虑、备受宠爱的童年,由此走向尾声。他们很快就失去了别墅。巴黎那漂亮、装潢精美的公寓也卖掉了。贝尔纳的病如一道裂缝,警醒着其他人不可再被表面的风平浪静所蒙蔽。在长期保护着他们的围墙上,"罗经点"的主人们看到了第一道绽开的裂缝。

照片中有不少是向"罗经点"致意的。这幢房子在迪奥家族传奇中留下了浓重一笔,甚至有时给人一种错觉,让人以为房子本身比居住者的命运更加重要。事实上,在迪奥传奇中,"罗经点"地位卓然,带着浪漫主义色彩,又颇具悲剧性地象征着家族的衰退。然而,虽然房屋本身的存在感不容置疑,但依然不及住在其中的人更加牵动人心。贝尔纳隐约可见的人影和他的缺席更是让这里的一切蒙上了一层"狂飙突进运动"①的动荡悲剧色彩;只是风过无痕,不再

---

① 狂飙突进运动(Sturm und Drang),德国文学运动。其中歌德(Goethe)的《少年维特的烦恼》和席勒(Schiller)的《强盗》是其典型代表作品。让-雅克·卢梭(Jean-Jacque Rousseau)也同样受到这一"流派"的影响。

有可循的实物为证。我们的时装设计师对此也不过只言片语一带而过,他追忆着"那些暴风雨的夜晚、雾蒙蒙的岬角、丧钟之鸣以及诺曼底的蒙蒙细雨",而他的童年就在这样的画面中溜走了。

## 透 视 画

看看格兰佛那本相册里迪奥的照片,就能立刻发现克里斯汀和他的母亲是如何避开所有冒失者的目光,又组成了怎样一曲和谐的双重奏。他们成天待在花园里,忙于园艺,他们既想摆脱现实的沉重,又对自己正在干的活儿满怀热情。这一对母子就这样沉浸在植物的香气和色彩中,以此逃避现实中的种种问题。虽然只是黑白照片,但却让人心领神会,仿佛看到粉嫩的手指和手掌穿插在植物的绿意盈盈中,一举一动饱含着两人对于自然的热爱。虽然只是业余爱好者,但他们手法娴熟,仿佛和花草相交相融。玛德莱娜运来了成吨的稀松土壤,因为在她看来,格兰佛就是一块大石头,她喜欢把它叫做大石头。从某几张照片上看,似乎对于这对母子来说,他们首要的归属是别墅花园,其次才是迪奥家的房子;而他们之间首先是因为这些植物变得如此亲密无间。1917年出生的卡特琳也加入了他们的行列,被这种对植物的热忱所感染,双重奏变成了三重奏。他们通过个人对自然的认知和感受来确认四季更迭,建立私人日历,这比公历上的提示来得更加准确。他们对于肥料的需求强烈,肥料当然都是由莫里斯·迪奥所生产,他的工厂在格兰佛的另一头,但他的妻子儿女都不会无故靠近工厂,仿佛咫尺之遥,又仿佛天涯相隔。

卡特琳·迪奥在之后的很长时间里都是巴黎大堂(les Halles de Paris)唯一的女性鲜花代理商[①]。当迪奥一家退居蒙托鲁附近的卡利昂时,卡特琳依然从事着和鲜花关系密切的生意,和她的工人们一起投入到鲜花的采摘工作中。

家庭档案中,花园以不容忽视的姿态侵占了各个画面,就像一枚纹章,深

---

[①] 卡特琳·迪奥 1936 年到 1939 年间和克里斯汀一起住在巴黎的罗讷旅馆。她为一家时尚公司工作,担任销售员(手套、帽子)。她每逢夏天便回卡利昂生活——这是家庭传统,迪奥也一同回去。在战争期间,她间歇性地回去居住,若干年后她结束了巴黎的鲜花生意,最终回到卡利昂定居。

刻地诠释了深受"罗经点"神话影响的迪奥早年是何等的优雅。人们的脑海中几乎可以勾画出那样的图景：在水中绿叶静默的和谐中，在围着玫瑰红和灰色相间的房子的植物中，美随处可见，肆意伸展。母亲玛德莱娜的身影出现在各张照片中，她始终是这份优雅的最好代言。常年相伴在她身边的也是个重要人物，那是莫里斯·迪奥。他不以为意地顶着个秃顶，留着那个时代的小胡须，投身于20世纪初的大时代背景中，出色地承担了家庭的责任、扮演了工厂主的角色。在别墅中，风格与气度的显现敦促着克里斯汀走向他的命运。自那时起他便已经算得上是体积和色彩的调停人。他真正的课堂并不在那些时尚工作室里，而是在格兰佛的那片围墙内。

相册上的迪奥家庭成员刻画了一系列经典人物形象，体面地扮演了埃皮纳勒木刻画上的角色。这是一种大资产阶级的风格练习。但如果我们撇开这种中规中矩的全家福是如何完美地诠释了早早被社会程式化的摄影艺术不谈，可以说，这些画面仍给我们提供了一种仰摄的角度，邀请我们走进这个家庭一窥究竟。首先跃入眼帘的是每个人庄重的神情。在我们眼前，一众兄弟姐妹正打量着那些日后仔细端详他们的人。迪奥一家僵直着脖子，向所有的他者敞开着。他们清醒地意识到，那一张张胶卷底片将他们带入了另一个维度。他们仿佛在和那些镜头外的人直接交谈，而那些人在黑白网孔间丈量着这一家人影响力的不断延续和扩大。面对今人所投来的质询的好奇目光，迪奥一家直率而无畏；他们最终把自己交付给了镜头，这既非天真使然，亦非冲动作祟。如果说他们每个人都毋庸置疑地怀着某种仪式感，那是因为他们非常明确自己的目的，或许也能够预感到摄影的意义，那就是赋予那些曾经存在而又不复存在的人和事物以实体形式。

这些影像让人能够大致揣测出这个家庭是沐浴在怎样一种文化中。他们个个有着良好教养，20世纪初的欧洲文明给他们的人生定下了大致框架，世界性的大展览随后猛烈冲击了他们的内心世界，而那些接二连三改变生活的发明更是打乱了他们原本持有的很多观念。他们是一种谨慎的现代性的典型代表，他们对于进步这一概念毫不质疑。前面已经提到了他家拥有的那台电话，"那真是轰动一时的新玩意儿，它永远都不会让我感到厌倦"，克里斯汀写道。电话这玩意儿在当时既让孩子们感到惊恐害怕，同时也让他们感到兴高采烈。

　　无论是在格兰佛的"罗经点"别墅还是在巴黎的拉米埃特(La Muette)公寓，玛德莱娜·迪奥都拥有一片宁静且相对封闭的小天地，在其中她奉行着自己的一套生活艺术，她的儿子在回忆录中对此进行了详细描述。这样一种自然的平衡状态对于迪奥影响至深，他的个人品味很大程度上正是她母亲品味的延伸（当然，有时候也会有所冲突）。他踏着母亲的脚印前行，终其一生都试图在自己修建的各处住所中重新寻回"罗经点"的灵魂。迪奥的家是他第一个真正的个人展，里面收藏的是有关一个消逝的居所的回忆，那回忆缠绕心头、刻下深深的烙印，成为迪奥诠释时尚时永恒的灵感源泉。这是一方能够让人隐居其中的精神净土、一处真正的安乐窝，在无休止地反复触碰中，幻想视界徐徐展开，灵感由此源源不断地涌现。照片对于克里斯汀而言，能够帮助他回想起曾经和家人共有的那段光辉岁月。

　　今天，这一住所焕然一新，被改建为迪奥博物馆，但依然保留着这个地方最初的野味儿，人们也始终能在其中感受到一股超能力在回荡。供人散步的花园里，园艺师对玛德莱娜种下的植物做了一番调整。和过去一样，人们还是能清晰地从这个地方看到远处的海。靠近进口处的地方是房子的附属建筑用地，曾经一度被克里斯汀"征用"为自己的秘密基地，这个"山顶花园"后来几经变迁，如今成为了网球场。这一切至今仍优雅地悬在格兰佛的高处，坚定地屹立着。

## 重拾逝去的童年

　　克里斯汀·迪奥将他童年的房屋深深印刻在了脑海中，继而通过写作将这些脑海中的画面重新展现在人们眼前。他完完全全浸没在这些画面中，只需跟随他的脚步，便能在这一寓所自由走动。我们看到，玛德莱娜所推崇的装饰艺术混合了多种风格，表现出一种折衷主义倾向，也算是对于当时风潮的一种回应，多少有些日本化的痕迹。葛饰北斋(Hokusai)和喜多川歌麿(Outamaro)风格的大型木版画在楼梯两侧相互呼应，它们被放置在门上的三角楣处。克里斯汀将自己的目光投注其上，开始了一场场神游，他仿佛能够看到寺庙的屋顶以及稻草竹藤编织物,由此想象出一个梦幻的东方。他凝视着面前这幅早已习以为常的艺术作品,而几乎在同一时间,一个远方、彼端的世界出现在眼前。永远不要被表象所蒙蔽!

克里斯汀急欲了解这些绘画作品惊人的魅力由何而来,也希望能理解他脑海中因为这些作品而产生的种种幻象是基于怎样一种原理生成。"我看到自己连续数小时凝视着这些画,手指怯生生地轻轻触碰着位于高处的一帘叮当作响的串珠,脚底下是一个颇具异域风情的皮质脚凳。"迪奥记得那个路易十五风格的客厅中所有"真真假假"的元素。涂着金色马丁漆的玻璃柜中摆放着让孩子们心醉神迷的宝贝。那些东西的轮廓和光彩吸引着孩子们的目光:"多少带点萨克森瓷器风格"的贵族和牧羊女摆着独幕剧中的造型,好像被不知从哪里响起的丧钟打断而定格在了那里;瓷器旁边乱糟糟地摆着威尼斯的玻璃器皿、银质糖果盒和扇子。迪奥把所有细枝末节都保存得妥妥当当,他把自己看作这些东西的托管人或是要求严格的管家。正是因为对这些当时的物品和整体氛围记忆犹新,迪奥才能在多年以后打造出另外一个"家"——他的服装公司"迪奥之家"①,在其中重现"罗经点"别墅最深层的性格和气质。他总是在转化、改变、变形,以期找回最初的梦想,填补他灵魂缺失的一角。

主厅里摆满了花瓶,天竺葵和缎花散发着缕缕飘香,仿佛把满园芬芳都带入了屋内。小厅则再现了泛黄的波纹纸上记录的第二帝国的片段。亨利二世的饭厅中,餐柜和冷餐台上刻有狮子和狮头羊身龙尾怪,而我们也不会忘记莫里斯·迪奥的办公室中那些戟兵以及那个黑女人面具是怎样让我们的小迪奥感到惊慌失措。

迪奥一家住在这堆花里胡哨的装饰品中,这在格兰佛则象征着见多识广的资产阶级品位。他们位于巴黎十六区阿尔伯里克-马尼亚尔大街上的房子则现代得多。就算屋子里能够找到一些过去年代留下的印记,也只是为了更好地衬托出主人希望营造出的当代感——这是一个成家立业的企业家的寓所该有的样子。房屋装饰的灵感大部分源于新18世纪风格,克里斯汀总是从他

---

① La Maison de Dior,直译为"迪奥之家"。——译注

的房间高高地凝视着:"正是在那里我发现了路易十六-帕西风格,它深深地打动了我的心。白漆,小菱形方格门,半帘和带流苏边的幕帘,印花护墙板,根据房间奢华程度而饰以洛可可风格花朵的锦缎——人们以为这属于蓬帕杜(Pompadour)风格,其实早已迈入了维亚尔(Vuillard)风格。"20 世纪 20 年代,各种艺术和建筑风格接踵而至,让人应接不暇。无论是制作室内家具、金属制品还是纺织品,法国的装饰家们都不再严格追寻物件的使用价值;反观那些来自大西洋彼岸或者德国"包豪斯"的设计师们,他们倒更加看重物件实用性,他们希望找到一些新的形式将物品付诸于工业生产,以便与现代生活的经济性、便利化原则直接产生联系。1925 年,现代工业和装饰艺术的国际博览会在巴黎举办,展会上的装饰艺术展品耗材昂贵,纷纷饰以几何或者角形花纹,并覆以风格化的花卉主题图案。这些作品以 18 世纪法国新古典主义为灵感源泉,对于戏剧界和时尚界产生了非常重大的影响,从让娜·朗雯(Jeanne Lanvin)到保罗·杜塞特(Paul Doucet),从让·巴杜(Jean Patou)到保罗·波烈(Paul Poiret),无一不对这一趋势做出了回应。变革触及每个人的日常生活,画报更是促进了这一风格的传播。最终玛德莱娜也成了这一变革的拥趸,克里斯汀就在她的身边观察着,并渐渐形成了自己的独特品位。

## 农牧神的生活场景

皮埃尔·加克索特在大战爆发的前夕离开了他的村庄,来到首都。他为人尖刻,拥护君主政体,支持民族主义,是夏尔·莫拉斯(Charles Maurras)的忠实仰慕者。1930 年他成为周报《我无处不在》(*Je suis partout*)的主编,1937 年辞去了这一职务。战后他作为《费加罗报》的专栏记者,为迪奥传记《克里斯汀·迪奥和我》作序,并重读、改写、完善了其中的很多段落。对于迪奥而言,皮埃尔是他在青年时代相交的朋友,这么多年来一直看着自己一步步向着成功攀登。

1913 年,加克索特曾详细地对首都做过一番不无幽默的描述:"在巴黎,共有 8939 辆四轮马车,8266 辆配备有自动计程器的汽车,702 辆巴士,1354 辆有轨电车,20000 辆人力车,9000 辆手推车,320535 辆自行车,114 座喷泉,

87000棵树,8214把沿街长椅。"①5年后,这个国家仿佛忽然闯入了另一个世界,一个因为在1914—1918年间接二连三地遭遇创伤而接受了开颅手术的世界。法国的人口急剧下降,劳动力严重缺乏。战争等因素导致中年人死亡率激增,影响波及整个精英、农民和教师圈子。工业、公共工程以及采矿采石业都吸收了大量国外的劳动力。整个政府被一种幻灭的情绪笼罩着,直到1919年民族集团党(Bloc national)成立,最终达成了某种政治妥协。民族集团党打出了"让德国付出代价"的口号,政治倾向严重偏右,但另一方面,它仍希望竭力将一战期间的"神圣联盟"维系下去。随着政客的大换血,法国政府经历了重新洗牌。即使玛德莱娜带着他的孩子们在1914至1918年间退居格兰佛,他们仍逃不过动荡局势。

战争爆发前夕,克里斯汀一直观察着在他身边发生的种种。他一刻不停地在一切材料上绘画,他"在课本上反复勾画穿高跟鞋的女人的腿部轮廓"这一疯狂行为成功地激怒了他的老师。他畅想着明日,观察着云聚云散,"1914年是在那场著名的日全食和那些先兆性丑闻——卡约夫人(Madame Caillaux)事件、斯汤埃尔夫人(Madame Stenheil)丑闻可谓此起彼伏——中度过的。红色汽车载着博诺帮(La Bande à Bonnot),刮起了一股匪帮风潮。"克里斯汀还悄悄读了犯罪天才方托马斯(Fantomas)以及侠盗亚森·罗宾(Arsène Lupin)的故事。征兵动员使他大吃一惊,他当时正在格兰佛度假:"虽说'大

---

① 皮埃尔·加克索特,《他者和我》(Les Autres et moi),弗拉马利翁出版社(Flammarion),1975年。皮埃尔·加克索特是历史学家,主要著有《法国人的历史》(Histoire des Français)、《德国史》(Histoire de l'Allemagne)和《我的村庄和我》(Mon village et moi)。这位为克里斯汀·迪奥回忆录作序的作者很可能为该书做了更多贡献。迪奥这本《克里斯汀·迪奥和我》简直可以完美地归入皮埃尔的《某某和我》系列著作。他的个人经历使他成为了以莫拉斯为核心的"法国行动派"(Action française)的一分子:他既是民粹主义者,也是保皇分子。1930年他担任《我无处不在》主编,1937年离职去《费加罗报》工作。在《他者和我》中,他详细列举了自己和一帮朋友(包括迪奥)常去的地方:首先是法国喜剧院附近的一家意大利餐厅,名叫"布朗"(Blanc,可直译为"白色"),位于殉道路(rue des Martyrs)上;还有位于奥斯曼大道和罗马路街角的"蒂普托普"(Tip-Top,可直译为"极好的")。他常将和五六个伙伴一同上音乐厅,喜欢待在观众席后面的过道上滔滔不绝。在梅德拉诺(Medrano)马戏团,他们选了个"极高处的包厢,以便自由地谈笑风生"。迪奥在他自己的回忆录中也再次提及所有这些地方。"我们把我们的小团体称为'俱乐部'(club):皮埃尔·加克索特,让·奥泽恩。后者是莫林诺克斯品牌的时装设计师,并将设计师这个职业的技能传授给了迪奥。'"(亨利·索盖,《我生命中的音乐》,塞古埃出版社,1990年)

贝尔莎'(Bertha)已经开进巴黎并发起了进攻,但当时人们满心想着的仍是怎么记住《蒂珀雷里》①起头那几小节节拍。(……)整个凡尔登已经陷入了地狱般的景象中,大后方的人却仍然全神贯注地听着、和着两步舞、单步舞及慢四步舞的节奏。这一切都仅是表象,是人们为了撑过世间最难挨的考验而为自己鼓劲的方式。"克里斯汀还提到了格兰佛那些搔首弄姿的女人,她们倒是不管不顾,心思都放在打听巴黎最新时尚消息上面了。

1923年,出版社出版了两部类型相反的著作。罗兰·多热莱斯(Roland Dorgelès)撰写了《亡者的苏醒》(Le Réveil des morts),雷蒙·拉迪盖则因为《魔鬼附身》(Le Diable au corps)一书持续引人非议。这两本书有一个共同点,那就是对于战争经历的描写。无论是参战法国大兵的回忆,还是某个入伍青年的妻子背着在前线的丈夫和另一个年轻男人厮混的背叛罗曼史,在战争阴云的笼罩下,没有人能够真正做到毫发无损。虽说克里斯汀童年时期就已经囫囵吞枣地读完了儒勒·凡尔纳(Jules Verne)的小说,但他始终算不上文学爱好者,他对此也毫不掩饰。比起这类作品,他更偏爱维尔莫兰种子公司的产品目录:各种植物的分类、花卉名字,还有小灌木特性的相关贴士,克里斯汀全都烂熟于心。描写大自然的宏伟篇章在他眼中是最美的。对于香气和形态的倾心也把迪奥带到了……"罗经点"的衣物洗熨间。"这是宿命吗?"未来设计师如此问道。"女仆和女裁缝"确确实实让迪奥着迷,因为她们会"给我讲魔鬼的故事,会哼唱《城郊燕子》或是乔瑟琳(Jocelyn)的安眠曲。黄昏弥漫开去,夜幕渐渐降临,我早就把我的书本、我的兄弟忘得一干二净,只是呆在那里,看那些女人在油灯边上做针线活儿,迟迟不肯归去。"

看着20世纪20年代初拍摄的这些照片,迪奥一家可曾想到有朝一日自己将青史留名?凭借莫里斯·迪奥表面看来风光无限、前景大好的生意吗?或是寄希望于才华横溢的克里斯汀投身国家公务员的事业中吗?长兄雷蒙脑子里永远都在反刍着他的那些极端想法,他对于新闻业和革命热情高涨:他将改变世界吗?他17岁时自愿入伍,1917年回到家中时身负重伤;他是他所在的士兵组唯一侥幸存活下来的人,当时他才离开他的小组一小会儿,耳边就响

---

① *Tipperary*,一战英军军歌。——译注

起了让他的所有同伴统统丧命的炮弹爆炸声。

　　自1919年起,迪奥一家换过几次住所,孩子们也跟着转了几次学。随后,迪奥举家迁入了亨利-马丁大街(Henri-Martin)上的一套公寓中。迪奥写道:"这套公寓被另一种18世纪风格所统治,人们以为这是一种非常纯粹的风格,但事实上你可以找到从18世纪到1920年间的各种元素。"这一惊人的混搭风格日后也成为迪奥的灵感源泉。

　　在时代的微光中,这些照片让人们看到这样一群家庭核心成员。如果说贝尔纳显得比其他人更加缄默,如果说卡特琳的正能量充斥着所有照片,如果说雅克利娜对着镜头露出了微笑,那么克里斯汀则活脱脱是农牧神的化身。农牧神?纤弱的存在,舞动着,几无仙气可言。他的身子在衣服中晃动,眼睛中射出一道让人难以忘怀的光亮:那是在眼眸中间升起的一束晦暗火苗,而那双眼还兀自沉溺在自己的梦境中。无论是通过绘制还是拍摄,表现的都是同一个农牧神的肖像。无论是用毛笔、炭笔还是相片,所有试图看透他内心的人最终一无所获。在这一身影中,有某些难以尽述的细微之物,它迫使所有的探究者都屈从在它的规则之下,以作内心自由的佐证。在凝思的外表下,农牧神迪奥若隐若现,然而他实实在在具有预见未来的天赋。通过这些照片,不难猜到当时的他显然已经窥见了自己的命运。

## 你将拒绝的是照片霸权,我的儿子

　　精选出几张全家福来细细查看,照片上人物的威严和克制都让人心神一震。迪奥家族从镜头的另一端观察着想要进入他们家庭的人,他们直面那些窥视者。文档资料中充斥着问询的、不安的目光,试图在虚无中寻找答案。那时,摄影仍是富有魔力的活动,人们依然愿意相信,照片能够使人和事物免于消失的宿命;即便这些照片四处散落,一会儿出现在集市摊位,一会儿又现身于私人藏品的跳蚤市场。这些照片纷纷被回收,布置在充满偶然性和不确定性的图片室中。图片室日益成为明码标价的圣殿,人们需要花钱才能看到玛德莱娜,看到她的脑袋,看到她那属于美好年代的身形轮廓。人们期望能够在这里近距离凝视布拉塞(Brassaï)、潘(Penn)或者卡帕(Capa)等摄影大师镜头下的迪奥。事实上,摄影是时尚工业最主要的经济手段之一。今天,人们对于照片霸权心知肚明,而在这方面克里斯汀可以说比他的同行更有先见之明,他几乎立刻就明白了从中可以获取的利益和隐含的危险。

然而,这些照片难道不也同样属于它的观看者吗,哪怕只是短暂的一刻?因而,迪奥一家(尤其是迪奥)始终和照片保持着一定距离:他们一方面对影像赞赏有加,另一方面又从不曾对此掉以轻心。我们的未来设计师的命运很大程度上正是依存于这种若即若离的态度,这种对于图像的不信任以及对图像未来的怀疑。迪奥在他的服装公司定下规矩,无论是在时装发布会之前、进行时还是之后都坚决不能对外透露一丝风声,他实际上是在针对某种时代风气做出回应。制作样品的公司老板之间会互换信息,仿品的数量随之激增,并悄悄散播开去。抄袭复制原本只是以手工方式进行,但很快便找到了工业化批量生产的途径,迪奥对这种现象表现出近乎本能的抵触。让摄影闯入他的工作大肆窥探,而他自己却无法掌握这一过程,对他而言是一种痛苦。偷拍是对摄影对象本人意愿的一种违背,它将创作的隐私、秘密和内幕抖落人前,这在迪奥眼中已然触及他的道德底线,而这样一种观念恰恰正是在"罗经点"别墅慢慢形成的。"偷拍照片,是一种侵犯,"他在其回忆录中不容置疑地写道。无论是冒失泄密,还是夸夸奇谈,对于迪奥而言都是可耻的行为。因此,他做足了各种防范措施,处处小心,甚至在服装公司内部也毫不松懈防范意识:"我非常清楚,在样品正式而庄重地发布之前,它们只对我以及与我一道完成它们的人具有意义,因此我决定不向销售员们展示这些裙子。她们和报刊媒体、顾客一样,必须等待事先早已定好的'大幕拉起的那一天'。"在访谈录《我是时装设计师》中,迪奥再次为自己有时显得过头的隐私保护欲做出辩解:"你得了解我们是在怎样的一个秘密中工作,神秘感于我们是不可或缺的。没有神秘感,就没有新鲜事物。创新的精神和时尚的精神同义。如果提前揭秘,最新的流行时尚就失去了它的吸引力,也称不上什么最新不最新了。而且,还得提防仿冒品。我们被抄袭得还不够吗?"

当克里斯汀的作品成功地为其品牌赢得国际声誉时,仿冒品也随之打包装箱,进入市场。抄袭,通常都是笨拙地以缩减原则来诠释一些基本要素。且不谈商业损失,这些仿冒品对于品牌形象的打击是巨大的。在迪奥工作室的墙面上,张贴着这样一些给工人看的标语:"抄袭是一种偷窃""仿冒会弄丢你的饭碗"。在那种舒适的发布厅中,针对那些总爱披露样品一两个小细节的报刊小样,保持警醒总是没错的。大家分工合作,并在自己的作品上做好标记,这种标记技术能帮助人甄别真假。在《我是时装设计师》一书中,迪奥还讲述了这样一个使他勃然大怒的片段:"媒体发布会的当天——那是我们公司所举办的最早的几场发布会之一,某个在幕后透过缝隙观察台下反应的同事跑过来跟我说,她在人群中认出了某位时装设计师,后者正把那些在她眼前经过的样品快速地绘成小样。我顿时火冒三丈,从后台跑出来,用手攥住那位女士,一直把她拖到楼梯处。"随即,迪奥回到发布厅,当着众人的面将那位女士的邀请函以及她的草图都撕了个粉碎。"当时我感觉到自己脸色苍白。我的行为或许有点太过冲动,但面对抄袭这种事情绝对不需要讲任何情面。"

20世纪50年代的"样品出租"(models renters)[①]服务所提供的样品租借期限远远不能满足需求,正版样品需要定期购置,与此同时复制权被转让给了中间商们,他们在样品出租期间对原作做出一点点修改;这还没算上那些自己本就配有专职裁缝并拥有抄袭天赋的客户。事实上,仿品市场早已成形,危害性极高。1951年就曾有比利时裁缝在英国复制了多件样品,廉价程度使迪奥闻之色变:区区六几尼,任何人都能得到一件偷工减料的衣服!苏珊娜·卢琳这么描述迪奥:"这样一个温和可亲的男人,一旦怀疑别人抄袭了他的作品,或者公司可能发生了泄密,他就无法按捺住自己。这种深切的害怕是所有创作者的通病,它甚至搅乱了迪奥的私生活:对他而言,背叛是不可容忍的。"

迪奥对于自己私生活的缄默不语和职业上的保密习惯一脉相承。他讨厌别人谈论他,也不希望在世人面前暴露自己……除非戴着面具。这点我们之后再谈。

---

① 克里斯汀·迪奥在他的回忆录中特别提到了"样品出租"这个行当,说它"在战后的那几年尤其风行一时"。

## 偷拍，有偿拍摄，禁忌拍摄

　　迪奥家的沉默之约正是迪奥风格的预演，这种风格一边揭示、一边掩藏，维护着身体和内心的秘密。这已然成为迪奥风尚的定义：一种庇护，一份自省，一层外壳。眼睑向着世界打开，这毋庸置疑；但目光之中始终蕴藏着一个封闭的花园。衣服也是如此。

　　照片上，"罗经点"别墅的居民们似乎都被这种氛围所感染，心存悔意，觉得自己不该如此暴露人前。然而，在设计师本人对他的家庭的叙述中，我们可以看出，性格腼腆、保守主义或者宗教教条似乎都不构成关键要素。这里更多涉及的是一种集体姿态，一种防卫性的本能缄默；或者可以这么说，这种态度更多是出于在公众面前对个人形象、优雅气度的维护；若是在私人领域，他们自当纵情开怀。正如人们私下所传，玛德莱娜的小心谨慎可谓无处不在，几乎达到了克己忍耐的程度。迪奥的好友苏珊娜·卢琳证实道："我想，对丁曝光的恐惧是（迪奥）最主要的性格特征之一。但同时，人群也能把他逗乐。就好像一个魅力无穷的世界——他对这个世界秉持着一种资产阶级的偏见——充满惊喜、消遣，但同时也充满危险，他对这些都存有向往之心。当人们足够了解他的时候，会发现他就是他自己，是人所能想象的最异想天开的存在，没什么比搞笑作怪更让他感到高兴的了。"

　　迪奥努力遵从其家庭不爱显山露水的习惯，绝对不被表象蒙蔽，这一点甚至成了他隐匿自我的主要动机。然而，克里斯汀年轻时曾一度在关键时刻违背了家庭的这一准则："我当时决定从事一份在我看来最明智的工作，但对于我的父母来说那恐怕是最疯狂的工作：画廊经营者！在无数次反对无效后，我的家人最终给了我几十万法郎，条件是不能看到我的名字出现在公司名字中。在一家商店的名牌上看到自己的名字，对于我父母来说简直等同于犯人示众。我可怜的父母啊！要是他们今天看到我的名字如此这般出现在大街小巷该有怎样的反应啊（……）！"

　　和克里斯汀一样，他的妹妹卡特琳也恪守母亲对于整个家族的谆谆教诲：不公开曝光，以高尚的甚至是英雄般的姿态生活，但绝不夸夸其谈。卡特琳作为抵抗运动成员遭到流放,但她从来不曾将个人经历展示人前,她也绝不可能不经梳妆打扮就让人在位于卡利昂的乡村别墅中拍到她的照片。"卡特琳·迪奥不喜欢被人拍到她采摘玫瑰时的照片。她希望给人留下'穿戴整齐'的形象。"她的继子于贝尔·德·沙博纳里做出如此说明①。

到2012年,迪奥这个姓氏仍是极少数全球通用的几个法语姓氏之一。早在1952年,弗朗索瓦丝·吉鲁就曾提及:"在海外的法国名人榜单上,迪奥排在戴高乐和萨特之前。"1948年,从美国回国的皮埃尔·加克索特证实:"在美洲,有三个法国人可谓人尽皆知:戴高乐将军、莫里斯·切瓦力亚(Maurice Chevalier)和克里斯汀·迪奥。"②自此,这一姓氏愈发名声大噪。标识、印章、品牌、公司、创造者的头像被镶嵌在碑石之上,那四个字母熠熠生辉。根据迪奥家的规矩,克里斯汀的行为称得上极大的逾矩,他打破了禁忌。他家族的姓氏成了成功甚至是财富的代名词,在众人的集体想象中代表着最极致的奢华。这样四个字母组成一个形象,这个形象又异化为源源不断的金钱和商业吸引力,这对于玛德莱娜而言是全然不可想象的。

然而,这些都没有在最终意义上形成悖论。克里斯汀永远不会把阴影中真正的自我、他的生活、他的爱交付他人;他永远不会将"汀"这个小名和"迪奥"在媒体上的形象混为一谈。迪奥看着镜子中的镜子,他需要定义形象中的形象。在他,这是自然而然、毫不费力的。他揭开一个简单的面具,在自己的人像上塑造另一个自己。一分为二的存在,双面迪奥。试问,又有哪个相机能够真正精准捕捉这样独特的二元性?

---

① 和作者的谈话,2010年。
② 皮埃尔·加克索特,《他者和我》。

# 第四章
## 面具下的迪奥

迪奥一家所表现出的这种极端矜持在20世纪那样一个张扬自我的年代不可谓不独特。这既非简单的约定俗成,也不是纯粹防卫性的寻常行为,而和生存息息相关。对于我们的未来设计师迪奥而言,这简直可以归为哲学的范畴,是一种一致性的个人实践。他出现时,不仅展示服装,还选定面具,任别人去猜测这一面具背后的意味。永远的双面迪奥。他穿过时尚的世界,再经过各类表达体系,前方是克里斯汀的雄心壮志。他主张两条道路:一是尊重传统;二是与传统碰撞并彻底剥离。恰如一枚钱币的正反两面。而正是在双面的拉锯中,魅力流淌,艺术应运而生。

迪奥乐于将自己看作反叛者,对他而言,反叛者是一个历史的尤其是艺术史的概念,它绝非某些先锋主义者的"投机行为"所能一概而论的,而迪奥向来不屑与那些人为伍。"我在和一切不知分寸的胜利做斗争,"他这么说道。

迪奥既不是立体主义者,也不是超现实主义者,更不是时尚界教条的破坏者;他将重建法国高级定制服装的传统视为唯一使命。"一件衣服应该既维护传统,又有让人大跌眼镜的本事:作为一件衣服,它需要遵守各种规矩;但作为一块布料,它应该敢为他人所不敢为。它可以成为传统中的一抹大胆亮色。"由此,迪奥通过"新风貌"重新解读了"美好时代"的着装时尚,又在此基础上进行大胆创新。一边是对于传统的重新诠释,另一边是唤醒传统的某些大胆标志,可以说,他设计的每一季服装的线条无不希望在这两者之间取得某种平衡。他在《我是时装设计师》这本小书中坦陈自己的个人信条:"实际上,我害怕无政府状态以及波西米亚式的生活,它们常常无果而终。一个画家充其量只需拿他个人的画布和牛排冒险,但对我来说,如果我设计了某个'非主流'系列,而且我自己也因为它看上去荒腔走板而不怎么喜欢它,那么我就是在拿

900名员工的生计在冒险,(……)我也对取巧之事保持谨慎的态度。那些约束诗人的理想化规则,那些制约建筑家的使用需求都不曾阻碍灵感的流淌。恰恰相反,它们引导灵感专注于某一处,而不四散开去。"

迪奥始终把这份严谨放在现实面前。他在克里斯汀·迪奥和自我之间、在时装大师这一头衔和时尚天才之间不停摇摆,当他厌倦了贴在身上的种种标签时,他更愿意重温一遍变装猜谜游戏带给他的简单快乐。比如诺莱旅馆(Nollet)的晚会便给了他这样一个机会,在晚会中,迪奥和朋友们伴着留声机发出的音乐跳舞。他回忆道:"马克思·雅各布(Max Jacob)是我们当中最年轻的一个,他脱下了皮鞋,穿上了红色短袜,跟着肖邦的音乐模仿起芭蕾舞动作。索盖和贝拉尔扯下灯罩、床罩、窗帘,转瞬间华丽变身为一个个历史人物。"这是个简单的游戏,迪奥相信只需"以最快的速度换上一个历史人物(由在场其他人指定)的装扮,然后以此人物说话的方式和其他人扮演的历史人物对话,把自己的身份全然抛诸脑后",就够了。改头换面,始终是这样一场简单游戏。

以他人的穿着打扮出现在人前这件事让迪奥乐此不疲,他喜欢成为多重人格共同影响的存在。根据不同的环境,在不同的节庆场合戴上面具的迪奥摇身一变,变作狮子王、咖啡馆侍者或者诗人。渐渐地,一个充满想象力的迪奥应运而生。面具下的迪奥风度翩翩,他置身于嵌着大型历史壁画的场景里,在生动鲜活的群画中焚香顶礼、神情凝重。克里斯汀喜欢频繁光顾咖啡馆社交界文人雅士聚集的各类舞会,一有机会便盛装出席。他在这些舞会中重拾了社交和乔装打扮的乐趣,这是他早年在格兰佛狂欢节中体会过的乐趣,又在青年时期和马克思·雅各布、克里斯汀·贝拉尔、让·奥泽恩、安德烈·弗雷尼奥(André Fraigneau)等人在变装猜谜游戏中再次分享。

在姗姗来迟的成年时期,他参加了各色成人聚会,这些聚会帮助他度过了一生中最痛苦的时期,因为在聚会上,面具赋予了他改变的可能,可以改变气质,改变状态,改变个性。迪奥是在二战爆发前几年才开始认真投入服装领域的学习中,正式绘制时装设计图,那时候他已年近40;但在这之前,他就常常忙于创制各种各样的晚会装扮,并通过这种实践逐渐体悟了何为着装和替人考虑着装。更确切来说,那些为自己选定外在形象的人期望展示与这一形象相吻合的自我,对于一些人来说,一件衣服究竟意味着什么,在迪奥心中是有一杆秤的。换句话说,克里斯汀正是基于对自我形象的思考而最终走上了时装设计之路,他最初的"调研"开始于对乔装打扮的兴趣,人们通过乔装打扮引诱、迷惑,同时又突显出个体的深层身份。这是一层完美的外壳,让人们钻入其中,成为自己,更成为他者。

如此,克里斯汀将双面迪奥带入了人们视野,创造了无数映像。他持之以恒地进行着这些让迪奥在戴着面具的迪奥身上重生的尝试。在这个沉醉于改头换面的社会,这一游戏表现了一种可逆的、自由的存在状态,在面具的救赎和渴望中,逃离秘密和重力的制约。在摄影及其影响之外,这一游戏引领人们去发现一个不平凡的自我。

在传记中,激荡着迪奥的双重人格,一面是克里斯汀,另一面是迪奥:"克里斯汀,是我!因为,无论我是否情愿,最终我的生活都书写在他的皮囊之下。"在这个躲猫猫游戏中,他表达着对于自我身份的反抗,诠释了一个积极面和消极面合二为一的主体。

## 人 生 见 证 人

让我们回顾一下私人空间中年轻迪奥的面部表情。我们发现,无论轴线、取景或者姿势如何变化,镜头中迪奥的出场几乎千篇一律。无论发生什么,他似乎都下定决心要保持一种自发而隐晦的态度,当一名高高在上的见证人。

在他的每一个表情中,每一种姿态里,克里斯汀都仿佛在向看照片的人展示围绕着他的景致。"看这儿!"农牧神似在喃喃低语。只有在这类大景别中才能寻到他的踪迹。他暗示别人把目光投向镜头外,这个男人正致力于创建一套属于自己的形象理论,他的建议无疑是非常振奋人心的。观者目光所及之处,流连在那些进行中的未完成之作,这正是时装的本质。在清洗"罗经点"的水镜时,他全身心投入,和拍照时的状态完全脱节:这样一种姿势他已重复多次,他垂下眼眸,将自己暂时和世界、和人群隔离。在每处居所,迪奥都会挖一个相同的水池,将渔网伸到池子中,似乎想要捕捉某个抓不住的倒影。这张照片在不同地方多次展出,显然可将之看作他最贴切的自画像之一。在为自己挑选的每一幢房子前,他都摆好姿势:你绝看不到他两手空空、东摇西晃,他永远都在忙活着什么——垂钓者迪奥,农夫迪奥,厨师迪奥,香料师迪奥,玩牌者迪奥。

世态万千,什么都能引起他的兴趣,一切皆活在他的眼眸中。正如摄影师塞西尔·比顿所说,"迪奥享受生活的每一处细节。"他创造空间,筹划目光的跃动。当他在场时,他时常在合适的摄影情境中抛出诱饵,赋予这种表现形式以存在的理由。仿佛作为被摄者的身份并不能让他满足,仿佛他需要在脑海中同步进行虚拟构图,想象自己站在快门和取景器后所看到的景象。

歪着脑袋,身体略倾,迪奥面对着不断推近的镜头,找到了适宜的姿势——龙套专业户的姿势。当他决定现身时,他采取和威尔斯(Welles)、雷诺阿(Renoir)、希区柯克等电影导演相同的方式将自己的身影投射在镜头前。这些男人的身躯如此庄重威严(这是巧合吗?),而他们的精神又是如此灵敏迅捷。他们在追寻永恒的瞬间。

克里斯汀懂得如何把镜头外的事物带入人们的视野中。他试图抓住形象的确切地位,理解目光捕捉运动的方式。他反复实验,调整物件和裙装的摆放,以达到他所希望的效果。这是风格之源。为了参加格兰佛的某次舞会,还只是少女的苏珊娜·卢琳请他帮忙打扮。当时,所有人都习惯于征询迪奥对于自己着装的意见,他一眼便知应该做哪些调整。他当场决定让苏珊化身为"小岛女黑人"。他肆意挥洒着自己的创造才能,为她设计了连衣裙,并在当天下午交给她一个信封,信封里放着做了标记的设计草图,就好像演员的剧本,使其能够依此粉墨登场。"和设计草图放在一起的还有一封信。信末,迪奥提醒她注意:'裙子背面比较长,上衣的垂尾也偏长。**需要用手轻轻地提着裙子**。'"他不仅想象出了衣服的三维立体效果,还解读了它的内在机理,并向她提出了相配合的动作建议。年轻的设计师同时思考了服装和展示它的情境,他形象地表现出衣服在空间中所处的位置,尤其对其提前进行了周密考量,让自己的作品具有历久弥新的力量。

## 找寻化身，创作二重奏

　　1935年①，迪奥刚刚成年，俨然一幅年轻艺术家的模样。他在画家、装饰家克里斯汀·贝拉尔的陪伴下出现在克里尼昂古尔(Clignancourt)跳蚤市场。让我们来看一下那天的照片：虽然迪奥占据了照片中的前景位置，手上拿着帽子，嘴角挂着略显僵硬的微笑，但引人注意的倒不是迪奥，而是贝拉尔。没人知道当天掌镜的是谁，也不知道这照片是不是特意而拍。两个朋友在镜头前摆好了姿势，但可以感觉到他们更多的是被迫呆在镜头前，而非出于内心之乐。很显然，在那么个阳光灿烂的日子里，拍照让他们感到厌烦。即使他们起先确实答应做片刻镜头的俘虏，但二人并没有做好长时间拍摄准备。他俩的心早就飞到脱离镜头掌控的片刻之后，心猿意马地想着到时候自己能做什么。由此，我们立刻发现，这两人都那么难以捕捉。

　　如果你想要进一步理解"迪奥"诞生前的那个迪奥先生，这张照片至关重要。贝拉尔教会了克里斯汀很多。他也是一个情愿戴着面具扮演各种角色的人。穿着流浪汉行头的他甚至能让人油然而生厌恶之感；但在这副流浪汉的外表下，隐藏着极端细腻的心思。他喜欢以自己的方式宣告行为准则，嬉闹和忧伤在其中并行不悖。在巴黎的文人雅士圈子里，他尤以不修边幅闻名；很多人难以把他那副邋遢模样和那些轻盈的图稿联系在一起，那些图稿传递的是一个截然相反的感官世界。贝拉尔在面具文化中走得很远，面具带给他极大的行动自由。下文会另辟章节写他，读者可以自行对这个在克里斯汀·迪奥成功故事中画下浓重一笔的人物做出评判。

　　两个朋友穿着剪裁拙劣的城市轻便装。迪奥显得茫然无措，永远在探寻自己的身份，看上去易受各种影响。如果说是他让高档斜纹大衣变得合情合理，那么同一时间他的心中也躁动着褪下华服、尝试其他衣服的愿望。然而，总有什么东西使看照片的人想要发笑。这两个人非常喜欢在市场里闲逛。贝

---

① 卡特琳·迪奥保留了这张照片，而后又转赠给了迪奥档案馆。根据不同出版物中对此照片的说明，它的拍摄日期可能是1925年或1935年，但无法确认。而根据照片上衣服的糟糕裁剪，我们认为照片拍摄应该晚于发生金融危机的1929年，在迪奥患结核病，也就是1935年之后。

拉尔为戏剧制作布景：他一头扎进市场，流连忘返；尤其爱好古董。但并非仅是他让人起了嘲弄之心，事实上他本人对于会引起的反响熟稔于心；当然也不能把责任推到汀头上，汀肯定也知道应该如何在他者的形象背后表现自我。如果说有人想发笑，那恐怕是因为他们乍然忆起两位银幕明星：只要稍稍有点眼力，观众便能看到眼前正上演着一场真人秀，恰似劳莱与哈代①这一对活宝。汀，个头瘦瘦小小，衣服晃晃荡荡，凝神沉思，非熟勿近，看上去略微神思恍惚，让人很容易便联想到劳莱；而贝拉尔，高大厚实，外表狡黠，简直就是灼灼发光的哈代的翻版。他们对于面具的共同爱好以及出于本能的小心谨慎，引着他们不自觉地再现了那对最有名的喜剧搭档。如果说克里斯汀·贝拉尔的幽默感千真万确，那么克里斯汀·迪奥的嘲讽精神不得不提，他知道怎样让自己显得尖刻、让自己脸上挂着讥讽人的神情。这张合影的另一线索指向时尚。就像劳莱与哈代一样，克里斯汀与克里斯汀的穿戴虽说无可指摘，但确切来说更像是戏服加身。劳莱与哈代就是这般穿着名流显贵的服装惺惺作态，但他们很快便会对自己的盛装打扮进行一番自嘲。或许，要理解时尚就得懂得戴面具，怀着幽默感为自己披上一层伪装的体面？

迪奥这样一个充满想象力的天才行动派，他拥有失意艺术家所特有的一切禀赋。这些艺术家以惊人的方式聚集在一起，他们的成功便是他们天赋异禀的最佳证明。为了让他们的才干为世人所知，他们首先必须创造一个自行其是的世界。世界对于迪奥而言并非赐予。如果只是用这样一些老派的想象框住对迪奥的认识，认为他只是个有点肥胖、不怎么招人喜欢的男孩，这恐怕有失偏颇。有人太过草率地把他描述成腼腆个性的牺牲品；没错，迪奥是腼腆而和善的，一个被曝光的、对于人的恶意了然于心的善人。

## 把化装当作艺术

站在镜子前，好像里面那个也是自己，但又并非真是如此。"从外表看，迪

---

① Laurel et Hardy，由瘦小的英国演员斯坦·劳莱与高大的美国演员奥利弗·哈代组成的喜剧二人组。——译注

奥就像一名和蔼可亲的乡村神甫。他表面的平和沉着和内心固有的焦躁不安全然相悖。"敏锐的观察者塞西尔·比顿如此评价①。

自20世纪20年代起,克里斯汀·迪奥结识的朋友中就包括著名的克里斯汀·贝拉尔、亨利·索盖、萨尔瓦多·达利、马克思·雅各布以及让·谷克多,最后那位还是迪奥搬到米利拉福雷后的邻居。年轻的电影制片人丹尼斯·蒂阿尔(Denise Tual)和这些人关系亲近,她回忆起在迪奥居住地弗勒里昂别尔(Fleury-en-Bière)的某个小型晚会。除了她自己,当晚出席的还有装饰艺术家克里斯汀·贝拉尔、作曲家亨利·索盖、巴黎"夜生活王子"马克·多尔尼茨、迪奥下属画廊经营者皮埃尔·科勒的妻子卡门·科勒(Carmen Colle),以及让·谷克多。作家安德烈·伯克莱(André Beucler)在自己的回忆录中讲述了当时的情景:"周六晚上,我们用铜箔或旧报纸给自己化装,并且驾轻就熟。克里斯汀的想法出人意料,让人惊喜。'贝贝'贝拉尔负责脸部妆容。(……)他弄来一大束采摘前已然风干的郊区花园的羽状植物,把他们插在头巾式女帽上作为装饰。"②谷克多对当晚的情景也记忆犹新:"当贝拉尔从花园回来时,屋子里光线已经十分昏暗。他看到让躺在客厅的长沙发上,两手交叠放在肚皮上,'正扮演一个死人'。贝贝尖叫了一声,所有人都立刻涌向他。一张张上了妆的脸都似变了形,统统俯身往他倾。在悲剧场景中,可笑变成了惊慌,那是费里尼(Fellini)电影中出现过的。"

装扮成横陈的死者可算是化装的极致形式,双目紧闭,双手呈十字交叉。只差没有照相和致悼词了。

## 痴迷于形象的人

这些年轻人都对形象痴迷,他们装扮过很多人物,热衷发掘人的多重身

---

① 塞西尔·比顿,《五十年》。
② 安德烈·伯克莱,《回忆之愉悦:从圣彼得堡到圣日耳曼德普雷》(*Plaisirs de mémoire, de Saint-Pétersbourg à Saint-Germain-Des-Prés*),第二卷,伽利玛出版社,1982年。读这本书会发现,著名记者、小说家约瑟夫·凯塞尔(Joseph Kessel)也属于"屋顶之牛"这个小圈子,同样也该把凡·唐吉算在其列。也可参见让·雨果的作品《回忆的目光》(*Le Regard de la mémoire*),南方文献出版社(Acte Sud),1983年(法亚尔出版社于1976年以《在遗忘之前》[*Avant d'oublier*]为题出版过其中一些选段。)

份,不仅为自己,也为他人。化装常常是他们最主要的艺术手段之一,他们精于此道,这也成为他们存在、延展的主要方式。按照他们自己的说法,面具背后的他们更加真实。与此同时,在20世纪30年代,如曼·雷(Man Ray)、克劳德·卡恩(Claude Cahun)这样伟大的摄影师为这些未来的艺术家们打开了一扇灵感之窗。2012年,辛蒂·雪曼(Cindy Sherman)、保罗·麦卡锡(Paul McCarthy)、娜塔莎·莱苏尔(Natacha Lesueur)、瓦妮莎·比克罗夫特(Vanessa Beecroft)以同样出众的才华追问时尚之义,探寻肤浅表象之下的深层意涵,试图理解是什么让时尚能够如此敏锐地预见到高速发展的数字化社会的基底和精神演变。

形象能突显存在的晦涩和背后不可见的原动力。围绕在迪奥身边的艺术家正是出于这样的认知而提出种种狂热的质询,和我们同时代的艺术家亦是如此。在塑造人物的过程中,人们比裸露时更能暴露自身。迪奥也秉持同样的观点——这个年轻人在两次世界大战间为艺术倾倒,他和画家、建筑家、电影艺术家、摄影家相遇,试图理解他们眼中的世界,由此产生了这样的想法:他认为时尚绝非化装,而是对自我逐渐认识的产物。这样一种从自我生发出的、有时与自我相去甚远的形象观念,映射出迪奥以及和他同时代的主要艺术家对世界的不断思考。

## 运 动 法 则

马塞尔·杜尚(Marcel Duchamp)画过一幅《下楼梯的裸女》(1912)。画家将这个女人的运动分解开,随着移动的节奏将她定格在每级台阶上。每下一级台阶,她既是自己,也成为了他者。杜尚痴迷于速度。他在国际象棋上有着极高的天分,能与之相提并论的恐怕就是他对于运动、场景展开的观察机制的直觉。1884—1885年间,英国摄影师迈布里奇(Muybridge)也拍了一组下楼的女人的照片,他试图在一系列连续的、多少有些空开的定格画面中捕捉"下楼"和"转身"的动作幅度,这一照片系列由连续摄影枪(1882)的发明者艾蒂安-朱尔·马雷(Étienne-Jules Marey)引介到法国。但杜尚走得更远。杜尚的传记作者朱迪特·伍泽(Judith Housez)写道:"马塞尔·杜尚并非出于巧合选择了下楼梯的裸女，而是仿若在描绘音乐舞剧和歌舞女郎；他不是早就画过他心爱的讷伊的脱衣舞女郎，还让她戴着自己的帽子吗？马塞尔·杜尚的这幅画或许是（……）绘画史上第一幅'具有思考性的'裸女画，在这之前这种裸露仅流于画作的名字中。"[1]

从杜尚的绘画中，迪奥是否得出这样一个结论：时尚和生活时刻相伴，这样的时刻并非一两次，而是无穷无尽的？如果迪奥不曾看到这幅画作，那么电影将承担起这一责任，向他展示时间的流逝，影像呈现的事物轮廓变幻，分分秒秒都在更新。

对于迪奥、香奈儿、巴伦夏加而言，时装公司的主楼梯定然重拾了电影讲述的、摄影展示的主题，即运动对于身体的霸权。在这一运动性中，美和情感应运而生。楼梯是时装公司内部的仪式化场地。正是在这一标志性的舞台上，一件件样品根据某种不可见的、充满魔力的安排一一亮相。在楼梯上方，顾客和时尚编辑凝望着想象的天空，仿佛看到自己在魔法的作用下变得完美、苗条，穿梭在梦境般的明天。这一方无法抵达的湛蓝，便是时尚最迷人之处。

楼梯是时尚大剧的高潮，无论是玛丽莲·梦露还是芝芝·让梅尔（Zizi Jeanmaire），整个好莱坞都歌颂着它。于是，楼梯在杜尚同代人的脑海中成了电影和摄影的"实践性表达"。当电影宣称它依靠每秒 24 格技术来追求画面栩栩如生的效果，迪奥则将他的事业建立在活动的身体和受到他本人激发的布料上，并使二者结合。他在人和肌肤间捕捉着某种努力呼吸着的东西——开始时它被称为衣服，而当人们穿着得宜时，它便转变成了风格化的语言表达。

迪奥服装公司成功的背后，是大量的图像。整个 20 世纪上半叶都被迪奥吸收为精神食粮，储存在记忆之中。迪奥可不像那些迷失在空白画纸前的艺术家；相反，在 20 世纪 50 年代这样一个转折点，之前他所积累的所有视觉经验帮助他向全世界宣告一位伟大设计师的诞生。毫不夸张地说，迪奥正是所有曾被他观看的事物造就的，他无时无刻不在用眼睛拍照。他抓住了那些结构性的想象以及由此揭示的幻象，将它们改头换面，重新打造成了多少更加乖

---

[1] 朱迪特·伍泽，《马塞尔·杜尚》，格拉塞出版社（Grasset），2007 年。

顺和规约化的形象。

安德烈·布勒东鼓励超现实主义者捕捉美，但不排斥大街上突然闯入视线的身影，因为那是客观偶然的恩惠。象征主义诗人笔下的罗蕾莱①寻找着另一个自我。20世纪初的人们试着接受他们渴望重塑的映像中的种种矛盾。以人为中心的框架占据尤为重要的地位，而生活本身则根植于时代的大环境中，并由此展开。摄影和电影迷恋速度，节奏和运动成为那个不稳定的世界的符号。各种浪潮纷至沓来，而克里斯汀·迪奥便站在这些浪潮之巅。

所有这些艺术及潮流层层叠叠，成就了明日的设计大师。很快，人们也把他看作建筑师、画家、室内设计师、音乐家、导演、园艺师、花艺师、调香师，而这正是我这本书所要强调的。在迪奥身上蕴藏着一系列可能性，这些可能性互相调和，自成体系，这一体系由我们这个时代的"现代性"发酵而成，却足足比我们早50年接纳它。

## 如何表现一张不可捉摸的脸

20世纪50年代，和迪奥齐名的其他几大时装设计师——如罗莎（Marcel Rochas）、法思（Jacque Fath）或巴尔曼——都属同辈，几乎所有人都能在镜头前谈笑自如、风情万种。在巴黎，照片上的迪奥被他的模特和团队簇拥着，但他的目光却总是投向别处，只给人留下一张不可捉摸的脸。当他抵达纽约港，或者当他做讲座并完全沉浸其中时，也会一时忘情而现形，整个人由此散发出一种无可抵挡的魅力。他作为奢侈品服装的重塑者，正走在从"美好时代"到第二个千年之末的半途：虽然已经远离了"美好时代"，但他的肩上仍背负着那个时代的遗产；与此同时，他也和着世纪末的时代脉搏，在他的目光中涌动着活力和完美。

在他看来，图像在连续运动中如走马灯般闪过，正如一件件衣服不知疲倦地贴合身体的轮廓、包容所有的意外。生命不息，运动不止，衣服也永远常换

---

① Lorelei，水妖。她的美貌和歌声能让渔夫忘记自己面对的危险而最终淹死在水中。出自海涅的诗歌，纳粹曾将它的署名改为"不具名的德国诗人"。

常新。世界的压力和速度已经能在迪奥的这些照片中窥出端倪。

自1947年大获成功到1957年离开人世,在这十几年间,他都尽力地遗忘自己的形象,把自己隐在女人背后——他扎根于长裙的褶皱中,栖息在女士长袖衬衫的衣裥里,寓居在大衣的狭小处;他在某种程度上化作了一种精神。已经获得成功的迪奥更愿意活跃在时装设计的初始阶段,去体验那些酝酿成功的时刻。除了几张戴着面具的照片,迪奥留给报纸的通常都是服装发布会开始前的匆忙身影。

当头几张迪奥人物特写照拍摄完成后,从母亲那里继承了低调作风的迪奥很快就明白,他最好不要在小报上过多地展示自己,他应该学会自我保护。他也了解"越稀少越珍贵"的道理。因而,自他最初和那些综合类报刊建立联系起,他便有自己的一套行事方法。他能够驾驭统筹各方面的公关和推广计划,将照片作为一种工具,但绝不受照片支配。他的目光始终看着他人,由欣赏出发,学人所长。他吸引有才之人,不倦地试着理解才华之源,而他本身便立于其间。当《生活》(Life)杂志提出为他拍摄一组照片时,他说:"就是这样,广告宣传自个儿就找上门来了。《生活》的摄影师们要求我摆出所谓'自然的''充满灵感的'微笑,我却需要为此反复练习!(……)像财富女神一样,广告女神似乎也不时垂青那些极少谄媚之人。"

克里斯汀对于事物和地点所表现出来的出人意料的一面尤为关注。他的目光凝重而澄澈,这两种特性的奇异结合让他对自己的判断抱有信心。这个年轻人,当他出现在照片上时,始终介于清晰和模糊之间。他对他人的才华欣赏有加,对自己的才华却不甚自信。他自问:"懒惰?叶公好龙?我不知道,也不敢说。我尤为喜欢帮助朋友、鼓舞他们的斗志。我甚至曾经开过一个画廊,里面只展出售卖我朋友的画。当我去参加一场音乐会、看一场戏,当我为一个才华横溢的年轻人起身鼓掌时,所有功利的想法都在那一刻消失了。我多幸运啊,能结识这样一群画家、音乐家(尤其是贝拉尔、达利、索盖、普朗克),我们始终保持着友谊,他们的成功如此打动我,以至于让我失去了追求自我成就的欲望。"

迪奥一直没变,容易受现实影响,永远都对他人的才华感同身受。他解读密友的表情姿势并为他们制作着装,他在对衣服的迷思中探究人的性格,随后再为他的衣服找到名字和功用。

迪奥的人像照还说明另一件事：某些面孔让克里斯汀尤为神魂颠倒。多年来，音乐家、建筑爱好者、画廊经营者或者时装设计师，迪奥无论以哪种身份示人，所追寻的始终是同一张脸、同一份态度。反反复复，他追忆着那逝去的理想形象，童年时期拉芒什地区的摄影板曾是它的见证。

## 崭新的面孔，再现的形象

众所周知，苏珊娜·卢琳是格兰佛的小圈子中的一员。当时，她和迪奥一样都痴迷于高尔夫运动。在那仿佛镀了层金的青年时代，她可是重要人物，大家都喊她"上校"。她的女儿佩吉（Peggy）给这群人寄来殖民地的明信片，让他们个个心生向往。他们一块儿观摩汽车"选美"大赛，玩棒球、网球、海水浴。苏珊搜寻着记忆的线索："我们这个小团体简直无处不在：在赌场前，在院子里，手里拿着渔网、高尔夫球杆，摆着姿势，坐着，站着，蹲着。瞧，这是尼科尔·里奥托、塞尔日·埃夫特莱-卢伊什，当然还有克里斯汀。一会儿，他那瘦小的脑袋从浪花里探了出来；一会儿，他穿上了夏装，带着软帽，那年轻男孩儿的优雅模样真是招人喜欢；再过会儿，你又看到他倚着他父亲那招摇的轿车；最后，他穿着泳衣，跑去躺在沙滩上，双手交叠在颈后。当时，他喊我们'小母山羊'，真是又热情又腼腆，他给我们写信时已经开始用'汀'署名。"

克里斯汀成为时装设计师后，曾不遗余力夸赞过模特阿拉（Alla），那是个满族姑娘，就像"明朝的瓷器，棕褐色皮肤，纤细苗条"。在服装公司，迪奥的第二个家庭诞生了：简直可以为那精心剪裁、手工缲边的"新风貌"系列写一份家谱。这一自发建立的家庭被无数摄影镜头争相追逐，闪光灯迷住了全世界亿万人的眼。迪奥延续了他的审美谱系，推崇与现实错位的艺术造型，这和当时的时尚教条背道而驰。那是因为，克里斯汀的内心始终追逐着他那本充满童年回忆的私人相册，他在寻找一道光、一些特定的态度，希望从中重新辨认出"罗经点"的雅致考究。他几乎不把注意力放在模特的身材上，不在乎她是否纤长轻盈、扭臀摆腰，他首先关注的是模特面部是否优雅。他寻找的是一张脸，莫非是一张他爱过的人的脸？

如果说迪奥的作品有灵魂,他仍需要另外的灵魂将这些创作具象地表现出来。一张不为任何阐释所动的脸孔能够完美地演绎作品。他说:"神圣,又总是带点儿神秘感,模特儿需要具备'触动人心'的力量。戏剧化的表情,风度翩翩,这些都能让秀有所不同。我请来阿拉正是看重她在舞台上的这种风采。(……)我试着让一个亚洲美人儿来演绎一些为西方人设计的裙子,这无疑是一种冒险。阿拉的脸具有东方的一切神秘元素,但她却有一半俄罗斯血统(……)。她以这种无动于衷的、给人以距离感的神情穿梭在舞台上,又丝毫不影响她张扬斯拉夫民族的天性。阿拉说任何一种语言都不带一点儿口音,好像全世界所有地方同时孕育了她的成长。""罗经点"别墅中的男男女女都极少微笑,这些让迪奥崇拜着的人的面部表情也都为自己收放,这成为他个人的梦魇,随后又被他成功地转换成了一种集体符号。

这些面孔邀请人们凝视想象中的世界,将目光转向内心的生活和真实的私人记忆。他把戴着帽子的脑袋安放在自己充满能量的身体上,堪称稳定的结构。他在姿态和剪裁间平衡,为他内心所追随的形象添上收尾一笔。在迪奥的眼中,脖子应当是挺直的,脑袋应当是高高扬起的。曾有一段时间他反复阅读维尔莫兰种子公司的产品目录,以致成为了植物专家,他将自己所热爱的植物的样子投射到女人身上:正如枝干应该摆脱年轻的根茎,脖颈和脑袋也应该从人的肩膀分离开来,就像卡米耶·克洛岱尔的雕像。随后,尤其需要抓住光。

## 肖像画家迪奥

为了找到自己中意的"迪奥脸",我们的时装设计师追逐着整体相貌特征。当他找到的时候,也就意味着他为自己设计的服饰找到了前所未有的归属。在服装秀场,在摄影镜头前,迪奥根据身体对于衣服的表现力做出思考。他所期盼的是灵魂,是故事,是传奇。他想要揭示的是面具下的存在。一如肖像画家,迪奥选择最合适的取景,评判面部的对称以及打在布料上的光线和脸孔是否和谐。他抓住并表现皮肤和灯光的浑然一体。

维克图瓦(Victoire)是迪奥旗下的明星模特。同样,迪奥更看重的是她的与众不同。要是把她放到时尚界的条条框框中看,她长得太过娇小,也太过放荡不羁。她带给迪奥一种"圣日耳曼德普雷地区的小姿态",让他立刻感受到她对大众可能产生的影响。他给她改名为维克图瓦,把她推向公众的视线。看她放肆无忌地出现,迪奥笑言:"这个新来的姑娘一出现,媒体和我的客户的抗议指责简直铺天盖地:您怎么敢启用这样一个模特!看她那个德性!连长相端正都算不上!"但迪奥没有让步。维克图瓦那叛逆倔强的面容是如此具有巴黎气质,他坚信其定能在时尚界占据一席之地。大众证明了他的判断。最后,是媒体和客户做出了让步。维克图瓦自此声名鹊起。"人们总说是我改变了她,但事实上,是他们自己变了。当维克图瓦略带尖刻的美感和魅力突然展现在他们眼前时,他们便开始对她展开争相抢夺。"

模特勒内(Renée)让迪奥有机会进一步阐释他个人的"面容学"。就算在别人看来可能略显晦涩,他始终坚定地表明自己期待在一张脸上看到怎样的美感,他希望诗意充盈着布料、剪裁,最终蔓延到形象和画面的整体,当代名模凯特·摩丝(Kate Moss)也可算是这一美学的典范。关于勒内,他写道:"她如此完美地融于服饰中,她个人的面容反倒隐了去。她走着台步,坚定地、远远地走来,生命全部遁入了她服装的褶皱中。"她摆脱了个人的面目,整个儿地融入了她所穿着的作品中,和时尚浑然一体。另外一位布列塔尼姑娘露奇(Lucky)则拥有"突起的颧骨,以及一双带蒙古式双眼皮的眼睛——她和她的同胞们也不知是从哪段历史中继承了这些面容特征。她不是在'穿'裙子,她是在'演绎'这些服装!"

这些"迪奥脸"和迪奥最热衷的换装猜谜游戏殊途同归,它们共同组成了一个谜题,完美地交织在一起。

# 第五章
## 艺术家和摄影师圈子里的迪奥

或许是在"屋顶之牛"①、"蒂普托普"②,又或是在迪奥常常光顾的其他饭店或酒吧,他第一次萌生了开家画廊的想法。但最先认识雅克·邦让的是克里斯汀的哥哥雷蒙,雅克·邦让是雷蒙服兵役时的同伴。随后克里斯汀和雅克相识,并相处得极为融洽。23岁时,迪奥将他的未来职业规划告知了他的父母。父母试图晓之以理,但徒劳无用。"无数次反对无效后,"他说,他们最终给了他几十万法郎,"附加条件是,决不允许看到我的名字出现在公司名字中。"于是克里斯汀和雅克·邦让合作,在"拉博埃西路(rue La Boétie)上一条相当肮脏不堪的死胡同的尽头"开了一家画廊。

拉博埃西路34号邦让艺术画廊的经营就此拉开序幕。迪奥和邦让希望能把大师的作品与那些亟待被人发现的艺术家们的作品放在一起,把传统和现代放在一起。在那些成名画家中,他们挑选了德·基里科(De Chirico)、杜飞(Dufy)、恩斯特(Ernst)、雅各布、毕加索、谷克多、杜尚、巴尔蒂斯(Balthus)的作品展出,同时展出的还有考尔德(Calder)、达利、贾科梅蒂(Giacometti)和莱昂诺尔·菲尼(Leonor Fini)的作品,对于他们中的一些人来说,这是生平第一次公开展示画作。克里斯汀·迪奥对乔治·布拉克(Georges Braque)尤为

---

① Le Boeuf sur le toit,此店最初开在巴黎八区的博瓦西-但格拉路(rue Boissy-d'Anglas)上。两次世界大战期间,这个地方既是附庸风雅的代名词,又是抵抗运动的秘密聚点。香奈儿和德米特里大公(le grand-duc Dimitri)在这里相会,而毕加索、桑德拉尔(Cendrars)、拉迪盖、马塞尔·埃梅(Marcel Aymé)、纪德以及乔治·奥里克、弗朗索瓦·普朗克都在此地频繁出入。店老板莫伊塞斯(Moysès)最终转向戏剧发展。在这家餐吧中,人们表演爵士乐(译注:法语单词 Boeuf 既有牛肉之意,又有"爵士"这层意思):艾灵顿公爵(Duke Ellington)和路易斯·阿姆斯特朗(Louis Armstrong)曾在这里登台表演,当时人们刚刚从风靡巴黎的黑人圣歌慢慢转向迷恋爵士乐。1920年,艾迪安·德·伯蒙伯爵(Étienne de Beaumont)和谷克多、米约、马西涅(Massine)一起在香榭丽舍剧院上演了一出戏剧,其中就挂着"屋顶之牛"招牌的餐吧作为背景装饰。

② Tip-Top,前文已提及。

欣赏,将他的作品和马蒂斯(Matisse)、德兰(Derain)、杜飞以及拉·弗雷斯内依(La Fresnaye)并置,于1930年在著名的"绘画五大师"集体展中亮相。然而,迪奥的个人品位决定了他首先关注的是那些新人文主义画家①,比如贝拉尔、帕韦尔·切利切夫(Pavel Tchelitcheff)、贝尔芒兄弟(Léonide et Eugène Berman)。第一个将这一流派称为"新人文主义"的人是批评家瓦德玛·乔治(Waldemar-George),本名耶日·瓦德玛·雅罗辛斯基(Jerzy Waldemar Jarocinski)。这个文笔辛辣的批评家发现了夏加尔(Chagall)和苏丁(Soutine)的才能,写了不少文章来支持不同画廊,其中也包括邦让和迪奥的这家画廊。

莱昂诺尔·菲尼和许多作家都有私交,迪奥因和她交情匪浅而结识了这些作家,其中包括安德烈·皮耶尔·德·芒迪亚格(André Pieyre de Mandiargues)、乔治·巴塔耶(Georges Bataille)、保尔·艾吕雅(Paul Éluard)、苏佩维埃尔(Jules Supervielle)。介绍迪奥和菲尼相识的是马克思·雅各布。"我一下子就喜欢上了迪奥,他的优雅魅力,他的与人为善,还有他的幽默感,"在给让-吕克·德弗雷纳(Jean-Luc Dufresne)的一封信中,她陷入了对初次见面的回忆。让-吕克是"克里斯汀·迪奥风采协会"(Présence de Christian Dior)的顾问,他是第一个凭直觉感到迪奥和艺术家之间紧密联系的重要性的人。莱昂诺尔·菲尼和克里斯汀·迪奥参加同场舞会,比如1949年在艾迪安·德·伯蒙伯爵家举办的"国王与王后"舞会。她回忆道:"我扮成了珀耳塞福涅,冥界的王后,穿着红黑相间的服装。而克里斯汀·迪奥则把自己打扮成了动物之王,燕尾服,宽腰带,威武的狮头。"艺术家敏锐的洞察力让菲尼做出如下这番评价,而当我们真正了解了迪奥的人生历程并理解为他人做衣对他而言意味着什么,我们便能体会到这一评价是多么贴切:"这听起来好像有点像是奇谈怪论,但在我眼中,迪奥和我是一样的,都对时尚熟视无睹。"

皮埃尔·科勒是雅克·邦让的朋友,他于1929年加入到二人组合中。新

---

① 瓦德玛·乔治尤其在《形式》(Formes)杂志上发表文章。在1931年1932年期间,他多次撰文支持邦让画廊以及科勒画廊。1932年2月,在题为《新生一代》的文中,他写道:"最好的作品都挑选好了。它们首先在一家绘画沙龙大放光彩,这一绘画沙龙无论是从它的画作质量还是会员数量都远超如今正在营业的其他所有画廊。"在他的评论中,人们不仅能读到可靠的评价,而且他的遣词造句也能让人咀嚼再三,甚至在近一个世纪后仍然打动人心。他这么评论达利:奇幻荒诞的故事,场面壮观的施虐主义。他这么评论米罗(Miró):视觉时尚的幻想作品。

三人小组计划为毕加索、德·基里科、杜飞策展,1931年,危机使他们的计划破灭。当时在建筑师陪同下赴俄国访学的克里斯汀紧急赶回法国,廉价处理掉了画廊里还有些价值的艺术品:"在那种恐慌蔓延的时期,没有什么比这更加艰难的了。一些今日身价千万的画家在当时都忍痛以几万法郎的价格出售自己的作品,只希望能够尽快售完。"由于家庭正处于极端困难阶段,克里斯汀退出了画廊经营,即便如此,邦让画廊依然没有关门。"我感到孤独,并开始理解何为人生。我平生第一次离开一直被我称为'家'的地方,我也没有能力支付旅馆费用,当时我只能到其他人的家里借宿。"1932年,雅克·邦让还组织了一场大型立体主义集体展"1910—1914:立体主义的英雄史诗",汇集了毕加索、布拉克、德劳奈(Delaunay)、马尔库西(Marcoussis)、莱热(Léger)、杜尚-维庸(Duchamp-Villon)的作品。也正是在20世纪30年代这个转折点,邦让和作家莫里斯·萨克斯(Maurice Sachs)①开始着手艺术家(包括劳尔·杜飞)插画版文学作品的编辑工作。至于迪奥,虽然他作为画廊经营者的职业生涯很快困难重重,但他并没有将之抛弃。

## 当迪奥遇见达利

1929年,科勒画廊于右岸的康巴塞雷斯路(rue Cambacérès)正式开张了。和它毗邻的有一些类似的画廊,如保罗·罗森伯格(Paul Rosenberg)或者小伯恩海姆(Bernheim jeune)画廊。迪奥入了伙,动作可谓相当迅速。从1931年到1934年,他们一起策划了达利、米罗和贾科梅蒂的展览,然而事情并非一帆风顺。"我们开始时便已经亏损,到最后甚至面临被查封;与此同时,我们一直不

---

① 莫里斯·萨克斯,《屋顶之牛的岁月》(*Au temps du Boeuf sur le toit*),新批评杂志(1939),格拉塞和法斯盖尔出版社(Grasset & Fasquelle,1987)。萨克斯是一位多产作家,但性格让人难以接受。他的结局甚为悲惨,据传他或是被枪打死,或是割喉而亡。写作的幸福给他评头论足的权利。关于普鲁斯特,他写道:"这永恒的缺席者(……)他的面容如此柔和,如此温柔,他的眼睛如丝绒般甜美,他在死亡中终于找到了真正的刚强。"关于雷诺阿,他写道:"要是一幅画成功了,你摸他屁股都没事儿。"他描写"屋顶之牛"那帮常客的措辞方式让人难忘。1944年,也就是在行刑的一年前,他在监狱里恢复莫里斯·埃廷豪森(Maurice Ettinghausen)这个名字,并写了个人传记。这个骗子喜欢欺骗、背叛朋友,侵吞他们的财产,性格十分复杂。1919年10月,他在日记中写道:"毕加索发现了永恒的真理,发现了世界的隐秘形式。"

断地组织超现实主义和抽象派的展览,吓跑了最后一批绘画爱好者。"1933 年,科勒和迪奥以装置、素描、油画、雕塑等多种形式为超现实主义策展,自此,达利和迪奥之间的联系似乎日益紧密。在他的《天才日记》(Journal d'un génie)中,萨尔瓦多·达利也证实:"我对马蒂斯和抽象主义怀着巨大的热情,尤其反对梅索尼耶那种超级倒退和破坏性的技法。为了不让那些野蛮物独领风骚,我大肆推广那些现代风格的高度文明的物件。我和迪奥一块儿收集这些东西,有一天它们会和'新风貌'系列一块儿在时尚舞台再绽光彩。"

两位艺术家于 1951 年在夏尔乐·德·贝斯特吉举办的著名的"世纪舞会"上再次聚首。舞会上,达利扮成七米幽灵,而迪奥则是所有幽灵中最小的那个。斯德哥尔摩现代美术馆(Moderna Museet)近期举办了一场名为"达利:和弗朗西索科·维佐利相遇"的展览,展示了迪奥和达利在 1950 年共同创作的一件"2045 年的服饰"。达利和迪奥,这两个双字之名仿佛互为呼应,不无狡黠之意。这件湖绿色真丝针织裙如今被保存在圣保罗艺术博物馆(Museu de Arte),它的灵感来自水;而当时达利和斯奇培尔莉共同创作了龙虾裙;这两者间可谓有异曲同工之妙。和迪奥合作时,达利的风格略有收敛,配上羽饰的文艺复兴时期帽子,由三幅挽着冠冕发式的妇女肖像所组成的制作精良的宝石腰带,大部分低垂在髋部之下燕尾。但事实上,这一服饰最重要的主题是外在于服饰的——一根天鹅绒支架直直竖着,给样衣一个支点,神来一笔地表现出了女性的骑士风范,而这显然不会让这位超现实主义画家的灵感之神盖拉感到丝毫不悦。《芝加哥论坛报》(Chicago Tribune)从中看到了"优雅和傲慢的交融,它也表达了一种时尚的态度,那是未来超级文明化的妇女所秉持的时尚态度,她们将需要这样一种道德和精神的支撑"。

皮埃尔·科勒直觉敏锐、天赋异禀,他把马克思·雅各布的画卖给了设计师兼收藏家雅克·杜塞(Jacque Doucet)。科勒 15 岁时已经被看作家里的顶梁柱,在成为诗人前,他首先考虑的是如何在社会中找到自己的定位。他选择成为画商,是因为雅各布同意把自己的画交给他代理,这两人曾一起住在布列塔尼,并在那里成为了朋友。1934 年,画家让·雨果①讲述了他和皮埃尔·

---

① 让·雨果,《回忆的目光》。

科勒相遇的过程,后者继而成为了他的画商。当时,科勒带着几幅马克思·雅各布的画到了南特(Nantes),他随机拨打电话并对着电话说:"我今年20岁。我是个诗人,我在卖画。"通常人们都直接挂断他的电话,直到有一天他打给了雅克·杜塞,杜塞买下了马克思·雅各布的那几幅画。在让·雨果的记忆中,科勒是个货真价实的艺术商人:"画和钱,他都爱。"科勒也是轻歌剧的爱好者,他唱奥芬巴赫(Offenbach)或者勒科克(Lecocq)都一样精彩。在他的鼎力支持下,画家的作品被纷纷推销到市场上去。他成了他最欣赏的美国收藏家巴恩斯(Barnes)博士那样的人物。

雅克·杜塞向科勒抛出了橄榄枝。他自己本身也是艺术收藏家以及……时装设计师。作为针织品制造商的孙子,事实上他一直沿着祖父的道路前行。他的祖父在博马舍大道(Beaubarchais)上为客户提供布鲁塞尔和梅赫伦(Malines)最美的、阿朗松(Alençon)最珍贵的针织花边。他于1824年搬到和平路(rue de la Paix),并将业务拓展到了男装。他在那里开了一家洗衣店,他的店能准确把握洗衣剂的剂量,让男士衬衫保持挺括。他专注于衬衫的美学,洗涤、熨烫,一切都显得优雅而考究。很多贵族、穿着考究之辈都是他的常客。1870年战争爆发不久前,祖父对于绘画和时尚的品味影响了他的小孙子雅克,并引导他向女装领域发展。雅克后来为著名的戏剧演员雷雅纳(Réjane)设计服装,但他始终对艺术满怀热情。1912年,他将自己所有的藏品转卖他人,其中包括华托(Watteau)、拉图尔(Latour)和夏尔丹(Chardin)的作品,还有几件里厄泽纳(Riesener)工作室的家具。比起18世纪艺术的魅力四射,他个人更加偏爱当下的阿波利奈尔(Apollinaire)、谷克多和雅各布。每夜,当万籁俱寂,毕加索的《阿维尼翁的姑娘》(*Les Demoiselles d'Avignon*)、修拉(Saurat)《马戏团》(*Cirque*)中的人物,还有亨利·卢梭(Henri Rousseau)的《吹笛的女人》(*La Joueuse de flûte*)在他讷伊的公寓里守护彼此。多亏了雅克·杜塞,皮埃尔·科勒才得以和迪奥开了这样一件艺廊。服装已然和艺术结合在了一起。

皮埃尔·科勒是在20世纪30年代末和他的妻子卡门·洛伊萨加·科奎拉-德米耶尔(Carmen Loizaga Corcuera y de Mier)结婚的,他的妻子家里是墨西哥贵族。1946年起,她便开始负责迪奥商店的公共关系事务,后来更是参与了管理工作。卡门的朋友艾尔莎·特里奥莱(Elsa Triolet)、多拉·玛尔、莉莉安·

德·罗斯柴尔德(Liliane de Rothschild)以及弗朗辛·维斯维勒(Francine Weisweiller)都纷纷帮助她、鼓励她、给她建议、替她周旋,对此迪奥公司人尽皆知。

科勒是巴尔蒂斯的朋友,他的形象也在巴尔蒂斯的画笔下定格成了永恒。卡门和皮埃尔·科勒的三个女儿玛丽-皮埃尔(Marie-Pierre)、贝亚特丽斯(Béatrice)和西尔维娅(Sylvia)也成了巴尔蒂斯的肖像画模特,他为她们创作了8幅系列油画。另外,画家还为科勒的长女开启了通往艺术殿堂的大门,把她带到卢浮宫学习库尔贝(Courbet)乃至普桑(Poussin)的画作。由于约瑟夫·凯塞尔(Joseph Kessel)和比亚里茨(Biarritz)的卡门家走得很近,所以他在那里和海报装饰艺术家卡桑德尔(Cassandre)①、画家让·奥贝莱(Jean Oberlé)以及克里斯汀·迪奥有所接触。迪奥为了让卡桑德尔的女儿能在巴尔蒂斯为她们作画时表现得耐心一点,把自己最喜欢的巧克力送给了她们,因此这三个姑娘还给他取了个呢称,叫"克里斯汀叔叔"②。科勒和迪奥还有一个没有实现的规划,这一规划在2011年格兰佛迪奥档案馆所举办的名为"迪奥,艺术家的舞会"的展览上被再次提及。根据于贝尔·德·沙博纳里的回忆,科勒和迪奥计划购买一座叫做特里斯坦(Tristan)的小岛,在杜阿尔纳纳(Douarnenez)附近,他们想在上面建座赌场……可见格兰佛的往事依然在心头挥之不去!多年后,当迪奥千辛万苦拿下蒙田大道30号那座他非常喜爱的宅邸时,他想到的不是别人,正是皮埃尔·科勒。迪奥想和皮埃尔一起经营,他说:"当皮埃尔的画廊积累了一定财富时,他是第一个向我提议要以我的名字开一家时装公司的人。那一天,站在建筑前,我开玩笑地大喊:皮埃尔,要是我们没能实现你的计划,我就永远待在这里,哪儿都不去。"

## 艺术家的约会地

"屋顶之牛"远不止是一件餐吧。开这家店最初是路易·莫伊塞斯的主

---

① 1946年,应迪奥的要求,卡桑德尔用尼古拉·科尚(Nicolas Cochin)字体创作了迪奥公司的标志。他和迪奥在南部相遇,那时战争还没爆发。迪奥希望能够找到"一种漂亮的风格,把大写字母和小写字母的竖笔画巧妙地融合在一起,凌驾于那些没有竖笔画的小写字母之上"。

② Tio Christian。其中 Tio 为西班牙文,意为"叔叔"。其发音和"迪奥(Dior)"相近。——译注

意,于1921年开在巴黎八区的博瓦西-但格拉路上。谷克多很快就接手了,这家店随之成为两次世界大战期间众多艺术家们的栖身之所。德兰、毕加索、拉迪盖、桑德拉尔、纪德、茹昂多(Jouhandeau)、埃梅、普朗克、勒韦迪(Reverdy)、雅各布、利法尔(Lifar)、塞特(Sert)、奥里克、雨果以及夏尔乐·德·诺瓦耶(Charles de Noailles)都在这里常来常往。"屋顶之牛"这样一个极具原创性的名字取自艾迪安·德·伯蒙伯爵和谷克多、米约、马西涅在香榭丽舍剧院上演的一出戏剧。莫伊塞斯说,他原本是想继"盖亚"(Gaya)之后开一家"为优雅之士而存在的外表简单的"餐吧。"盖亚"餐厅取得了巨大的成功,可谓他的得意之作。1925年,借装饰艺术展的契机,"屋顶之牛"搬到了塞纳河畔的一艘驳船上,当时保罗·波烈刚好在三艘以杜飞的画作为装饰的驳船上开了三家餐厅。埃菲尔铁塔的光束倾泻下来,打在亚历山大三世桥上如夏花绚烂,从桥上的"新精神馆"(Pavillon de l'Esprit Nouveau)望去,"新艺术所创造的一切最美事物都集合到了一块儿,"迪奥写道。他曾在索盖以及他们的朋友的陪同下在这里欣赏巴黎夜景,度过了一个个美好的夜晚。

危机发生后,"屋顶之牛"只能搬到邦第埃弗尔路(Penthièvre)上的一座破败的建筑中。迪奥曾和他的朋友邦加尔(Bongard)挤在两间可怜巴巴的顶楼小室,便是在这同一栋建筑里。那是邦加尔和他的某个情妇的临时住宅:"什么都漏,屋顶,水,电,还有屋子里的钱。在最辉煌的时刻,这里曾是富兰克林的居所,如今却已经被拆房人的十字镐敲得千疮百孔。"在回忆录中,迪奥想起了那些贫困交加,和几瓶酒、一部留声机、一台钢琴做伴的夜:"我们用放肆挥霍驱走烦恼忧愁。化装猜谜升格为不可打破的惯例。"迪奥描述了他和邦加尔两人是怎样从一扇能通车的院子大门跑到另一扇能通车的院子大门前,把自己从头武装到脚,试图混入那些化装舞会而不被人发现:"但这根本是在下一秒就要爆发的火山口上跳舞。"邦加尔这个热心肠的人常常招待艺术圈的很多朋友,接济他们,让他们不至于在黑夜的寒冷中徘徊。也是出于同样的热心肠,他在迪奥需要找个栖身之所的时候收留了他。

克里斯汀和他一众朋友的另一个约会场所是"蒂普托普",那是间布列塔尼风格的茶餐厅,由几位女士共同经营。餐厅位于特龙谢街(Tronchet)上,深得年轻迪奥的欢心。因为当时迪奥曾一度为英国着迷,还自称保皇分子。亨利·索盖、皮埃尔·加克索特、让·奥泽恩、帕露伊·贝格拉里昂、加埃唐·富盖(Gaëtan Fouquet)在这里相会。他们的据点还包括克里希路(Clichy)上的"巴黎小酒馆"(Taverne de Paris),以及"茹阿娜的店"(Chez Jouanne),后来还转移到了不远处的梅德拉诺马戏团。

克里斯汀和他的父亲之间常常爆发激烈的争论,而且总是以不愉快收场。当艺廊经营还算成功时,年轻的迪奥就发现,自1925年起,什么都能成为人们投机的对象。他注意到,所有一切都是以盈利为目的,无论是艺术还是生意,就像个大的股市交易中心。这种状态让他感到不快:"我的青年时期是布尔什维克式的,我和我的父亲常常争辩不休,到最后总是要么有人摔门而去,要么就得迎接一通劈头盖脸的痛骂'肮脏的资产阶级!',让人错愕不已。"莫里斯·迪奥之后再也没有真正从商场失意中恢复过来,妻子的去世以及儿子贝尔纳被关入精神病院也给了他沉重的打击。当他和女儿卡特琳、女管家玛尔特退居卡利昂后,一直都是克里斯汀给他经济上的支持,直到他生命走到尽头。他于1946年去世,恰好是迪奥公司在蒙田大道上开张之后不久。

## 现代生活促生之物

在巴黎,迪奥也四处走访别人的画廊。两次世界大战期间的巴黎是座真正意义上的国际化大都市,是因现代文化而颤栗的中心。德国画家保罗·斯特雷克(Paul Strecker)曾在1928年为迪奥画过肖像,他坐在鲜花图案的壁纸前,手中拿着一本书,随时准备翻开阅读。在这幅画中,他显得轻盈柔软,嘴角还漾着一抹笑,画家巧妙地捕捉到了他目光中某种深刻的美。20世纪20年代和30年代,摄影界的重要人物灿若星河,我们未来的设计师非常愿意频繁与他们来往。久洛·豪拉斯(Gyula Halász)化名布拉塞,于1924年到达巴黎。他拍摄了许多令人难忘的照片,并将它们收录在《巴黎夜深沉》(*Paris de nuit*)这本书中,该书由保罗·莫朗(Paul Morand)作序;此外,他还为迪奥拍摄了一幅精彩绝伦的人物肖像。上流社会见证了国际沙龙的重新开幕,这一沙龙由法国摄影协会及巴黎摄影俱乐部共同组织。迪奥有一些俄国画家和装饰艺术家朋友,他们常常研究和摄影相关的新技术,其中包括合成摄影技术。

拉兹洛·莫霍利-纳吉(László Moholy-Nagy)、亚历山大·罗德琴科(Aleksandr Rodtchenko)和埃尔·利西茨基(El Lissitzky)通过结合"新视觉"(Nouvelle vision)、"新客观性"(Nouvelle objectivité)和包豪斯等不同流派,完成了一些关于正在冉冉升起的可以预见新世界的作品。对于迪奥而言,这是块肥沃的土壤,它将"美好时代"遗留下来的珍宝和现代生活促生的产物结合在了一起。

克里斯汀对取景构图特别感兴趣,他在眼花缭乱的图像世界中寻找共性,所有表现真实生活的新尝试都让他兴趣盎然。在变革时尚潮流之前,他度过了很长一段时间的蛰伏期:在这段时期,他渐渐形成了自己的眼光;各种潮流从莫斯科、苏黎世、柏林涌向巴黎,他也都耳濡目染。在德国,拉乌尔·豪斯曼(Raoul Haussmann)以及德国摄影师奥托·翁贝尔(Otto Umbehr,化名"翁伯")的作品以摄影材料为基础,掀起了艺术风潮的革新。翁伯有一幅作品表现的是埃贡·埃尔温·基希(Egon Erwin Kisch)的肖像,他正是用合成摄影技术重新作图。基希被称为"千眼人",以赞誉他非凡的洞察力。基希的报道就像是将鲜活生活的一个个镜头用蒙太奇方式组合在一起,精妙绝伦地勾勒出20世纪20年代城市文化的大致图景。基希用的是阿曼诺克斯(Ermanox)照相机,机身小但曝光元件精良。他用这台相机快速地捕捉生活片段:移动取景让他能够以前所未有的方式将镜头对准路上的步行者、骑行者以及驾车者,这些人在最日常的举动中、在毫无意识的情况下就这样被定格了下来。

1921年,电影艺术家和评论家让·爱普斯坦(Jean Epstein)预言,城市有朝一日将成为物质和精神生活的巨大剪辑台。他认为,这些现代城邦会促成一种"与不同文化空间相关的语法并置"。他预感到在视觉领域,技术将日新月异;并相信时尚将日趋适应移动的躯壳:"所有的器具,包括电话、望远镜、放大镜、胶片、镜头、话筒、留声机、汽车、相机、飞机,都不只是凝滞的简单物件。在某一些时刻,这些机器会成为我们的一部分,并代替我们过滤世界所呈现的样子。"

## 摄影艺术的胜利

在20世纪20年代,由于技术的飞速发展,摄影开始真正确立其艺术地位。肖像摄影大师齐聚巴黎,吉泽尔·弗伦德(Gisèle Freund)、塞西尔·比顿、罗杰·安德烈(Roger André)、朵拉夫人(D'Ora)、莫里斯·塔巴(Maurice Tabard)、比尔·布兰特(Bill Brandt)、阿杰特(Atget)、杰尔曼娜·克鲁尔(Germaine Krull)、安德烈·柯特兹(André Kertész)等才华横溢的摄影师走上首都街头,实践并展示他们的艺术。曼·雷在世界博览会上完成了超现实主义照片的创作;他没有用活人作为模特,而是用了木制品。与安德烈·布勒东合写《磁场》(*Champs magnétiques*)的诗人菲利普·苏波(Philippe Soupault)也加入到其中,他的才华深深地打动了迪奥及其朋友们:"在饱受鄙夷、忽视和诽谤后,大约在1923年间,摄影忽然之间被推上了时代的浪潮之巅,这一转变到今天仍让人不明就里。"

自1925年起,摄影和时尚的荣光休戚相关。黑白图像的表现力令人满意,尤其是在展现剪裁、镶嵌以及布料的材质方面。唯一缺少的就是颜色,颜色是后期加上去的。如果说阿道夫·德·梅耶男爵(baron de Meyer)和爱德华·斯泰肯(Edward Steichen)代表了时尚照片的先驱人物,那么爱沙尼亚-美国混血的乔治·汉宁金-胡恩(George Hoyningen-Huene)则通过运动服装的拍摄将男模特推到聚光灯下,也正是他将霍斯特(Horst P. Horst)引荐给了《时尚》杂志。

对于许多年轻艺术家而言,德·梅耶男爵象征着摄影的极致,那是当镜头热爱着它的表现对象并仔细揣摩后才能达到的。塞西尔·比顿自称是他的弟子之一,并帮助人们认识了他惊人的天赋:"1900年后,德·梅耶男爵所拍摄的第一批照片毋庸置疑是杰作,照片的敏锐易感和贝尔特·莫里索(Berthe Morizot)的印象派画作如出一辙,都抓人眼球。没有什么比这样一张肖像照更能诠释一种克制简洁的美:照片中,埃拉苏里斯夫人(Mme Errazuriz)身着黑色塔夫绸,羽饰嵌在帽子上,端坐着仿佛在等待着什么人;她几乎背朝镜头,但同时却展现出她的外貌、性格还有她周围的氛围。这样的诠释胜过文学所塑造的任何形象。"德·梅耶男爵正是在他的先锋精神以及比顿提及的这种令人动容的热情促使下,为摄影带来了许多革新,即使"连技术人员都不知道他的名字。这是精神之于机械的胜利"。

比顿在他的工作室制作背景,随后将它们拍成电影海报。直至1935年,莱卡才推出了一款新型相机,将快门速度提高到了千分之一秒;至此,时尚街拍终于成为了可能。1941年,当《看见》(Vu)杂志的主编亚历山大·利伯曼(Alexandre Liberman)加盟《时尚》杂志的美国编辑室,他又借鉴新闻照,为时尚照片注入了非摆拍的写实主义风格。

迪奥在这个沉迷于图像的时代中反躬自求。在电影和摄影的胜利旗帜下,肖像和自画像充斥着整个世纪,而迪奥正是属于这个世纪的。拍摄方式的推陈出新可能让人们得以抓住世界表层的光怪陆离。忽然之间,对于芸芸众生而言,世界变得触手可及。这是一种全新的感觉,也是一种强效兴奋剂。大众刊物连篇累牍地刊载报道和游记,人们学会了怎样在一切介质上将人和物以及城市再现出来,开始考虑为存在过的事物保留不可磨灭的印记,甚至由衷地相信这是可行的。

当圣罗兰沿着迪奥的时尚足迹往前时,他便被图像包围在中心。圣罗兰的形象和他所引领的时尚之优雅刚好契合,甚或能够与之合二为一。在每件他所设计的样衣中,在每个穿着他作品的女人身上,总有他的某种高雅。迪奥本人并未代言他掀起的时尚,但他比圣罗兰早20年站在图像全球化浪潮的风口浪尖,近距离地见证了这一趋势的开端,并从中受益匪浅。

## 迪奥对于图像传播的直觉

最初,人们发现,忽然之间再现事物的图像显得比事物本身更加重要、更加珍贵。而时尚,恰恰精于以最适当的方式来定义将来之事。于是,时尚的形象无论从象征意义还是从经济意义上都比服装本身更能彰显价值。自20世纪30年代起,迪奥便深切地明白了这一点,而这也反过来为迪奥开启了一扇门,帮助他将他所引领的时尚在全世界广泛传播、掀起狂潮。国际时尚在迪奥之前便已经存在,然而,是迪奥将它体系化、产业化,使其规模不可与往昔同日而语。今天,若我们再次审视迪奥于1947年推出的第一批服装的照片,会发现这些服装既带给人出奇的现代之感,又仿佛完全沉浸在过去。克里斯汀善于利用他所经历的以及所见的,同时也幸得他交往频繁的视觉艺术家们的影响,因而他能够深刻地理解那些即将迈入20世纪中叶的大众的潜意识以及他们心中所压抑的欲望,尤其是资产阶级的心理,正是这批资产阶级在不久的将来转而奉行他的时尚,仿佛迎接新生活的黎明。

在那个时代,安德烈·伯克莱很快发现了资产阶级的两面性,就好像一块纪念币具有不同的正反两面:"自凡·唐吉抵达巴黎以来,到'美好时代'走到尽头——可以说,'美好时代'一直延续到1934年2月6日①,那些事件和老式摄影、电视新闻更加贴近——在这期间,有两种资产阶级同时存在。其中一种生活在装饰物颇丰的房间里,各类织物、壁毯、长沙发、搁板、植物随处可见,窗帘像眼睑一般迎着晨曦而开、目送着夕阳余晖而合,(……)这些人平静地品味着、享受着这样的生活。与这类日暮途穷的资产阶级相反的是,另一类人正日益壮大——有年轻人,有老年人,有贵族,有白手起家者,有谨慎者,有冲动者,所有人都用力地撞开大门、打破界限。(……)不能仅仅把这些人看作叛徒或者逃兵,他们是新兴的资产阶级,也可以称为社会'野兽'。"②伯克莱还把保罗·莫朗看作这一新阶级的最佳代言人,他的第一本小说集《夜开》(Ouvert la nuit)为社会注入了新的风尚和道德习俗。

20世纪40年代末,克里斯汀·迪奥已年届40,他终于准备好将所见所闻付诸行动。当他决定在时尚圈中干一番事业时,他感觉到战前岁月积攒的视觉体验都成了他的优势。他和图像关系亲密,而他首先是作为艺术家去捕捉它们。多亏了这些图像,他得以化身不愿长大的忧郁男孩儿,变回当年那个少年,在即将跨出童年居所的门槛时,将自我的一部分留存在身后的脚印之中。"罗经点"这幢海边别墅凝成彩色石印画片:它是永恒的参照,是模具,是真正的灵感源泉。在属于克里斯汀·迪奥的时尚中,人们能够隐约看见花园、闻到花香,感受到精神和形态的起承转合,而这一切早在那些童年的照片上已得到细致体现。

正因为迪奥清醒地意识到图像的重要性及其力量,因此他的整个团队都非常关注图像再生产的过程,关注它的构建和传播。迪奥和图像的标准化流

---

① 1934年2月6日,在国民议会前,上演了反议会制的暴力游行,当时正逢爱德华·达拉第(Édouard Daladier)的新政府组阁完成。事件造成了17人死亡。这一游行由"法国行动派"和"火十字团"(Croix de feu)等组成的"联盟"组织。左翼议会认为它代表了法国极右派的政变企图。

② 安德烈·伯克莱,《回忆之愉悦》。

程间的关系始终是团队思考的中心议题。

每一季,迪奥都被照片追随、伏击。照片表现的不仅仅是正在褪色衰败的"此刻",它更是视觉的眼神,不断革新。它为时尚不断提供新的视角、投注新的目光。而同时,它也把世界大战这段过去扔到照片池的水中洗涤,再将其脱水甩干。1947年,迪奥一扫战争的阴云,用布料和身体将人们带回当下,重新建构巴黎时装精神,并为这种精神赋予了一些时代的印记——颤栗的,不羁的,每个人都盼着回归。

## 女 人 裙 下

《巴黎竞赛报》的头版曾刊载过这样一张迪奥"自导自演"的照片:照片上的他手拿小量尺,假装正在测量裙摆的长度。更圆更长的裙摆可能掉落在设计师脸上,就像戏剧或者木偶剧舞台谢幕后拉上的大幕。照片表现的是一个因作品而生的手工艺人,画面上的迪奥和他的服装同样简单、明晰。通过加长裙摆,他真正想要表现的是时间的延展,他把时间注入更加漫长的长河中,超越了危险和暴力,走入比结束战争更远的图景中。这张照片是献给所有幸存者的,他想告诉这些人,还有时间去生活,还可以编织梦想。镜头中的迪奥将自己投射到一条裙子的长度上,确认这一行为对于精神状态的影响,评估着它的正面效果。

很快,照片有了第二层解读。迪奥置身女人裙摆之下,这样的姿态让人不无幽默地做出另一番诠释。没错,迪奥是设计师之王,但这首先取决于女人们是否选择他、认可他。这种对同一张照片做不同层面解读的态度既表达了他对摄影的颂扬,同时也昭示了他个人的控制力。画面也呈现出这个男人热烈地追求不同领域、不同视点的交锋交融,展现出求同存异的胸怀。这张著名的照片还提醒读者:所有女人的裙子都是一种自我庇护,是藏着秘密的隐蔽之地。

品牌获得巨大的成功,一跃成为时尚天地一道不可逾越的风景;而这张照片便是市场营销和宣传造势的完美典范。将布料重新用于女人的裙子,这意味着对配给供应券制度的挑战,并在经济层面挣脱战争的桎梏,也意味着重开奢侈品之门，唤回远去的悠悠生活，在某种程度上一洗战争的荼毒和伤害。这张照片在美国引起了争议，原因之一是美国当时还在支援同盟国，配给体系始终存在。但撇去这些横生的枝节不谈，这一摄影作品展现出腼腆的迪奥所蕴藏的巨大能力。

迪奥预感到每个时代都会产生与之相对应的形式、视觉和观念。在他感到自己与所处时代琴瑟和谐的那一刻，这一直觉使"新风貌"系列在他手上应运而生，为他开启了一扇新的大门。

1947年服装发布会举办前数月，当迪奥展开媒体宣传时，他身边环绕的都是最灵敏的"雷达"。卡梅尔·斯诺（Carmel Snow）是他已经相熟的，卡梅尔将"新风貌"系列的发布称为布料和风尚的双重革新；而苏珊娜·卢琳曾在风靡法国、驰名国际的广告公司阳狮集团（Publicis）工作。媒体的精心安排将这一场发布会推向世界，而除此之外，迪奥和他的团队也非常懂得怎样在那些向他们施压的对手面前应对自如。迪奥从攻击他的英美派的言论中感觉到一种霸权主义倾向——英美希望能够将高级定制服装的中心从巴黎转移到美国，因而这些人使劲攻击迪奥，给他安上了一个"过多消耗布料"的罪名。而迪奥的宣传也颇为挑衅，现代感十足，切中目标，可谓以牙还牙。

他的反击行为主要通过发布一些会引起非议的照片进行。而反迪奥者在法国和美国声称，誓要借助公众力量将这些她们觉得过长的裙子剪掉。他们拒绝接受"新风貌"系列肆无忌惮的衣服尺寸，决定把这些衣服统统撕碎。报纸的反应更快也更激烈，它们迅速派出记者到皮加勒区（Pigalle），用镜头捕捉到一群愤怒的女人撕碎一个模特的裙子的情景。是群众演员？真有这样一群被激怒的巴黎女人？没人知道。无论如何，这种宣传效果出众，今天人们把它称为"说故事"，但同时它也能将整个情况反转。皮加勒区，成了肉欲横陈的卖淫之地，体现了大众品牌最粗鄙的一面。就像一个钟摆，这头是在服装发布会上拍摄的秩序井然的、客观的照片，另一头则是这些挑衅而暴力的照片。

整个青年时期，迪奥都在对观看和感受方式进行着思考，并终在其中掀起波澜。早在正式推出"新风貌"系列前，他便已经通过他和照片及绘画的关系，开始慢慢搭建起他自己的"新风貌"。

## 图像的奇特逻辑

二战前,迪奥陆续绘制了一些帽子以及裙子的草图,并把这些草图推荐给一些时装设计师。他慢慢熟悉了这个职业,并渐渐小有名气。因为找不到更好的活儿,迪奥便踏上了职业设计师这条道路,当时游手好闲的他被让·奥泽恩收留在家。"当时的我甚至不知道怎么拿铅笔,无论是从我个人的兴趣爱好、我的交友圈还是我过去的职业来看,这都是件不可思议的事情。两个月间,我夜以继日地创作,随后带着一堆画稿回到巴黎,坚定地想为自己找到一席之地。"

1937 年,乔治·格夫雷将迪奥介绍给设计师罗贝尔·皮盖(Robert Piguet),迪奥卖掉了自己的几幅作品。他的作品也被《时尚》杂志提及①。1938 年,迪奥正式为皮盖工作,这让他得以搬入位于皇家路(rue Royale)10号的一套非常舒适的住宅中。"说实话,一开始,房间都是空荡荡的,但我不在乎!我有了自己的公寓,我可以慢慢添置家具。"

当时,迪奥还不知道自己将完全献身时尚。但他有足够的时间去考察他在电影院、剧院以及有时在"他的"画廊所看到的表象世界。他渐渐建立起自己独有的图像观,继而在绘画、雕塑、建筑的熏陶下进一步完善了他的观念。当他正式成为设计师的时候,他所表达的图像及时尚观正是这两个领域相互结合和交融的产物。

很久以后,迪奥才开始对他所从事的职业的社会地位进行思考。20世纪50年代中叶,迪奥受邀在索邦大学做讲座,他在准备的讲稿中写道:"19世纪以来,时装设计师走入了现实之中。他们不再像凡尔赛的罗斯·贝尔丹(Rose Bertin)或者杜勒伊的勒鲁瓦(Leroy)那样只能用几个大写字母缩写代表自己。他们的名字被小声传颂,他们成为了真正的人物。"时装设计师被媒体化,无论他们是否情愿,都成为了具有代表性的公众人物。然而,迪奥的思

---

① 在马克思·肯纳和让·奥泽恩的敦促下,在米歇尔·德·布伦霍夫(法国《时尚》杂志主编)和著名室内装饰师乔治·格夫雷的建议下,迪奥的作品在《时尚》上发表。

考更加深入，他把时尚置于图像生产的层面进行考量："(……)确切来说，时装设计师不是创作者。用电影专业的术语来解释的话，人们会把帕奎因(Paquin)、杜塞特归为电影制片人，而非导演。"迪奥引用了波烈的描述，把时装设计师的一生看作是"一部多变的、不间断的电影"①。

摄影师将这样一部有关设计师的"电影"以图像的形式呈现在大家眼前，而他们之间也为此暗暗较着劲儿，比拼着才华以及名气。威利·梅沃德(Willy Maywald)、理查德·阿维顿(Richard Avedon)、罗伯特·卡帕、卡蒂尔-布雷松(Cartier-Bresson)、亨利·克拉克(Henry Clarke)、路易丝·达尔-沃尔夫(Louise Dahl-Wolf)、罗贝尔·杜瓦诺(Robert Doisneau)、亚历山大·利伯曼、安德烈·奥斯捷(André Ostier)、伊文·潘、塞西尔·比顿，正是他们用照片将上流社会的报纸专栏填满，也是他们进入了迪奥服装公司和他的工作室对迪奥进行报道。打样、更衣室、时装发布会、模特儿，那些追踪报道迪奥公司的摄影师无所不在。他们也同样关注公司在海外的发展，会从T台发布会一路追随到海外。在摄影师镜头下，迪奥式优雅变换着语言、国家，甚至有时候连风格也会有所改变，这对摄影师来说是一个极为丰富的题材。在拍摄时，这些为《时尚》或者《时尚芭莎》工作的著名摄影师也会为身着"迪奥"的女模特们添上一些配饰，以衬托她们的优雅，如帽子、手套、包、鞋子、香烟……从而为雕塑般优美的连衣裙平添了一份戏剧感。

在纽约或者柏林期间，迪奥本人成为画刊画报争相追逐的对象，但他只留下了为数不多的几幅肖像照。这些照片或者是世界一流的摄影师偷拍到的，或者是他的密友为他拍摄的，后者能够在拍照时尝试着让他暂时忘却对胶卷的疑虑而稍微自在地面对镜头。这些肖像照片也间接地见证了设计师和这些图像艺术家之间经过岁月洗礼的亲密关系。且举几个最有代表性的例子：

伊文·潘镜头下的迪奥是精彩、专注且深刻的。他通过黑白的对比关系来表现迪奥。迪奥的双手得到了极为细致的描摹：在黑色衣袖的尽头，这一双手仿佛拥有自在的生命力。迪奥的脑袋始终向左边微侧。目光深沉，笑容克

---

① 1957年8月5日，迪奥在索邦大学发表演讲，后于2003年由目光出版社(Éditions du Regard)出版。

制。肖像的整体构图让人联想到以"哀悼基督"(pietà)为题材的艺术作品,两者都表现出人物所承载的巨大责任。炭黑色的光环滑落在人物肩膀之上,明暗交界处光线摇曳不定。这是一个并不同于迪奥本人的、戏剧化的迪奥。

　　布拉塞于1947年为迪奥拍摄的肖像照是围绕着三"头"构思的。第一个是悬挂在迪奥身后某幅画上的人物的脸,他在墙上,其视线和克里斯汀的视线重合,一起观察着将要拍下照片的相机所处的位置。在这两张脸之间,支着一盏高高的灯,这是照片的第三个"头"。这盏灯从内部透出光线,照亮了整个场景。布拉塞捕捉到了光线对于设计师的重要意义。当迪奥被迫保持同一个姿势不动时,他既不能假装自己在某个情境中,也不能伪装自己或者转移他者的注意力,他只能选择这样一个他个人偏好的姿势来呈现自己,有些非请勿入甚至犹豫不决的感觉。布拉塞镜头下的迪奥什么也不表现,什么也不揭示。除了微微透着忧郁的眼神以及自然微侧的脑袋以外,迪奥看上去比平时更加不可接近。这张肖像照所表现出的含糊不明之感使它至今依然能够引起人们的兴趣。

　　有一张观察入微的迪奥肖像照是由他的格兰佛小伙伴苏珊娜·卢琳拍摄的。为了更好地捕捉到汀,苏珊在迪奥不知情的情况下从背后拍摄了这张照片,出于多年来对他的了解,她已然可以提前一步预计到他将摆出的姿势。这张照片是它的拍摄者在脑海中拍摄下来的,它虽然值得用千万张胶片去表现,但最终并没有真正以实体的形式被留存下来。拍摄者是这么描述这张照片的:"他站在工作室的中间。在他身后,堆着装饰女式上衣用的假花箱子,还有林林总总各种配饰。在他周围,是成堆的衣料和彩带卷。大镜子里映出一个穿着白衣、秃顶的克里斯汀。一只手插在裤子口袋中,另一只手放在皮带边上卷着衬衣边。他的头微倾着,正在思考。我看到一抹微笑在他的唇边漾开。"她描摹的这抹微笑让人联想起漫游仙境的爱丽斯,这是克里斯汀·迪奥最忠实的肖像之一。

　　最后让我们透过这张迪奥服装公司创办伊始所拍摄的照片,透过威利·梅沃德的电眼看看迪奥。当时正值1947年2月,也就是第一个服装发布会举行的几天前。蒙田大道盼望着成功,准备迎接胜利,但同时也弥漫几分疑虑。因而,照片上的背景并非那种获得成功后张灯结彩的欢乐氛围。从照片中,人们能够感觉到一种狂热的意志，一种欲望的力量，但同时也可以分辨出那些未完成的装饰以及东奔西窜的忙碌身影。工人们在做最后的布置调整，因为时间紧急，所以根本不可能请他们离开摄影取景的范围，哪怕只是一秒钟。不管怎样，梅沃德也坚持让他们留在画面中。粉刷工的目光顺着镜头的方向望去，电工则在拧紧一盏巨型吊灯上最后的灯泡，他抓着吊灯下部的边缘，站在摇曳的光亮下，仿佛努力维持着让自己不致跌倒。他看上去如此摇摇欲坠，身下的木梯也仿佛再难支撑他身体的重量。在所有人眼中，要按时完工简直是臆想，这点毋庸置疑。迪奥在建筑师维克多·格朗皮埃尔（Victor Grandpierre）的陪伴下参观了现场，对于自己的服装公司将以怎样的模样示人也心里有个底。在这一片疯狂的混乱中，照片上的迪奥显得尤为幸福。这是设计师生平最成功的几张肖像照之一。因为临近的发布会以及他内心所感受的激动，迪奥的面部颤动着。或许，这张照片能够取得如此成功没有什么可大惊小怪的，因为它出自一位能"从内部"理解双面迪奥的摄影师之手。

# 第六章

## 他的眼眸：威利·梅沃德

第二次世界大战爆发后不久，摄影大师们即为自己在时尚摄影界奠定了地位，其中包括著名的梅耶男爵、乔治·汉宁金-胡恩、爱德华·斯泰肯，他们在《时尚》《名利场》(Vanity Fair)《时尚芭莎》《伊周》(Femina)等杂志上发表自己的作品。他们所拍摄的照片通常都轰动一时，他们对于细节有着非凡的表现力。但这所有人中，有一个人在迪奥看来能为他公司的成功带来最大的帮助。

这位摄影师提出了一种图像理念，正好和克里斯汀的信念吻合。于是，这两个男人惺惺相惜。威利·梅沃德拍下的迪奥让迪奥终能在图像中找寻到自己，因为梅沃德，迪奥心甘情愿地被"定格"；因为梅沃德，迪奥的形象清晰了起来。

克里斯汀·迪奥是在1936年第一次遇见威利·梅沃德的，在"多姆"(Dôme)前，那是当时整个蒙巴纳斯地区的艺术家都会光临的小酒馆之一。摄影师是1931年来到巴黎的，当时他还在进行最基本的摄影练习。他的父母一直从德国给予他各种资助。当他的父亲决定把他送到科隆装饰艺术学校的时候告诉他："如果人不能在生活中做自己内心向往之事——即使他想做的是在马戏团的钢丝上跳舞——那么他一辈子将生活在地狱之中。"①因此，威利从柏林找来了雷吉纳·热朗(Regina Relang)，请她传授自己最现代的摄影技巧。当他抵达巴黎后，他选定的第一个摄影主题是圣母院的檐口滴水。随后，他希望通过镜头去表现咖啡馆中形形色色的巴黎人以及工作室中的艺术家

---

① 《威利·梅沃德：法国高级定制服装界的德国摄影师》，现代艺术出版社(Verl. Für Moderne Kunst)2010年(法德双语版)。开姆尼茨工业博物馆(Das Industrie Museum de Chemnitz)收集的威利·梅沃德作品展目录，2011年在米卢斯印花布博物馆(musée de l'Impression sur étoffes de Mulhouse)展出。

们,其中包括布拉克、德·基里科以及扎德金(Zadkine)。

哈利·梅尔松(Harry Meerson)和贝蒂·斯特恩(Betty Stern)事务所设在奥特伊(Auteuil),在他们的培养下,这个才华横溢的年轻人在巴黎声名鹊起。从玛丽安娜·奥斯瓦尔德(Marianne Oswald)到爱丽丝·科恰(Alice Cocéa),从让-皮埃尔·奥蒙特(Jean-Pierre Aumont)到西蒙尼·西蒙(Simone Simon),许多艺术家都曾亲临他那出奇现代的工作室以取回自己的肖像照。他还拍摄了维埃拉·达·席尔(Vieira da Silva)、奥斯卡·柯克西卡(Oskar Kokoschka),并和从纳粹德国出逃的玛戈·希默尔(Margot Himmel)生活在一起。很快,威利的姐姐埃莱纳(Hélène)和他会合了,她也是从纳粹德国逃出来的。战后,梅沃德雇用年轻的萨比娜·魏斯(Sabine Weiss)担任其首席助理,并培养她。后来,她因为自己所拍摄的艺术家和作家的照片而名声斐然。

## 人人谈论的时装设计师助理

1938—1939年间,梅沃德完成了他最早的时尚摄影作品,是《伊周》和《时尚芭莎》请他拍摄的。皮盖时装公司请他对该公司的幕后故事作一个长篇报道,因此梅沃德和迪奥有了第二次碰面。在皮盖的工作室,克里斯汀成了大家谈论的设计师助理。威利·梅沃德对第一幅以迪奥作为拍摄对象的照片记忆犹新:"当时我正对他所在的时装公司进行报道(1938年沙龙和工作室搬到了香榭丽舍圆点广场3号,那是高级定制服装界的黄金地带),皮盖要求和他的设计师一块儿拍照。那个特别的男孩儿再次出现了,他笨拙地假装正将一幅草图展示给皮盖审阅,而我拍下了这个场景。"①一切不言自明。腼腆,再加上突显自我的方式和作品本身,在照片上迪奥只是作为陪衬而存在。

两人的下一次见面是在战后不久。当梅沃德听说迪奥服装公司即将开业时,他重新和克里斯汀取得了联系。正是在这第三次见面的时候,两个人互相打量,并且显然,他们能够互相理解。迪奥随即委任梅沃德担任他公司的摄影

---

① 《威利·梅沃德》。

师,特别是和安德烈·奥斯捷①一起工作,这一合作维持了很长一段时间,从1947年一直到1966年。梅沃德以一种严谨的态度和超现实的第六感建了许多档案册。他用照片勾勒出化妆品业的主线,拍摄了许多系列的产品特写,仿佛在为香水、首饰、丝袜、帽子画像,而他的技巧充满想象力,让人联想到荷兰画派大师的作品。梅沃德始终在革新。他出入时尚圈,但不愿真正属于这个圈子;他对这个圈子要求严格,但又全然自由。他用摄影读解设计师迪奥,而从他的作品可以看出,他很可能是第一个如此理解迪奥的人。9年后,当他说:"这个特别的男孩儿再次出现了,他笨拙地假装正将一幅草图展示给皮盖审阅,而我拍下了这个场景"——表示他跨过了迪奥的门槛。他几乎是以一种实况转播的方式将面前正在上演的情景叙述给人听,仿佛迪奥慢慢地在他的镜头前现身。

罗贝尔·皮盖处于照片的中心,他坐在自己的办公室里,办公桌上一片混乱,表明一切都是自然的,而不是以一种刻意造作的方式把正在进行的工作展示给人看。梅沃德所拍摄的是司空见惯的场景:一个年轻的设计师正把自己的设计稿图拿给老板看。皮盖非常喜爱这张作品,并向梅沃德特别订购,而后者也依样把照片印了出来。

但如果我们靠近看,能从这张照片中看到什么呢?皮盖的一只手在迪奥的稿纸上做着点评,从他的嘴唇可以看出他在喃喃自语着什么,但仅凭这一张照片不足以判断他的评价是正面积极的还是不冷不热的。迪奥站在他的右侧,公然以年轻才俊的形象出现。迪奥倾听着他师父的评论,他的身姿表现出他的尊重。他虚心接纳了长者的意见。两个男人身后的背景是一面线角丰富的墙,线角和两个设计师的上衣相交,将两人连在同一张精妙的网中;线条既构建了照片的结构,同时也赋予它独创性和现代的表现技法。皮盖陷在扶手椅中,而迪奥站着,垂着眼,低着头,手矜持地放在桌子上,他的

---

① 安德烈·奥斯捷是咖啡社交圈的一员。他的人生历程和迪奥非常相似。他于1906年出生于巴黎一个资产阶级家庭,在让松-德萨伊中学学习,后开了一家艺廊-书店,在其中展览马克思·雅各布和勒·柯布西耶(Le Corbusier)的作品。自1938年起,他开始发表时尚摄影作品。第二次世界大战期间,他待在法国南部,并拍摄了波纳尔(Bonnard)、马约尔(Maillol)和马蒂斯。1944年,他由于参加巴黎的抵抗运动而被监禁;随后又跟随马尔罗参加了解放运动。他与迪奥的私交甚好,自迪奥公司建立之初便参与其中。迪奥档案馆保存了大量照片,从中可以窥见他为公司所做的工作。

衣服遮不住他开始发福的身体,让他从存在感上压倒了纤瘦、运动型的罗贝尔·皮盖的超凡魅力。威利·梅沃德的照片暗暗透露出的这种笨拙感下隐藏着坚定的意志。

恐怕也就是在梅沃德按下快门的数秒前,迪奥展现的这样一种身姿和精神状态恰好深深地打动了他,于是他把它拍了下来。他的照片通过再现拍摄对象的动作,表达了他的这一印象,他的内心触动。照片上,站在皮盖身边的迪奥的亮相可谓完美成功。这标志着他早在"新风貌"系列发表的9年以前就以一种引人注目的方式——站在二战前这个圈子最重要的人物边上——向世人郑重宣告自己将要进军时尚界。梅沃德的作品表达了他的惊讶,整个场面预演了正在酝酿中的未来。那一天迪奥和梅沃德之间的交流为他们日后的默契打下了良好基础,这位摄影艺术家在"这个略显笨拙的、特别的男孩"身上看到了明日大师的潜质,他们彼此都感受了一种时代的精神。

## 四 目 相 望

迪奥和梅沃德的目光交会,谱成了一曲真正的二重奏。在艺术天赋的作用下,他们共同将一个雄心勃勃的计划付诸实践。他们的配合引人注目:迪奥创作,梅沃德再创作——梅沃德可以凭借直觉,用光线的千变万化表现迪奥的意图;而迪奥则全然信赖梅沃德的才能,相信他对图像的处理。正是在梅沃德的眼眸中,设计师迪奥找到了最恰当的表达。他们之间的契合是风格相投使然,更深层的原因,是他们灵魂的默契。

克里斯汀是忠诚的朋友。他自己曾遭遇不幸,因而对他人的不幸尤其敏感,也善于倾听别人的难处。迪奥和梅沃德在战争爆发期间度过了一段艰难岁月。迪奥是法国人,梅沃德是德国人,是反纳粹分子,早在灾祸来临前的20世纪30年代便逃到了巴黎。他立刻就融入了巴黎的文化生活,深深迷上了法国式优雅。然而,在第二次世界大战爆发前夕,法国当局认为这样一个从德国来的公子哥是"不受欢迎"的。在当局这样明确地表态后,梅沃德没能在那些他所认为的近友那里获得帮助,甚至某些好友对他的境况也无动于衷,而迪奥却始终表现出对他的忧虑和关心。

梅沃德和尤塔·尼尔曼(Jutta Niemann)①于1967年相识,他把自己所有的资料都交给了尤塔。尤塔年轻时是个模特,后来在纽约的一家大型服装公司担任管理人员。她满怀柔情地回忆起这个与众不同的男人:他的"大茅屋"工作室(Grande Chaumière)永远为所有聚集在巴黎的年轻摄影师们敞开大门;他每周都预留一天接待临时访客,其中一些人是年轻艺术家,另一些甚至完全不知名,只是前来一探究竟或者寻找鼓励的微笑。翩翩公子梅沃德也举办沙龙,将自己置于他人的评价下。"1935年,第一批艺术家和作家移民从德国和东欧涌向巴黎,由于种族和政治因素,他们的艺术被认为'和时代相悖'。而威利·梅沃德则会在家中接待他们,让他们感受到家的温馨。在这些人中间,画家奥托·弗朗德利奇(Otto Freundlich)得到了阿尔普(Arp)、布拉克、毕加索的支持,威利·梅沃德于1937年在自己的工作室展示了他的作品。"

尤塔·尼尔曼还回忆起30年代末梅沃德在法国的遭遇:"1939年,威利·梅沃德被叫到白鸽城(Colombes)的体育场去检查证件,他和他的许多朋友都被作为'不受欢迎'的外国人而遭到拘留。他们被关在专门为外国人准备的禁闭室中。"他后来向尤塔讲述了他们被关在一间被改造的玻璃厂中的情景。梅沃德向来识时务,他被分配去为一个农民工作,因而找到机会逃到了自由区卡涅(Cagnes-sur-Mer)。在马赛,他得到了瓦里安·弗莱(Varian Fry)的帮助,弗莱是来自大洋彼岸的一名年轻记者,他建立了美国救助中心。这一组织一直运转到1942年11月德军占领南部地区为止,它为那些遭受纳粹和维希政权迫害的学者、艺术家和作家提供钱和护照,其中包括汉娜·阿伦特、安德烈·布勒东、马克·夏加尔和阿瑟·库斯勒(Arthur Koestler)。梅沃德向来不会被任何事打倒,他和塞尔日·介朗(Serge Guérin)一起创办了家背包和凉鞋公司。1942年,当德军占领了自由区后,他又逃到瑞士,并在瑞士再次被捕入狱,直到温特图尔(Winterthur)的一位牧师将他接回家照顾。

梅沃德于1946年回到巴黎,毅然将事业重心转向了高级定制服装。他为莫林诺克斯(Molyneux)、巴伦夏加、勒龙、海姆(Heim)、德塞(Dessès)和皮盖

---

① 2009年和2010年,在巴黎和作者的两次谈话。

拍过几组照片。用这位"不受欢迎的人"自己的话说,他感觉到一种动力,要为"重建巴黎作为世界高级定制服装中心"做些贡献。

由此,梅沃德成为迪奥的同路人,帮助他"重新恢复巴黎作为世界唯一创作明灯的荣耀,让所有人都能懂得法式优雅生活的艺术"。事实上,舞池确实再次灯火通明,订单也重新络绎不绝地发到巴黎。时尚史研究者和策展人弗洛伦丝·穆勒(Florence Müller)认为:"梅沃德并不会将那些已经得到设计师热烈赞颂的女人理想化。在他眼中,女人和这种被重新激发的生活艺术共同进退,他便将她们的这一面如实呈现在人们面前。他重新勾起了人们对于30年代优雅的回忆。只要对重建满怀信心、积极乐观,其他都不重要。"①

威利·梅沃德曾在数所艺术院校求学,包括科隆、克雷费尔德(Krefeld)和柏林。他痴迷现代性,喜欢先锋派爵士乐、戏剧和电影。艺术史学者卡塔琳娜·西科拉(Katharina Sykora)写道:"他对节奏、透视以及构图尤为敏感……他是个具有现代性的贵公子,他懂得简洁的精妙,但绝不矫揉造作。"②

这两个男人之间的重要共通点便是他们都曾经失去童年时的家。对于梅沃德而言,一家建于1822年的奢华酒店曾是他家名下的资产,酒店位于克莱夫(Clèves)温泉疗养中心,但在1944年的盟军轰炸中被毁于一旦。20世纪20年代,梅沃德酒店宣称全年无休,并提供电灯照明和70张床位。酒店墙上的绘画,音乐舞蹈厅,在露台饮茶的夏日周末……纳索尔小径上的梅沃德酒店,对于威利而言是各种图景的无尽宝库,一如"罗经点"别墅之于迪奥的意义。

这两个男人一下子便像兄弟般交了心。恰似一对孪生兄弟,都心系着一个失去的世界。对这个世界他们满怀敬意,对其中的细枝末节更是记忆犹新;同时他们俩都意欲通过他们的艺术改变现时的环境。两人分享着一份秘密,又或许是一种罪恶感,这样的秘密属于那些落魄过的人,即便不曾真正体验过贫穷的滋味,但至少也曾尝试过从上流社会跌落的感觉,知道什么叫做真正身

---

① 弗洛伦丝·穆勒是2011年在"罗经点"别墅暨迪奥博物馆举办的迪奥特展"艺术家的舞会"的总策展人。这段话为《威利·梅沃德:法国高级定制服装界的德国摄影师》作品展目录序言。
② 《威利·梅沃德》。

陷险境。他们都曾身无分文,从零开始。如果说迪奥和贝拉尔两人演奏的是一曲让人难以捉摸的双重奏,那么迪奥和梅沃德合奏的则是属于生存者的乐章。

人们无法忘记迪奥设计的衣服在镜头下的样子,而这都要归功于梅沃德。大衣的褶皱充分突显了衣服的柔软度,而摄影的精妙则成功地还原了裙子的触感。威利·梅沃德的布景非常简单,但同时又极具戏剧张力。他寻求一种自然的身体语言,正如卡塔琳娜·西科拉所言,他"常常把模特置于略带暗示的具象化故事场景中,而在其中,模特的姿势不再是僵化不动的"。梅沃德深受包豪斯主义的现代性影响,致力于将每件衣服放回它所处的环境中。比如,当一个模特立于桥头,他能从中找到一种直接的对比感。又如,借助广告海报的过度曝光手法;再如,置身于人头攒动的广场中央。他有意地追求一种视觉化的喜剧效果,让人仿佛看到雅克·塔蒂(Jacques Tati)的影子,后者很快在1958年上映了自编自导自演的喜剧电影《我的舅舅》,将自己狡黠的幽默感发挥得淋漓尽致。此外,和同时代其他摄影家不同,梅沃德强调细节表现,对过于抽象的事物不无恐惧和忧虑。

梅沃德行动力强,且动作迅速。"他的团队构成简单,但他超快的执行力弥补了一切。"一台禄莱6×6双反相机(Rolleiflex),黑白胶卷,四盏便携式摄影灯,收在一个猫篮子中的灯架,这就是他的全部装备了。而他能够用这些器材在一天之内完成迪奥整个系列作品的全部拍摄。他综合考虑人物、布景以及物体,协调三者以呈现出作品最后的效果,每张照片都充分展现了摄影师构建空间的能力。

梅沃德和"新浪潮"的电影导演们来往密切,因此他相信偶然、不可预料以及妙手偶得。他对于即兴创作深表支持,这和理查德·阿维顿完全相反,他嘲笑理查德像一辆"满载的小型卡车"。

全世界的人们对于迪奥时尚的认知首先来自于一些关键性形象的展示,其中包括梅沃德的照片:

人们或看到一名模特正以缪斯女神之姿立于系列电影、广告海报前,在符号构建的意义层面,模特和那些海报竞相媲美。她身着剪裁精美的套装,手上套着保暖用的皮手笼,好像刚从福里杰科牌(Frigeco)大冰箱中走出来。

或看到1949年巴黎阿贝思(Abbesses)街区的街头,另一名模特漫不经心地把一只鞋子搁在橱窗街沿上,看上去仿佛是为鞋子"配上"一只细瘦的脚。

又或者,一个女人现身塞纳河畔码头,头转向旧书摊的方向,一把雨伞轻轻点地,看着自己投在书上的影子。

在巴黎街头和时尚的冲突中,蕴含着一种真正的宽银幕电影观。在梅沃德反复表现的主题中,人们或许会发现他对于1968年"五月风暴"的某种偏好。摄影评论家伊丽莎白·皮诺(Élisabeth Pineau)认为梅沃德的作品传递出某种意识形态,这一看法不无道理。当时的巴黎,一边是20年代还属于超现实主义阵营的路易·阿拉贡笔下的巴黎农民,另一边是战后——西蒙娜·德·波伏娃出版《第二性》的同一时期——圣日耳曼大街上热情拥抱现代化的巴黎市民。而梅沃德镜头下的巴黎是两者的结合,他心中"最令人赞叹的巴黎人"是两者间的最佳平衡。每一幅构图都是对美学的挑战,梅沃德更是将它升华为智力和讽意的水乳交融:他温情脉脉地把他的年轻模特们带到街头,将她们最原汁原味的一面呈现给公众。模特们或是站在萨维尼亚克(Savignac)和吉恩·科林(Jean Colin)的海报前,或是站在某个和迪奥传奇相符的奇特背景中,而梅沃德本人正亲身参与这一传奇创作。有时,模特们还会被带到老巴黎的遗迹中摆拍:杜勒伊公园、西岱岛、圣米歇尔码头、埃菲尔铁塔。迪奥服装公司附近的金三角地带都被收入摄影师的镜头中,还有蒙马特、香波堡、凡尔赛。

迪奥和梅沃德客观地运用那些大公寓房公共空间来分割空间中的物件:楼梯、墙角线、壁炉框、镜框。这是一种获得客人认同感的微妙方法,她们潜移默化地将自己投射进去。在梅沃德所再现的理想化迪奥中,她们感觉宾至如归,仿佛置身于自己最熟悉的场景中:街上的公寓,公寓里的裙子,穿着裙子的女人,被女人认可的迪奥,它们彼此心意相通。

如果说迪奥和梅沃德在战后不约而同把巴黎作为他们事业舞台上的配角乃至主角,那么他们这么做的理由不言自明。即便当时还没有"市场营销"这样的概念介入,但巴黎依然是最优选择。首先,它是自由解放的化身,而"新风貌"系列正是以"从战争中解放"的精神为主调应运而生的。在梅沃德眼中,巴黎先是抛弃了他,后又拯救了他;而在迪奥最困难的时期,不也全靠卖掉一幅劳尔·杜飞描绘巴黎景色的画(这幅画曾一度属于保罗·波烈)才得以勉强维生？但对于这两个男人来说，最重要的一点，巴黎就像女人，它的魅力无与伦比、没有人能够抗拒：她是美丽之都，是时尚的宝盒。

# 第七章

## 另一个克里斯汀

两个克里斯汀和克里斯汀之间存在着一种磁场，他们的关系远非友谊两字可尽述。在冷酷和乏味的现实生活中，他们是肝胆相照的兄弟，是惺惺相惜的伙伴。他们相识的时候，迪奥身无分文，而贝拉尔还在一心寻求他人的认可。自此，他们互相看重，时常交谈。1949年，当克里斯汀·迪奥开始享誉国际、令整个世界都为他的时尚创作拍手叫绝的时候，克里斯汀·贝拉尔这位无与伦比的画家兼装饰艺术家却过早地去世了。47岁的他，在才能——至少他的绘画才能——并没有得到充分、完全的赏识的时候，就这样，消逝在人们的视线之中。

贝拉尔离世后，迪奥形单影只。再没有人能替代那个克里斯汀——他的分身，他的兄弟——在他心中的位置；再没有人像贝拉尔那样看着他。克里斯汀·贝拉尔，他的朋友，他的榜样，他如此重视、受其影响至深的至交。

## "死亡定是世界上最优雅的女人"

他死在舞台上。有人说，他在对一些布景做了指示后忽然站起来，大喊了声"结束了！"，然后颓然倒下。向别人发出如此惊呼，一点也不像他。不管怎样，他死于突发心脏病，在马利尼剧院（Marigny），当时让-路易·巴劳尔特（Jean-Louis Barrault）和玛德莱娜·勒诺（Madeleine Renaud）共同成立的剧团正在剧院里排戏。茹韦（Jouvet）也在场，他和巴劳尔特都深知死在公共场合的人的下场——被推到太平间去。于是他们决定最后一次改变贝拉尔的人生轨迹。他们俩用胳膊把他架了起来，拖着他，让他看上去好像在走路一样，好让看门的人相信他只是喝得太醉了。最后他们把他抬上六楼的家中。这个场景后来出现在普莱维尔兄弟（Prévert）的类型片《入室盗窃》（*Fric-frac*）中。

根据谷克多的叙述,贝拉尔去世前不久正在为俄耳甫斯设计戏服,他被这一终极"服装探索"搞得焦头烂额。当他请贝拉尔到米利拉福雷做客时,贝拉尔如此断言:"死亡定是世界上最优雅的女人,因为她只需要顾好自己。"

摄影师塞西尔·比顿在他的回忆录中重现了在这一悲剧到来前,两个克里斯汀笑语盈盈地一唱一和的那些时刻。简而言之,通过他的描述,人们能够确切了解到这两人间的关系究竟有多亲密,人们仿佛能够透过门洞看到迪奥正从贝拉尔那儿接过通往成功的大门钥匙:"当克里斯汀·迪奥决定创办属于自己的服装公司时,是贝拉尔推了他一把。贝拉尔去世后,有人曾断言迪奥将没有办法在失去贝拉尔的情况下继续前行。当然,迪奥自那以后无数次证明了他卓越的个人才华,但在最初,确实是贝拉尔诚挚的热情打动了迪奥,让他如箭在弦,一发不可收拾。"①

马克·多尔尼茨是20世纪圣日耳曼德普雷区大小聚会活动的常客。他是"禁忌"(le Tabou)、"牛之眼"(l'œil de bœuf)舞厅的创办人;他伴着爵士乐一直舞到黑夜尽头。他是朱丽叶特·格雷科的近友,很可能是在他的敦促下,这位歌手才频繁光顾迪奥公司,穿着迪奥设计的衣服。朱丽叶特·格雷科最早踏足夜间聚会时通常都有贝拉尔伴其左右,他就像个年轻的学徒,被带领着观看这个光怪陆离的新奇世界。他什么都要从头学过,然而他的导师非常赞赏这个男孩的敏锐洞察力,他始终保持着批判的距离去看待周遭的一切。这样的人不会腐坏,一如贝拉尔自己一样。根据多尔尼茨所言,贝拉尔曾经尝试戒毒,但没有控制好节奏,他的死亡应该归咎于太过突然的戒断。大量服用鸦片,让他的身体机能长期处于疲乏状态,更引发了其他危及生命的疾病。那天,他本来是想陪贝拉尔去找《司卡班的诡计》(*Les Fourberies de Scapin*)这戏的裁缝,贝拉尔为这出戏设计了布景和服装。但最终计划改变,于是他在香榭丽舍大街的圆点广场把贝拉尔放下了车。"还没来得及道别,出租车就把我带走了……第二天早上,我接到电话,得知我可怜的贝贝在最后的排练中死了,就在他正为布景做最后的调整时。他的离开,难道没有点儿莫里哀附身的意思?"多尔尼茨接着说道,画家去世的翌日,就有画商找上门来,问他有没

---

① 引自塞西尔·比顿,《五十年》。

收藏贝拉尔的画,没有的话可以卖给他一些。突然,一个艺术家的价值,就这么烟消云散了……

## 即使在抽烟时……

皮埃尔·勒坦(Pierre Le-Tan)[1]比克里斯汀晚了整整一辈。但他也是那些才华卓绝的人当中的一员,能画会写,既能挥洒生命,又能消受忧郁。当这位年轻的作家兼画家遇见两个克里斯汀的作品时,他也开始留意起这两个异类的人生,就这样入了迷。今天,你只要跑到他家门口喊出两个克里斯汀的名字,这个平日里深居简出、轻易不见客的男人就会为你打开大门。对他而言,这两个人仍然活着。他所知道的有关贝拉尔的人生轨迹以及他和迪奥的关系是非常珍贵的一手材料,而他交给我们的其他作品或者证言,以及他引导我们翻阅的其他资料也都同样弥足珍贵。

贝拉尔在迪奥年轻时便和他相识了。当时,迪奥和雅克·邦让在拉博埃西路上合开了一家小画廊,展出的作品恰好是皮埃尔·勒坦所欣赏的切利乔夫(Tchelitchew)、贝尔芒兄弟等人的画作。1930年,勒坦个人最偏爱的另一名画家"贝贝"(贝拉尔的昵称)的作品也在邦让画廊展示。而维尼翁画廊(Vignon)和德吕埃画廊(Druet)早在1926年便已经收藏过他的绘画作品。1934年,在纽约的莱维画廊(Julien Lévy),贝拉尔为迪奥画廊的经营人皮埃尔·科勒画了一幅肖像画。皮埃尔坐在一张板凳上,穿着件中世纪的男士紧身上衣。这种衣服通常只有扮演哈姆雷特的演员才用得着,贝拉尔是从一个

---

[1] 皮埃尔·勒坦,《一生的相遇:1945—1984》(Rencontres d'une vie：1945—1984),奥比耶出版社(Aubier),1986年。他的父亲是越南画家黎谱(Le-Pho),越南北圻总督之子。他于1931年定居欧洲,并在艺校完成了学业。战后,他迎娶了一位法国官员的女儿。皮埃尔·勒坦和他兄弟的童年便是在这样一个充满艺术气息的资产阶级家庭度过的。17岁时,他把自己最早创作的几幅装饰画寄给了《纽约客》,这一享有盛名的杂志留下了其中几幅,随后挑选了两幅刊载在杂志封面上。此后,勒坦和《纽约客》开始合作,并聘请特德·赖利(Ted Riley)为他的经纪人,后者还同时担任莫迪亚诺(Modiano)、桑贝(Sempé)和斯坦伯格(Steinberg)的经纪人。他为大洋彼岸的出版社、报刊和杂志创作了大量绘画,《纽约客》、《时尚》甚至包括《财富》(Fortune)都采用他的配图。在法国,他和帕特里克·莫迪亚诺在图书编辑方面展开的合作也堪称典范。

戏服出租人的仓库中借来的。贝拉尔的伴侣鲍里斯·科奇诺(Boris Kochno)证实,为皮埃尔·科勒化装这个灵感来自于雷诺阿的一幅画商肖像画,画上昂布鲁瓦兹·沃拉尔(Ambroise Vollard)被打扮成斗牛士的模样。如果说现今没人能抗拒得了克里斯汀·迪奥作品的魅力,那么当时的他还只算得上个艺术爱好者,然而那时的克里斯汀·贝拉尔已经开始颠倒众生。

今天,贝拉尔成为了一种标签,成为了成功人士互认的暗号。人们眼中的他既博学又不乏幽默感。这绝非夸大其实。《附庸风雅词典》(*Dictionnaire du snobisme*)的作者菲利普·朱利昂(Philippe Jullian)①某个早上曾在薄若莱旅馆(Hôtel Beaujolais)门口碰到克里斯汀·贝拉尔,贝拉尔就在旅馆里接待了他……贝拉尔全身只穿了件橙色的绉纱睡衣。这便是贝拉尔的另一面,最能让他舒服做自己的真实一面。所有人都试图把他从床上拖起来,而他感觉上总有很严重的起床困难症。关于他的外表举止,《风雅之士》的作者弗朗西斯·多莱昂(Francis Dorléans)②说,他就像"卡当③的大宝贝,怪怪的,还有点颓废,老是做些滑稽的动作,又或者总是丢三落四,把周围人都给逗乐了"。因为"即使他在抽烟时,都能给人邋遢随便之感,"多莱昂接着说,"尽管如此,在巴黎,没有人会想和他争夺'优雅仲裁人'的名号。众所周知,如果想要为布景定氛围基调,如果想为裙子确定适合的颜色,他定然是不二人选。当化装舞会的邀请函使整个社交圈骚动沸腾,所有雅士便蜂拥而来听从他,仿佛正在领受神的旨意。"

贝拉尔和毕加索、布拉克、胡安·格里斯(Juan Gris)、巴克斯特、叙尔瓦奇(Survage)、玛丽·洛朗桑(Marie Laurencin)等人,都是从俄罗斯、瑞典芭蕾舞中走出来的画家、装饰艺术家。他的未来之路好像早就有迹可循,而他本人不喜欢如此。塞西尔·比顿称他精力旺盛,永不知疲倦。和他同时代的人中,几乎没有人像他在装饰艺术领域那样多产,这是人尽皆知的事实。比顿发现,当贝拉尔用他"过剩"的才华创作的东西被署上别人的名字时,他总是显得特

---

① 菲利普·朱利昂,《日记 1940—1950》(*Journal* 1940—1950),格拉塞出版社,2009 年。
② 弗朗西斯·多莱昂,《风雅之士》(*Snob Society*),弗拉马利翁出版社,2009 年。在这本充满奇闻轶事、令人称奇的著作外,还推荐阅读蒂埃里·库代尔(Thierry Coudert)的著作《咖啡社交圈 1920—1960:社交圈、资助人和艺术家》(*Café society, mondains, mécènes et artistes*,1920—1960),弗拉马利翁出版社,2010 年。
③ Cadum,法国肥皂品牌,其标志便是一张婴儿笑脸。——译注

别高兴:"别人把他的作品商品化,这在他眼中是件相当有趣的事情。一些设计师会从他那里收到些小纸片,然后依此设计出自己整个系列的作品,而那些小纸片不过是他花了半小时便完成的随手涂鸦,当然这是因为他从不缺天马行空的想象力。"比顿提到了贝贝的好友乔治·戴维斯(Georges Davis),在他那里还留存了一小截纸片,那是当时贝拉尔和他们一块儿玩午后小游戏时做的。克里斯汀·贝拉尔用一连串形容词勾勒出自我,每个形容词的首字母都是他本人名字中的一个字母:残酷的(Cruel)、人性的(Humain)、迅速的(Rapide)、有教益的(Instructif)、附庸风雅的(Snob)、戏剧的(Théatral)、富有想象力的(Imaginatif)、焦虑的(Angoissé)、溺水的(Noyé)、聪明的(Brillant)、幼稚的(Enfantin)、多情的(Aimant)、隐世的(Reclus)、落拓不羁的(Débraillé)。

在皮埃尔·勒坦身上,有一种好读者所散发出的客观公正之感。当他讲述贝拉尔舞动的优雅以及迪奥的光环时,我们可以观察到他的书桌上放着一堆艺术方面的论文和著作。贝拉尔的几幅画挂在墙上,有种催眠效果,仿佛正看着来访者,提醒着他们死亡之必然,memento mori①。皮埃尔·勒坦证实了两个克里斯汀之间的频繁互动和深厚交情。他所知道的,都已经被他画了下来、写了下来,变成一幅幅肖像画,并配上一段段小短文。在他那近乎崇拜的文字表达中,他用颤颤巍巍的笔触重新勾勒出这两个男人的面目,这颤动表现出他心中的疑虑,甚而贯穿了他的所有作品。本来面目和记忆相混,以一种佯装的漫不经心诉说当年那个波西米亚巴黎的点点滴滴:20世纪30年代,那里是孕育两个克里斯汀的温床。这两人,既无忧无虑又深沉肃穆,他们早已对人生的坎坷不抱任何幻想。勒坦是他们可敬的继承者。

克里斯汀·贝拉尔出生于1902年8月20日,他在朗松学院(Académie Ranson)就读,师从爱德华·维亚尔(Édouard Vuillard)和莫里斯·丹尼斯(Maurice Denis)。当时的他已经有点微微发胖,他对一个年轻的女学生丹尼斯·蒂阿尔②露出会心一笑——这个丹尼斯·蒂阿尔在未来的电影制片界崭

---

① 拉丁文,意为"记住人都是要死的"。
② 丹尼斯·蒂阿尔,《日记》。

露头角,她也一直是贝拉尔的挚友。他嘲笑老师,对着老师们的背影吐舌头。1925年,他已经是"新人文主义"的一员,并和让·谷克多结下了友谊。后者这么评价他:"克里斯汀·贝拉尔是我的右手。由于他是左撇子,因此我的这只右手是令人惊异的、灵巧的、优雅的、轻盈的,是仙女的手。"①

自20世纪20年代起,正是这批新人文主义者——他们主要由移民画家组成,尤其是俄国移民——聚集起来,和当时统治艺术界的抽象艺术相抗衡。他们的绘画作品带给人另一种感觉,同时确切地传达出一种戏剧性。"这是一种新具象主义和怀旧的艺术手法。"毕加索博物馆原馆长、文论家让·克莱尔(Jean Clair)②写道。他还注意到这种表现手法和法国、英国超现实主义之间的某些共同特征。他预言,未来如果有人想要对艺术史做出恰当中肯的研究,就不应绕开贝拉尔的作品,而这些作品之前一直没有得到正统艺术史研究者的足够重视,因为这些人不知道要如何"给这些20世纪30年代街头卖艺者归类",他解释道。贝拉尔的创作有与时间抗衡的力量,甚至愈发强势地回到公众视野。法国巴洛克艺术本欲慢慢培养起悲剧丑角这一传统,但却过早被古典理性主义扼杀,直到19世纪才由波德莱尔和德加(Degas)保留延续了下来,而贝拉尔无疑将它发扬光大,直至巅峰。克莱尔并不是个宽厚纵容的评论家,但他谈及纽约现代博物馆收藏的《海滩上的双重自画像》(*Le Double Autoportrait sur la plage*)时,不由得对画作的灰色调及其意义做出了如下评述:"我记得灰和赭石之间,沙砾和灰色的珍珠之间,硅石和牡蛎之间那种完美的和谐感。这种和谐在纯粹感官和抽象的层面具象地诠释、延续了带有梦魇色彩的幻境。肖像投向我们的目光以及他投向自己的目光,让人无法忘怀。这是自我向着自我、向着焦虑于自我本质存在的分身所投去的目光,这是自我向着观看着自我的他者所投去的目光。贝拉尔是我们这个时代最伟大的肖像画家,只需要意识到这点就够了。"

迪奥和贝拉尔关系密切,也就意味着同一整批躁动不安、特立独行、教养良好的艺术家和作者有了交集。多年后,在"新风貌"系列发表后的20世纪

---

① 让·谷克多,《日记》。

② 让·克莱尔(合著者包括鲍里斯·科奇诺、埃德蒙德·夏尔-鲁、克里斯汀·贝拉尔),《克里斯汀·贝拉尔》,赫舍出版社(Herscher),1987年。

40 年代末,丹尼斯·蒂阿尔搬到了奥赛城堡(château d'Orsay)的附楼中居住。奥赛城堡建于 15 世纪,两翼各立有一塔,不通水电。由于它位处索村(Sceaux)地铁沿线,因而吸引了大批电影艺术家、画家、作家、编辑前来。每周日,在椴树荫的草坪上,人们总能看到那对著名的"孪生兄弟"坐在那里,就坐在加斯东·伽利玛(Gaston Gallimard)和勒内·克莱尔——他在这里创作了《沉默是金》(Silence est d'or)的剧本——中间,在奥迪贝蒂(Audiberti)和普朗克中间。"克里斯汀·贝拉尔和克里斯汀·迪奥是周日来宾。每当正午的钟声响起,这两人定会双双出现。彬彬有礼、和蔼可亲地侃侃而谈(……)。"①

## 追随贝拉尔以"定位"迪奥

在办公室,皮埃尔·勒坦一边说话,一边把贝拉尔的画固定好。贝拉尔的作品是具有反抗意味的,他拒绝屈服于艺术批评的寻常语汇。起义者贝拉尔。为此他不遗余力。人们都喊他"贝贝",胖嘟嘟的贝贝,留胡子的贝贝,但同时也是游走在语言、风俗、习惯之外的贝贝。他绝不因循守旧、随大流,他是如此才华横溢:"他的绘画作品的细节表现令人惊叹,尤其是当你看到他画得如此之快,只用手指便能完成修饰润色工作。"做出此番评价的皮埃尔·勒坦本人也是画家。

和迪奥、贝拉尔在一起的时候,他分享着艺术迷思的喜悦,剖析着创作的冲动。他们是他的长辈,而今,他们成为围绕着他的淘气幽灵。听他说着,我们才终于明白贝拉尔与迪奥之间的关系是如何根深蒂固、牢不可破。他使我们明白,如果想要追溯迪奥的前半生以便更好地理解他的后半生,那么贝贝便是其中不可或缺的一环,但他却常常被人们所忽视。沿着贝拉尔那些年留下的足迹前行,便能遇见迪奥,咖啡馆的迪奥,剧院的迪奥,歌剧院的迪奥,音乐会的迪奥。尾随着贝拉尔四处游逛,便能理解迪奥是怎样在多重影响——来自市集、上流社会——的共同作用下慢慢形成自我的。比如,某天晚上,他俩就曾经和让·雨果、让·谷克多、马塞尔·埃朗(Marcel Herrand)以及莱昂-

---

① 丹尼斯·蒂阿尔,《日记》。

保罗·法尔格(Léon-Paul Fargue)等人一块儿去了月亮公园(Luna Park)。

想象一下:在重峦叠嶂的山脉后,矗立着一座高塔,那里有可供船只滑入的水道,每分钟都有一艘小船下水。人们把这种"自杀式"小船称为卡戎(Charon)的渡船,由生渡向死。鬣狗或者猎豹的眼睛紧紧盯着这些误以为自己正驶向某条平静小溪的人们,当枪声响起,人们喊叫、互拖后腿。

在下一个路口,在木板屋中间,一位无肢人(femme-tronc)出现在一个又小又高的台子上。这是个金发德国女人,人们叫她维奥莱塔(Violetta)。她戴着各种花哨夸张的饰品,每晚都会穿着一件不同的丝绒上衣——石榴红、紫色或者绿色的。衣服包裹着她瘦小的身躯。这个没胳膊没腿的女孩儿动了动嘴唇,她的姐姐用红唇膏为她重新描摹了唇线。她的秘密花园?和所有年轻女孩儿一样,她抄写诗歌,但却是用牙齿咬着铅笔完成的。午夜时分,一个近乎全裸的水精灵从梯子上跃入水中,边做着危险的跳跃,边发出白尾海雕的叫声。人们便知道是时候关上这同时存在于地狱和天堂中的月亮公园的大门了。德国女人维奥莱塔没有胳膊没有腿,她等待着她的姐姐,姐姐为她取下底座,裹上毛丝鼠皮毛的双层斗篷。随后,两个女人就这样消失在夜色之中。

"六人团"成员亨利·索盖的描述则完全是另一种更加"严肃"的氛围。两个克里斯汀和他们经常交往的一帮朋友在其中同样互动频繁:"让·谷克多、克里斯汀·贝拉尔、让·奥泽恩、克里斯汀·迪奥、乔治·格夫雷,我们都是北方布夫剧院(Bouffes-du-Nord)的忠实观众。有个剧团经常在那里演戏,剧团负责人是个年轻女人,叫做索朗日·杜米安(Solange Dumiens)。这个剧团演的都是些名剧,比如《悲惨世界》、《面包贩》、《圣人之罪》等等,演员都是先'让自己相信',再把角色表演出来。我们在这里找到了一种属于舞台的天真朴素,由此获得启发,让我们逃离我们所反感的文学。这是一种没有崇高表现手段的崇高。演出只持续了一季,但我们一场也没落下。"①

让·雨果则从他的角度回忆起弗拉泰利尼(Fratellini)小丑,那全然是另一番情境。他们带着福科内(Fouconnet)准备的面具,伴着由达律斯·米约从巴西带回来的探戈舞曲的节奏,表演着"屋顶之牛"的哑剧,后来他们频繁出入

---

① 亨利·索盖,《音乐,我的生活》,塞吉耶出版社(Séguier),1990年。

的著名餐吧的名字便由此而来。对于两个克里斯汀和他们的朋友而言,巴黎的中心位于玛德莱娜"黑庙",这是他们给这座教堂及其周边所取的昵称,它东至巴黎皇家宫殿,西至香榭丽舍剧院和弗朗西斯咖啡馆。需要花上20分钟,他们才能从这一头走到另一头。那时候,杜飞正听着乔治·奥里克响亮的狐步舞曲《再见纽约》,精心雕琢着他的"马戏团",星星是"马戏团"的观众。在歌剧院,人们在德兰、马蒂斯、毕加索生机盎然的画作前舞蹈。让·雨果还说,他们经常"到吕西安·都德(Lucien Daudet)位于贝勒切丝路(Bellechasse)上的家喝点神秘饮品,喝完人便会失去意识"。

于是,所有人都抛弃了"蝴蝶茶"(Thé Butterfly),这家咖啡馆早年迪奥常常光顾。这个秘密基地是谷克多最先发现的,经营者曾是个囚犯,名叫勒内·德·阿穆雷蒂(René de Amouretti)。咖啡馆在德穆尔大街(Demours)上,由两间空空荡荡的房间组成,房间里没有任何家具,只铺了张灰色割绒地毯。三四个音乐家在里面弹奏夏威夷吉他,当时这种乐器才刚刚传入法国。在场的宾客吃吃喝喝,甚至直接坐在地毯上。莫伊塞斯的"屋顶之牛"不久后便开业,这伙人便常常在那里见面,或在"多姆"以及"圆亭"咖啡馆(Rotonde)找个位子坐下来,有时也一起参加《沙皇的信使》的发布会。这群夜游神还会跑到"利普"啤酒馆(Lipp),那里汇聚着各色人等,包括古董商、艺术商、版画和旧书商。剧院负责人雅克·科波(Jacques Copeau)每晚都会现身,他总是穿着同一件格子大衣,嘴上叼着巨大的烟斗,而在他身后几步路远跟着的是路易·茹韦。

凌晨两点左右,"利普"一关门,这伙人便会晃悠到蒙巴纳斯第一田园大街(rue Campagne-Première)对面的"赛马师"夜总会(Le Jockey)。地下室里贴满了各种旧海报,在一个钢琴手和两个夏威夷吉他手的伴奏下,一群人挤在一个小房间里扭动着身子,画家让·奥贝莱[①]甚至在这里碰到过一个女子近乎

---

[①] 让·奥贝莱,《艺术家的生活》(La vie d'artiste),德诺埃(Denoël)出版社,1956年。作家、画家让·奥贝莱是出色的社会观察者,也是发声筒。在第二次世界大战期间,他曾担任为期四年的伦敦广播电台的播音员。在他的著作中,讲述了一些身为画廊经营者的迪奥日常生活中的小趣事:"皮埃尔·科勒在康巴塞雷斯路开了家画廊。我常常在他那儿看到克里斯汀·迪奥,他和雅克·邦让在附近的拉博埃西路也开了家画廊,马克思·雅各布经常顺口把它叫做'邦让迪奥画廊'。(……)有时,画廊里空空荡荡的,你便能看到他在那里打着瞌睡。"他还说,雅各布会拿马拉美的句子来打趣他:"悲伤地睡着,克里斯汀·迪奥,在音乐虚无的空洞中。"

全裸地跳舞,而几乎没有人发现!在这里,你会碰到中美洲的诗人、一头短发的学生,还有美丽的异乡人。等到"赛马师"也关了门,就只剩下不远处的"忠诚的马车夫"(Le cocher fidèle)了,这间酒吧通宵营业。只有一个马车夫还来光顾,他穿着草绿色上衣,戴着顶皮帽。在那里,大家饮着烈酒,在大理石桌面上喝着洋葱汤,旁边坐着的是火车站员工和其他夜游者。

　　正是在这样一种环境中,在他的挚友、他的分身贝拉尔身边,克里斯汀·迪奥受到了艺术和文学、娱乐和文化的双重教育。在那里,他观察着那些正在进行或者正在酝酿的重大运动,辨认形形色色的消遣方式,明白了社会制约的沉重,以及从中解脱出来的人所赖以为生的支柱。他捕捉着人们的微笑和醉态,理解着那些保留和禁忌。在回到白昼前,首先是黑夜教导了克里斯汀。

　　贝拉尔也是如此,这或许能够部分地解释他和现实间的关系。詹姆斯·萨比(James Thrall Soby)在他1935年出版的非凡著作《毕加索之后》(*After Picasso*)(皮埃尔·勒坦推荐阅读,由纽约哈特福德出版社编辑出版)中提到了克里斯汀·贝拉尔精妙而令人印象深刻的作品,详述了贝拉尔和被他归为新浪漫主义的画家切利乔夫与贝尔芒兄弟之间的区别。贝拉尔学习绘画艺术非常耐心,虽不如那些俄国画家那么快地掌握这门技艺,但在他身上有一种天赋直觉,这使得其他所有人在他面前都显得像苦力。他把贝拉尔往德加那边靠拢,事实上贝拉尔确实非常近距离地观赏过德加的作品。在这一极具现代性的文字作品中,他还提到了贝拉尔作品中所表现的心理失衡,他扭曲现实但却始终看重现实的方式。"他天赋的极端不安定性,"萨比在贝拉尔去世前14年如此写道,"却让他在20世纪30年代获得了汲取最纯粹的美好的方法。"[①]

## 一切优雅的仲裁者

　　当迪奥的第一家画廊开业的时候,贝拉尔也在场,因为他在其中展出了自己的作品;当迪奥举办个人第一场服装秀时,贝拉尔同样在现场密切关注着发布会的进展。而在画廊和服装公司开业这两个大事件发生的区间,贝拉尔成

---

① 詹姆斯·萨比,《毕加索之后》,哈特福德出版社(Hartford),1935年。

为了迪奥的引导者。诚然，这是位非常特别的"启发者"，他可以在一天之内"既在贵妇的客厅高谈阔论，又到妓女的酒吧和人闲扯，他在一切场合游刃有余，看不出任何特别偏好"，多莱昂证实道。然而，他无疑可以称得上是迪奥的引路人，尤其是在美学方面。观看艺术家贝拉尔，也就意味着介入了迪奥的目光，他正凝视着他朋友的作品，并在其中发现了让他激动不已的"句法"，所谈论的正是他本人。因此，迪奥请他的朋友到蒙田大道30号来，希望后者在这里将自己的超级敏感性发挥到淋漓尽致。在施工期间，迪奥定期把贝拉尔请到现场，让他亲身感受并做出决定。他赋予贝拉尔特殊的地位："优雅的仲裁人克里斯汀·贝拉尔，我们亲爱的贝贝经常过来（……）拜访我们（……）。他留着大胡子、牵着小狗'风信子'，在工地的每个角落转悠。我们心跳加速，等着他的裁决。他首肯，他提出细节改进意见。是他建议我们将约依（Jouy）印花布贴满整个门店，并在房间的每个角落——墙角边、大橱上——摆满贴着公司名的纸盒。在混乱的表象下，他创造了生命。"在迪奥公司内部喜结连理的年轻夫妻乔治·斯卢比奇（Georges Slubicki）和他的妻子讲述了公司创业初期的传奇故事，他们也持同样的看法：贝拉尔无时无处不在。关于他这个人，大家都知道不该打听，不要去要求，更不能评头论足。他拥有一切权利。他是常驻的客人，是迪奥的某种超我在另一个克里斯汀身上的体现。迪奥和贝拉尔，相濡以沫，不分彼此。①

贝拉尔把迪奥带上了大舞台，陪伴着他一步步走向由创作直觉生发的理想形式。贝拉尔从来没有离开过迪奥，而他的爱人鲍里斯·科奇诺则看顾着他。鲍里斯·科奇诺曾担任过季阿吉列夫（Diaghilev）的秘书，他在俄国芭蕾舞剧创作之初便进入了这个圈子，他也是伊戈尔·斯特拉文斯基（Igor Stravinsky）的芭蕾舞剧《马夫拉》（*Mavra*）的编剧。鲍里斯情愿留在幕后，在影子中凝视着他欲望的对象。他对贝拉尔很慷慨，而这份慷慨之心贝拉尔本人同样怀有：只要在他人身上感受到一丝才气，便足以让他惺惺相惜。就像对待遭遇1929年危机的迪奥那样，贝拉尔对所有来求助的落魄之人都心甘情愿地伸出援助之手。快速持续的物质消耗让人瞠目，也同样让他的家人感到不快，家

---

① 和作者的谈话，蒙托邦，2010年。

人感到不快的还有他的艺术家身份。为此他不得不接下杂志或者剧院提供的各种"维持生计"的工作。另外，各类社交活动也让他喘不过气来，逼得他不得不放下手头的绘画工作。

　　他留下了许多半成品，也有几幅完成了的杰作。这位梦想家帮助迪奥找到了他自己的一套"公式"，使其服装公司逐渐发展壮大。他的创意几乎遍布蒙田大道房子里的每层楼、每个柜台，将其中的一切都重新"润色"了一番，以至于到处都留下了他的印迹。贝贝去世后，鲍里斯·科奇诺为他组织展览，演讲，并为他写了一本书。鲍里斯曾和贝拉尔共同居住于奥德翁(Odéon)附近的卡西米尔-德拉维涅(Casimir-Delavigne)路上，也曾经陪着贝拉尔出入海滨自由城(Villefranche-sur-Mer)、土伦(Toulon)和巴黎的各种旅馆。他以适当的方式维护着贝拉尔的工作、保存着有关贝拉尔的记忆，试图让他不被人遗忘。巴黎曾经嘲笑过科奇诺身上贵族气的高姿态和傲慢，但他也证明了自己不乏勇气向生命中的男人致敬——那个男人才华横溢，完全当得起他的这番敬意。而他本人，也曾是风流倜傥美少年，科尔·波特(Cole Porter)曾为他作曲《爱入心坎》(*I've Got You Under my Skin*)。

　　至于迪奥，他不仅保留着有关这段美好友谊的记忆，更不断在其系列作品中重现另一个克里斯汀：他用贝拉尔的名字来命名他的连衣裙以唤起对这位逝者的记忆，为他的饰品贴上带有贝拉尔特质的标签，在他的创作中悄悄铭刻属于他们两人的密码，以此延续着他和贝拉尔之间的互动。苏珊娜·卢琳微笑着说，克里斯汀·迪奥曾在 1947 年将他的某件红棕色女士套装命名为"婴儿①的胡子"。女售货员回应道："这很蠢，不是吗？所有人都知道婴儿没有胡子！"在贝拉尔去世时，迪奥带着风信子花圈前来，这花和贝拉尔的小狗同名，贝拉尔非常喜爱这只小狗，可最后还是身不由己地丢下了它。迪奥想用这花来纪念贝拉尔和小狗之间的这份感情，他所想到的是另一个克里斯汀的情谊，无论是对动物、植物还是人，他的爱都是那么宽广而深沉。

　　《克里斯汀·迪奥和我》中的克里斯汀拥有另一个自我，也叫做克里斯汀。或许，人们应该把这本回忆录改名为《克里斯汀和克里斯汀和我，和贝贝》。

---

① 法语中，贝拉尔的小名贝贝 bébé 可做"婴儿"解。——译注

## 发　现　者

　　其实,贝拉尔并不怎么热衷于教导他人,他只是把他的观感想法公之于众,任人争抢。在贝贝的眼中,贝拉尔映射出的正是迪奥还未被发掘的天赋。对于这个异于常人的诺曼底小伙儿,对于这个还不知道自己想要什么的懵懂青年,贝拉尔表现出无尽的耐心,他仿佛在这个年轻人身上看到了自己:不知如何"安放"自己的才能,尤其不知该如何把劲儿往一处使。迪奥什么都想插一脚,这既让人惊异,也引人不快。他经营画廊,但又想创作音乐;他极为擅长替朋友们化装,但还想成为建筑家;他喜欢乔装,但在和他有交集的人们眼中他恍若透明;他的腼腆近乎病态,但却同时展示出丛林之王的气势。他是万能钥匙,也是墙头草。迪奥不希望自己被限制住,他希望在适当的时候变成看不见的人,这"适当的时候"于他意味着经常。

　　克里斯汀·贝拉尔所中意的恰是迪奥谨慎克制的本质。这种谨慎克制难道不也存在于贝拉尔的画中吗?谷克多没有弄错,"在贝拉尔的画中弥漫着一种不可思议的漫不经心,他将他的肉体弃置消解,这源于他本人强烈地想要和工作合二为一的愿望,他希望能够达到忘我的境地,直至隐身画中。在他的观念中,他以某个装饰、某件衣服或者某个优雅的女人的形象现身。他相信它们的存在,而不再确认自我。然而,那些见证人永远不停念叨着的却是他身上斑斑点点的画笔痕迹、他破了洞的鞋子,还有乱七八糟的胡子。"[1]诗人还指责那些混迹上流社会的人、那些伪君子、那些野心家,是他们毁了贝拉尔的纯真和魔力。这种纯真是柔情蜜语的标志,是一种不合常规的忠诚。当所有人都亲切地嘲笑着贝贝蓬乱的大胡子——这是贝拉尔本人刻意给自己戴上的面具,就像他自己所画的一种幻象——时,谷克多为他正言:"他过去是如此严肃、如此严厉,如今却给人留下了混乱的印象,甚而因为要为自己的混乱辩解而成为了混乱的捍卫者。当他为《地狱机器》(*La Machine infernale*)做舞台布景时,他是多么纯洁、多么一尘不染。当我看到那些舞台装饰的时候,我仿佛看到勒

---

[1]　让·谷克多,《日记》。

内・科维尔(René Crevel)、让・德博尔德(Jean Desbordes)、让・布尔甘(Jean Bourgoint)所描绘的人物。在能够消解这样一位人物的道德的城市生活,让我感到胆战心惊。当他落得个令人伤感的结局时,他试图让我们相信的始终是相反的事物。"①克里斯汀・贝拉尔的命运在迪奥身上留下深刻的烙印,因而迪奥最终汲取了教训,在社交活动和媒体形象的管理上,充分享有不被曝光带来的益处。

在贝拉尔身边亦步亦趋,意味着你所看到的一切都是发光发亮的,与此同时,一切又都蒙上了悲剧性的墨色。应该说,贝贝是一个具有传奇色彩的人物,他的生活百转千回,他是许多艺术家的精神导师。他造就天资卓绝的灵魂,他实现斑斓绚丽的梦想。和迪奥非常亲近的作曲家亨利・索盖曾向贝贝表示敬意,他这么描述贝贝"神奇"的性格:"这个人的创造力是如此充沛、自觉自发,能够看见许多我熟视无睹的事物,引导着我看见并认识它们。他为我打开了一个崭新的世界。在他陪伴下度过的那些年就好像幻境一般。"②

和迪奥一样,贝拉尔也同花朵交谈。塞西尔・比顿说,有一天,格特鲁德・斯泰因(Gertrude Stein)的女朋友爱丽丝・托克拉斯(Alice Toklas)邀请贝拉尔到自己家里,他迟到了。他匆忙赶去巴黎奥德翁广场附近的一家花店,以惊人的速度挑选了大概12朵花,对此花店店主已经习以为常了。这一次他选择的是几朵柠檬黄石竹、一朵红白相间的石竹、一朵红玫瑰、一簇蕨类植物和一簇苹果树枝条,另外还有一些紫罗兰。这位花商称,这些花扎出来的花束是如此美丽,让人印象深刻,以至于她后来还曾多次试图重现这样一种搭配。

## 共 同 制 作 人

贝拉尔对于20世纪上半叶的时尚趋势和发展烂熟于心,他很早就预言安迪・沃霍尔(Andy Warhol)将自成体系、推陈出新。这可能是因为他和沃霍尔一样,只要时机恰当,便有能力发现并引领潮流。他们两人都察觉到时尚配

---

① 让・谷克多,《日记》。
② 亨利・索盖,《音乐,我的生活》。

饰(鞋子、帽子等)是个宝库,可以把这个时代男男女女的动作手势都收存其中。从这些手势和动作中,不知不觉泄露出人们的恐惧和欲望。比如,薄底浅口皮鞋把双脚和地上的尘土污物分离开来,同时维护着身体虚幻的纯洁;大檐帽始终扮演着微型庇护所的角色。

沃霍尔、贝拉尔、迪奥三人不同程度地从那些和头、手、脚紧密结合的配饰中看到了对身体形象的提炼,看到了一条捷径,而他们各显神通,从中编织出自己的风格。孩童时期的贝拉尔在画完了他的马戏团和芭蕾舞舞台系列画后,也曾和迪奥一样临摹过他妈妈订阅的杂志上的连衣裙图样。在那个时代,优雅女性所穿着的连衣裙,无论是晚装、晨装还是午后套装,都是如此精彩纷呈、让人目眩神迷。这些裙子受东方主义启发,以及巴克斯特和季阿吉列夫的俄国芭蕾舞影响,用狂野的珠宝、羽饰包头巾或者保罗·波列所设计的裤子来勾勒修饰女人的身形。

贝拉尔曾说,他的母亲是个仙女。但和玛德莱娜·迪奥一样,她也因为罹患肺病而过早地离开人世。是他发现她倒在地上吐血,血染红了她的雪白晨衣。这个画面终其一生萦绕在贝拉尔的脑海,挥之不去。

## 在时装设计师耳边低语的男人

如果说迪奥是时装设计师中最早和贝拉尔有所交集的人,那么,贝拉尔同样也和香奈儿、和法斯私交甚笃。他没有列席他们的工作会议,也不是他们公司的时装设计师,但他是"时代风尚引领者们的启发者",科奇诺写道。贝拉尔对于衣着优雅有种特殊的敏感,与此同时,他也并非自愿地成为今天嬉皮士那破破烂烂的衣着风格的先驱,科奇诺如此评价道。确实,贝拉尔当时满脸胡子,穿得像个工人一样,老旧的背带裤洗得都褪了色,蓝色粗布工作服上也打满了补丁,还染上了各种颜色,脖子上戴着花花绿绿的丝巾,蓝制服的反面布满了小花儿。当时,请他工作的剧院工作人员常常因为他这一身穿着拒绝他进入剧院,而在紧邻这些剧院的伯克利(Berkeley)或者地中海岸边的马克西姆餐厅(Maxim's)入口,贝拉尔也举止随便,活脱脱一副20年后才出现的"垮掉的一代"的典型形象。贝贝始终在路上。

在伦敦广播电台代表法国发声的让·奥贝莱①也是一位颇有才华的插图画家和出色的历史叙述者。他是围着贝贝转的那帮朋友中的一员。奥贝莱将贝拉尔描述成一个消息灵通的艺术爱好者,尤其偏爱皮耶罗·德拉·弗朗切斯卡(Piero della Francesca)。阿雷佐(Arezzo)的壁画让他震撼不已,他和迪奥两人都非常喜爱意大利15世纪的绘画作品。即使25岁时的他活在一种"令人难以置信的"混乱中,人们却还能在他的墙上辨认出毕加索玫瑰红和蓝色时期的作品《街头卖艺者》(Saltimbanques)的仿作。受立体主义影响,他开始关注他的朋友勒内·科维尔或者让·德博尔德的古怪肖像画作。"脸部比正常情况更大,令人惊恐,两只眼球凸出。画面的色调并不鲜艳,但精致考究,宏大感人,扣人心弦。"贝拉尔在电灯下作画,百叶窗紧闭,身上遍布着颜料渍。他为《时尚》杂志作画,以疯狂的节奏为戏剧工作。奥贝莱知道整个时代究竟亏欠了贝拉尔多少,他赞赏贝拉尔卓越的戏剧才能,认为如果贝拉尔担任编导定将表现出众。茹韦并没有要求那么多,但他接受了贝贝给他的建议,并从中获益良多。

## 战争刚刚结束

当巴黎解放大批记者涌入时,模特兼摄影师李·米勒(Lee Miller)一眼看到的正是贝拉尔。李·米勒是在首都认识贝拉尔的,1929到1932年间,她正和曼·雷分享拍摄的激情,分享生活。从李·米勒的肖像照或者她在电影里出现的镜头可以看出,这个女人很有灵气,美得高贵;她所拍摄的照片使她成为深入饱受战火蹂躏的德国的第一批也是最有才华的记者之一。李那天为《生活》甚至《时尚》穿上了战地记者的制服,她和克里斯汀一起到了大奥古斯汀路(Grands-Augustins)上的毕加索家里,毕加索将她紧紧地搂在怀里:"你是我见到的第一个盟军战士!"随后他们三个人一起去了毕加索最喜欢的食堂"加泰罗尼亚"(Le Catalan),李和大家分享了K-口粮②,那是用来改善军队日

---

① 让·奥贝莱,《艺术家的生活》。
② K-ration,一种单兵军用口粮,二战中由美国陆军引入。一整份可满足一名普通士兵一天的消耗。——译注

常伙食的。李为贝贝拍了一张令人难忘的照片，照片中的贝贝游走在半人半兽或物体间，这是他个人很喜欢重复的一种姿势。

多米尼克·布朗夏尔①亦属于这批未来艺术之星中的一员。当时是战后，两个克里斯汀还常常出双入对。多米尼克则完全是个年轻的新人，路易·茹韦把她介绍进让·季洛杜（Jean Giraudoux）的《贝拉克的美男子》（*L'Apollon de Bellac*）剧组，这部戏将于1947年在阿西妮剧院（théatre de l'Athénée）上演。她说，其中一个克里斯汀的腼腆含蓄常常逗得她非常开怀，同时她也被另一个克里斯汀超强的社交能力所深深吸引。贝拉尔负责这部戏的服装和布景，一如他为路易·茹韦和让·谷克多所导演的很多戏剧所完成的工作。他无所不能。服装方面，在迪奥的支持下，贝拉尔大量借用了"新风貌"系列的衣服，这个系列的发布就像在时尚界投下了颗重磅炸弹，一下子就把那里搅得天翻地覆。迪奥是神秘虚幻的，而贝拉尔恰恰相反，他所到之处就如龙卷风过境。他常常给人滑稽可笑之感，还是说各种各样故事的能手。他到哪儿都带着他的小狗"风信子"，小狗儿蜷在他的臂弯里，简直就像衣服一样从不离身。将近60年后，这位女演员轻轻叹了口气，深情地喃喃念着这只全巴黎人尽皆知的小狗的名字，它是那么白、那么小，简直就是"真实版米卢（Milou）②"。

在贝拉尔身上，能看到一丝米歇尔·西蒙（Michel Simon）的神情。米歇尔·西蒙在让·维果导演的《亚特兰大号》（*L'Atalante*）③中出色诠释了一个角色，在电影中他用肚脐吸烟，用全身所有毛孔呼吸。在这异想天开的绝望中，映射的正是克里斯汀·贝拉尔的自画像。贝拉尔和米歇尔·西蒙如同法斯塔夫（Falstaff），为他所器重的每个人解除咒语，却毫不在乎怎样将这些咒语为自己所用。

贝拉尔的谆谆教诲总给人漫不经心之感，但同时又不无严肃，让人获益匪浅，迪奥便是受益人之一。所有在贝拉尔身边仰他鼻息的人都充分了解他的艺术观念是多么恰如其分，是他建议皮亚芙（Piaf）将小黑裙和一个吊坠相配

---

① 多米尼克·布朗夏尔和作者的谈话，巴黎，2010。
② Milou，《丁丁历险记》中的小狗，寸步不离主人公丁丁身边的小伙伴。——译注
③ 让·维果，《亚特兰大号》，1934年。

来吸引更多人的目光；也是他设计了迪奥服装公司的第一份邀请卡，并一下子就定下了主色调。如果说他从内部领会了才华的基石所在，那么他更是将这份才华浸润、升华为一种语言。当克里斯汀·迪奥正在为以他个人名义推出的第一个服装系列能否成功而烦忧时，贝拉尔却如饮甘露，探索着、重现着有关18世纪的记忆：童年房子的粉红和灰色色调，结构化的女性特质；在那份经过深思熟虑的美的感召下，所有精心打扮的女人都像含苞欲放的花朵。他懂得驾驭服饰内部结构的魔力，也懂得如何恰当地把所有小把戏瞒天过海。今天来看，贝拉尔是一位依靠直觉的创作者，是强势潮流的预见者和解读者；然而，即便我们生活中有很大一部分都依赖着他的观感，他本人却依然籍籍无名。他自认以维米尔(Vermeer)、勒南(Le Nain)、伦勃朗(Rembrand)、提埃坡罗(Tiepolo)为导师，他说"我所找寻的确实是一种不安和动荡"。"在他的画中，那些注视着你的脸孔上都各有各的焦虑，从眼神流露出来。"让·雨果①评价道。

在"新风貌"系列发布的同期，时装设计师克里斯汀再次前往另一个克里斯汀家中，向他倾诉生存的疑虑，那时候夜已深沉。贝贝在兴头上时，这一刻是他所最钟爱的。每一夜，他都发奋工作。当迪奥到达时，贝贝还是一如既往穿着他的家居服，衣服上满是画笔的痕迹，简直就像个大调色板。他站在他的长沙发上，沙发上堆满了各种时尚杂志、绘画照片、电影杂志、侦探小说，还有烟灰。一如既往，世界仿佛围着他转。他的近友们的转述和让·雨果的评价如出一辙，他们都认为贝贝和人的对话"闪耀着智慧的光芒，虽然他从来都只用手势和感叹句来表达他的观点，再用上几个语意含糊的词语，那些词语的意义会随着他的语调变化而变化：这美得让人目瞪口呆，我没法跟你讲清楚，这样一种美，我没法跟你解释"。只要跟随着他的目光和手势，一切便都明了了。

在迪奥的第一次个人秀获得成功后，仍是贝拉尔建议他未雨绸缪，创建一间"小服装公司"，而他很可能会大获成功。在玛丽-路易斯·布斯凯的召集下，鲍里斯·科奇诺、克里斯汀·贝拉尔、米歇尔·德·布伦霍夫和迪奥共进晚餐。所有人都从创业之初便开始帮助迪奥。他们明白这一成功对于迪奥意

---

① 让·雨果，《回忆的目光》。

味着什么:真正的断裂,自我的弃权。迪奥自己写道,他由此成为了 CD。他说:"贝贝送我幅彩笔画,画的是蒙田大道上的公司门面,后来我把这画印在了各种东西上:围巾、圣诞贺卡、服装手册。接着,他又即兴来了段祝酒词,把他对生活的所有精辟理解都表达了出来。他对我说:'亲爱的克里斯汀,尽情品味你职业生涯中这独一无二的幸福时刻。这种幸福再也不会像今天那样强烈。明天,焦虑忧愁将卷土重来,你会担心是否有人可与你比肩甚至将超越你……我还没有意识到这些。成功于我是太过新奇、太过陌生的毒药。即将来临的未来应该会向我再次证明:贝拉尔是个不赖的预言家。'"

长期以来在电视和电影屏幕上以麦格雷夫人(Mmme Maigret)形象示人的多米尼克·布朗夏尔被问及贝拉尔的种种时,脑海中立马浮现的是他裤腿或者衣袖上招摇的破洞,好像这能说明贝拉尔的本质一样。这个参演了安东尼奥尼(Antonioni)的《情事》(L'Avventura)的女演员很快补充说,这并非因为贝拉尔——香奈儿和迪奥的朋友——经常穿着随便,而是因为这些破洞昭示了贝拉尔生命中的意外,而他并非那种一心想要遮掩这些混乱之人,在他看来,混乱是他存在的证明。虽然他常常造访那些极端卖弄的奢华场所,或者总是出入克里斯汀·迪奥公司的沙龙,但在他的衣服上,你能看到那些本该用线角缝好的地方总是大大咧咧地别着些安全别针。当他待在迪奥沙龙时,人们也总是看到他用沾满墨水的手指摆弄着某个耷拉在壁炉上的花束。贝拉尔,有文字记录前的朋客抑或是时尚和艺术的黑洞?确切无疑的是,研究时尚和艺术、喜剧和室内装饰的历史学家不知该如何把这个"大胃王"归类。在多米尼克·布朗夏尔的描述中,贝拉尔意味着"满"——他很胖,同时也象征着张大的开口——他全身都是洞。她如此表述他身上最动人的特质:一份多么欢快的悲伤。

## 和路易·茹韦一起

多米尼克·布朗夏尔第一次遇见两个克里斯汀时,他已经通过了路易·茹韦剧团的试演,当时路易·茹韦和他的剧团刚从南美回到法国。这位戏剧演员兼导演,这个人们口中阿西妮剧院的"老板",在维希政权的授意下,于德军占领时期离开了法国，担任法国艺术行为委员会（AFAA）在境外的官方代表。事实上，这可以看作是茹韦为逃避效命于占领者而给自己找的理由。剧团曾在自由区待了一段时间，1941年前往瑞士，直到1945年归国。其间，剧团在11个国家进行过演出，从巴西到阿根廷，途经智利、哥伦比亚、古巴和墨西哥。茹韦的"缪斯"玛德莱娜·欧泽黑（Madeleine Ozeray）投入马克思·欧弗斯（Max Ophuls）怀抱后就跑了。茹韦只得重新寻找女一号。皮埃尔·布朗夏尔（Pierre Blanchar）和玛尔特·维诺（Marthe Vinot）的这个女儿可以说是生在电影和戏剧之家，她可以流利地运用戏剧语言，并且熟知各种用途。她的父亲曾为帕布斯特（Pabst）、让·德拉努瓦（Jean Delannoy）、安纳托尔·李维克等导演拍摄电影，而她的母亲则参演了路易·弗亚德（Louis Feuillade）以及亨利·迪亚芒-贝尔热（Henri Diamant-Berger）的电影。她本人，即便到了80岁高龄，依然以无可指摘的语调、完美的优雅、自由而恭谨的方式把人的记忆带回她那个时代的戏剧艺术世界。

对于这个角色，对于贝拉尔从迪奥衣柜取来的戏服，女演员多米尼克·布朗夏尔记忆犹新，她非常清楚地记得长款喇叭裙围在胸上的感觉。她用一个优雅的姿势略微比划了一下裙子的样子：百褶裙，大小长度都刚好合适；由于褶皱太多，让人感觉仿佛身前戴了个围兜甚至篮筐，它划定了一个前所未有的、激动人心的区域。"新风貌"绝对是出其不意的，她一边回忆，一边还露出对于过去的向往之情。当时，所有的东西都是定额分配的，布料永远都处于匮乏状态，而就在这时候，长裙重新回到人们视野。或许人们对此所知甚少，但那一年，"新风貌"的作品借着《贝拉克的美男子》这出戏夜夜走进剧院，在某种程度上戏剧舞台也算是秀场的延伸。多米尼克穿着"新风貌"的裙子，将这部剧推向了高潮。

贝拉尔则借机和颠沛流离的阿西妮剧院"老板"及其剧团重聚，担任布景师和服装师。1941年5月29日，地区日报《瓦尔省共和国》（*La République du Var*）的一名记者描述了这些演员们巡演的第一站——茹韦出发前往里斯本："一大群人欢天喜地的，路人在其中辨认出几个熟悉的身影，其中包括诺克医生，还有画家和装饰艺术家克里斯汀·贝拉尔，他们都是来跟朋友道别的。"在前一夜，也就是1941年5月28日，茹韦在《里昂进步报》（*Le Progrès de*

Lyon)上表示，自己带着贝拉尔所有的布景道具，所有的服饰和裙子。茹韦希望用戏剧征服国外观众，取得成功。剧团从《特洛伊战争将不会发生》(*La guerre de Troie n'aura pas lieu*)到《厄勒克特拉》(*Électre*)，从《太太学堂》(*L'école des femmes*)到《大吃大喝的特鲁哈代克先生》(*Monsieur Le Trouhadec saisi par la débauche*)，从《诺克》(*Knock*)到《翁蒂娜》(*Ondine*)，一一演了个遍。茹韦剧团的成员还不到25人，带着10吨的戏剧道具出发，茹韦说："我们先坐火车，再坐轮船，在海上航行20天。在船上的日子似乎永远没有尽头。维希决定让我们在南美这些非常喜爱我们的美丽国家展示一些法国艺术。"1930年，茹韦由让·谷克多引荐认识贝拉尔。这个男人对于导演而言，代表着无可取代的直觉。

多米尼克·布朗夏尔的回忆帮助人们更好地勾勒出贝拉尔的形象以及他的活动范围，还有他和迪奥的默契搭档以及他与那个时代的艺术界、戏剧界的联系。至于迪奥，他部分地介入到艺术、戏剧圈子中，但始终扮演的是次要角色，当然他本人也没把事业重心放在这里。直到"新风貌"发布前，他都在四处游荡，他把自己掩在另一个克里斯汀的影子之下，或许还有亨利·索盖、让·谷克多、马克思·雅各布、让·布尔甘的影子。这些人恰好起到了屏风的作用，有些时候他们甚至扮演麦田里的稻草人，帮助他把啄食的鸟儿吓走。

很长一段时期，当迪奥还处在自我寻找的阶段时，作为艺术家中的先锋人物，贝拉尔的才情、干劲和现代感无不让迪奥印象深刻。这一切都推动着迪奥，或者说，几乎迫使着迪奥拥有自信、确认志向并相信自己也可以创作。迪奥没能从父母那儿讨来的自由行事权，贝拉尔和朋友们给了他。让·谷克多把贝拉尔的时代称为"回归的时代"，是阿拉伯式花饰和巴洛克风格、昏暗和色彩、丝绒和绸缎、花里胡哨的装饰和褶裥的回归……这样的回归刺激着迪奥，激发他大胆向前。或许，我们也可以说，是贝拉尔把这些强加给了迪奥。

而迪奥在被贝拉尔曝光前，某种程度上先曝光了贝拉尔。

## 贝拉尔工作室的场景

马克·多尔尼茨常常到谷克多家里去。一天，他向谷克多介绍了贝贝。

只一眼,谷克多的心就被温柔地击中了,他决定每天去看贝拉尔。他总在正午时分抵达那个红黑相间的房间。多尔尼茨说起时称"他就像贝拉尔小跟班一样"。他观察,聆听,就像迪奥常做的那样。当然,贝贝还是穿着他满是香烟洞的家居服,女仆和年轻的宾客一同走进房间,她和平常一样给主人带来了面包、奶酪、黑咖啡作早餐。渐渐地,这个一脸大胡子的人展露出他的另一面,他变成了艺术先知,开始涂涂画画。"他有一种第六感,能够为灵魂穿着肉体的衣服,而从他嘴里冒出来的布景都变作了戏剧艺术的必需品。"门铃响起,有人来提醒贝拉尔《时尚官员》(*L'Officiel de la mode*)马上就要开始为舞台进行布景了。而他大惊,因为已经没多少时间了,他喊着:"我的天啊,我完全忘了,明天就得准备好的!"跑腿小伙儿得到了清晰的指令,他知道该怎么回答:"印刷厂今早正候在那里。"于是,魔术师开始施展魔法了。马克·多尔尼茨说,一支蘸满墨汁的毛笔寥寥几笔,就勾勒出人物的模样,浅色笔触使他们栩栩如生,用手指压在画上的口水则给人以厚重感。当马克还在给第一幅草图扇风的时候,贝贝已经着手第二幅画的创作了。

在卫生间,贝贝做出的举动和其他时候一样让人目瞪口呆。他穿戴整齐走向盥洗盆,看了看眼白,用手掬起一捧水洒在脸上,用手指擦了擦牙齿,抹了"娇兰",又给自己扑了一层粉,随后转身对着马克·多尔尼茨喊道:"我等你。"

## 另一个贝拉尔:郎世宁伯爵夫人

贝拉尔目光锐利,他是当时最早觉察到郎世宁伯爵夫人(Mme de Castiglione)照片之美的人,而伯爵夫人的天赋异禀[①]今天终于得到了承认。如同劳拉·蒙特斯一样,这位贵族出身的缪斯女神是人们茶余饭后议论的对象,她是拿破仑三世的情妇,个人神话的缔造者。有人会说,正是这位极具现代感的郎世宁夫人宣告了沃霍尔、辛蒂·雪曼、萨伊娅·德哈尔(Zahia Dehar)或者

---

[①] 娜塔莉·莱热(Nathalie Léger),当代记忆资料库(Institut Mémoires de l'édition contemporaine)的负责人,出版了第一本有关郎世宁伯爵夫人的记述《展览》(*L'Exposition*),POL 出版社 2008 年出版。随后,尼古拉·G·阿尔伯特(Nicole G. Albert)出版了《郎世宁夫人——生活和变形》,佩兰出版社(Perrin),2011 年。

Lady Gaga 时代的到来。她于 19 世纪便走入照片和戏剧的世界，比任何人都更早看透照片这一介质的重要性，照片将她的美定格下来，最终以照片集的形式把她的一生展现出来，等于写了一部视觉自传，历史学家伊丽莎白·菲利普(Élisabeth Philippe)如是说。金色、棕色、灰色的鬈发让人晕眩，涂金抹银为她的鹅蛋脸平添了一抹亮色。被拿破仑三世抛弃后，她被"活活关在"一件简陋小屋里。多亏了摄影，她能够在镜头前表演、重新演绎自己，她在各式服装的装点下成了"世纪最美女人"。但她并没有试图从外表上掩饰她的孤立无助：牙齿落光，头发几乎全秃，这样的形象在皮埃尔-路易·皮尔森(Pierre-Louis Pierson)为她拍摄的 450 张照片中反复出现。

科奇诺讲述了那一天从谷克多家里回来后，贝贝如何花费数小时把前一夜从德吕埃画廊买来的女神照片集整理成册。为此，贝拉尔画了两幅扉页插画，还用羽毛笔在照片周围密密麻麻写满了像摩尔斯码一样的文字，仿佛受到照片中人的启发。这里节选了几段，或许从其中能够窥知贝贝独特而隽永的直觉、风格和天赋："万籁俱寂，只能听到曳地长裙的低喃。我想要向您描述这不可思议的怪物——我拥有一些画册，教导人如何赋予脸庞合适的比例和结构，先画一个椭圆，然后是鼻子，再是弯弯的眉毛，眉毛下面的眼睛，最后是一张嘴。所有国家、所有博物馆里的典范统统都一模一样——但在这张静止不动的面孔前，我看到了一双眼(……)它们就像杜勒伊公园的火焰，假如库尔贝点燃了这座宫殿谷仓的火(……)我逃开了，你在镜柜上留下的划痕、你在房间里留下的烟灰都随着她消散了。但我知道，我们停了下来，看着你扶起了街上的一个醉鬼，我们原谅了你。"这里的"你"，显然指的就是贝拉尔。

米察·布里卡尔，迪奥最荒诞不经的缪斯，可以被看作是现代版的郎世宁伯爵夫人。布里卡尔是迪奥帽子系列的负责人，她和威廉皇储(le Kronprinz)有过一段情，还有一堆情人。她的罩衫下常常不着寸缕或者几乎全裸，就这样到处跑来跑去；她也常常不分场合，像骄纵的公主一样胡乱脱掉罩衫。克里斯汀·迪奥迷恋着她向生活投去的目光，那眼神像极了女歌唱家，将法式风流延续了下去，还有她那神秘莫测的名字和让人联想到保险箱品牌的姓氏。只有她和贝拉尔能够让周围一切都以他们为参照、准则：这两个不合群的人在迪奥那里找到了能够接纳他们怪诞行径的家。

1947年2月12日,克里斯汀·迪奥服装公司的处女秀拉开大幕,并很快改变了他整个人生轨迹。1949年2月12日,两年后的同一天,另一个克里斯汀在台上摔倒。对于熟稔各种绘画符号意义的迪奥而言,这个巧合搅乱了心神。两个克里斯汀中的一个离开了我们,另一个则要把两个人的生命都挑在自己肩上,把两个人的能量合二为一。我们可以想象,在1949年2月12日的这一天,时装设计师迪奥除了迪奥这一层身份外,还成了另一个克里斯汀——克里斯汀·贝拉尔。

## 第三部分

### 战 时 迪 奥

# 第八章
## 时尚之战

布料的战争不仅发生在法国。1940年,德军取消了公民自由行动的权利,并将整个法国经济置于其监管之下。最先被接管的便是那些能够为帝国之战提供物资的、最繁荣兴盛的产业。盛名在外又有利可图的高级定制服装业尤其令人垂涎。更何况,长期以来莱茵河流域都在规划着成熟的同化策略,而高级定制服装也被列入其中。但是,卷入奢侈品之战并非只有柏林。在德国之外,只有美国有能力假想自己完全控制住这个产业领域,他们当时也梦想着有朝一日能够看到世界奢侈品和时装中心转移到自己国内。还有什么比这更让人魂牵梦萦?

1945年后,克里斯汀·迪奥成为了这场战中战的主力军之一。战争以德军投降和德国的分崩离析收场。而同美国的时尚之战却仍在继续,当然是以一种更加隐蔽的方式。在战前和战时,迪奥只是纯粹的时装设计师,他审时度势,分析着萧条期过后他的处境。1947年创建了自己的公司后,他知道自己必须加入这场真正的国际大战中,以确保高级定制服装业霸主的地位不会旁落。这场战争牵涉的不只是设计师这个群体,还包括买手、顾客和公众。他智勇双全地指挥着这场战斗。

### 当德文取代法文来指称高级定制服装时

这场战争的序幕于1933年拉开。德国时尚办公室(Deutsches Mode-amt)更名为德国时尚机构(Deutsches Mode-Institut),它通过组织自己的沙龙和服装发布会,致力于推广一种没有被任何外国风格影响的德国时尚,尤其希望能以此拯救正陷入困境的德国纺织业。机构的名誉主席玛格塔·戈培尔(Magda Goebbels)被她的丈夫迅速扶持起来,她宣称希望看到德国女人是美丽、机智且活跃的,认为她们不应该只是为婚姻奉献自身,也不应该只是每天留守家中、扮演纯粹的家庭主妇和母亲的角色,并严格遵循着"孩子、厨房、教堂"的 3K(Kinder, Küche, Kirche)准则。在时尚办公室创立之初,便能看出德国摩拳擦掌想要和巴黎在高级定制服装上一较高下的决心,甚至希望在可能的情况下最终取代它。但事实上,计划显然没能付诸实践。

德国时尚机构还根据一项颇为严谨的分析,对未来十年间服装的发展趋势做出了预测。该分析认为,高级定制服装的精雕细琢和系列化生产相结合,将是未来的大势所向,因此应该以更加亲民的价格向更多顾客推销服装。虽说是大势所趋,但这一预见对于当时而言还是太过超前,直到 20 世纪 50 年代,伴随着品牌连锁店的欣欣向荣和大众化成功,这一成衣风潮才慢慢愈演愈烈。

1933 年 8 月,德国时尚机构的第一批服装系列在柏林发布,比法国的时装发布会提前了一周。这是为了向世人展示:德国也有能力引领潮流,德国设计师摆脱外国风格束缚并非纸上谈兵,他们要做的只是让那些平日里爱淘点小饰物装扮自己的女人们相信:法国时尚在慢慢过时。

这场针对巴黎服装业的攻击从 20 世纪 30 年代拉开大幕,而它所凭借的正是技术革新。法国依然保留着匠人手工制作的方式,并推崇使用传统的天然面料生产的工艺。德国和意大利则鼓励新型人造织物和布料的使用,并全力提供资金支持。人造丝便是其中一例。

1935 年意大利入侵埃塞俄比亚,国际联盟对之实施制裁,不再进口意大利人造丝原料,这意味着意大利也不能从他们那里获得松柏木浆。由此,意大利市场濒临停顿。这时,一种本土的美人蕉很快取代了松柏木浆。时尚,尤其在原材料选择和转化过程方面,和政治可谓联系密切。

当阿道夫·希特勒掌权时,德国纺织业进口了绝大部分必须使用的原材料,以期获得行业自主。由化学工业巨头、著名的康采恩①法本公司(I. G. Farben)牵头,织布技术前所未有地突飞猛进,新型技术拉尼塔酪蛋白纤维

---

① Konzern,是一种通过由母公司对独立企业进行持股而达到实际支配作用的垄断企业形态。——译注

(Lanital)由此问世。1939 年,德国人使用土豆皮、玉米壳、大豆种子以及麦淇淋生产污水,进一步改进了这种新型纤维技术。同时,他们也开始探索改进天然材料使用寿命周期的方法,比如在棉花或者羊毛中添加合成剂①。

德国、意大利、日本这三个国家很快成为了人造面料的主要生产国。法本公司借助尼龙的生产技术革新,发明了贝纶这种纤维,可用于制造降落伞和武器清洗刷。贝纶取代了丝绸,后者长期供不应求、仰赖进口皆因拿破仑在 19 世纪初破坏了德国的大片桑田,而桑叶又是蚕不可或缺的饲料。

轴心国称霸的企图延伸到原本主要以法语术语构成的服装词汇中。墨索里尼依着他向来的脾性,直捣黄龙,宣布删除意大利时尚词典中的所有法语单词。至于纳粹党,则把法语术语和短语用相应的德语替代。由此,法语的"高级定制服装"(Haute couture)被德语的"Hauptmode"取代,法语的"优雅"(chic)也有了它的德语版本"Schick"。甚至连德语中本来表示"成衣"(prêt-à-porter)的 Konfektion 都因为听起来太像法语,而被另一个单词 Bekleidung 所取代。

通过编创词汇重新掌控时尚世界,即使到了 20 世纪 50 年代仍是行之有效的战略。迪奥重新在国际上引入了一套语言——也是一整套时尚符号——其核心当然位于高级定制服装的中心巴黎,并且说的是法语。1954 年,他出版了一本《时尚小词典》②(但却只有英文版!)。让-吕克·德弗雷纳作为最懂迪奥的人之一,认为这一时尚入门读物的法语版本是在迪奥的要求下才延迟出版的,因为迪奥希望他的文字能更趋完善。另一种解释是,作者首先想要面向国际市场,所以才先推出了英文版。这本小册子没过多久就出了德语版,但直到 2007 年才最终翻译成了法语。在序言中,迪奥解释说,虽说时尚已经是一个被人们反反复复不知写了多少遍的话题,但根据他的了解,"时至今日还没有设计师试图编纂过一本时尚词典"。因而,他的作品以抢占制高点之姿,从巴黎向世界进军。在德国战败投降 7 年后,时尚之战仍在继续。

---

① 安妮·伯妮(Anne Bony),《四〇年代》(Les Années 40),目光出版社,1997 年。
② 克里斯汀·迪奥,《克里斯汀·迪奥的时尚小词典》,前揭。1954 年由德国赫尔比希(Herbig)出版社出版。法语版本收录在《浓墨重彩 60 年》(60 années hautes en couleurs),克里斯汀·迪奥博物馆,阿尔特里斯出版社(Artlyse),2007 年。

## 密 使 斯 诺

1939年战争初期，卡梅尔·斯诺来到巴黎。她发现，巴黎大街小巷的人行道都被人们放上了白板，这样宵禁时就不会陷入一片黑暗。她希望能够观察战争对于时尚所造成的影响。她看到一些亮闪闪的珠宝和鞋子，看到一些法国女人为捍卫自己的优雅而做出的抵抗，这尤其让她折服。她也是过来察看风向的，看巴黎会不会失去它在国际舞台上的突出地位。这位《时尚芭莎》的主编在1944年末再次跑到法国首都观察巴黎人的穿着，并追问时装行业的未来。

也是她，在1947年迪奥革命性的服装秀后以"新风貌"①一词来形容这一全新的服装系列，由此在时尚史上留下了自己的一笔。就这样，那个时代铭刻下了一个美国女人创造的英文表达，这并非心血来潮之举。这位影响力深远的时尚编辑重新将时尚和高级定制服装之都归位巴黎，但使用的却是一种在当今世界——一个在美国支持下开始它的全球化历程的世界——占据主导地位的语言。因而，没有人能够忽视她所发出的信号。况且，没有人会在这上面搞错。

1939年，卡梅尔·斯诺曾描绘过那些正聊胜于无地为士兵织手套和羊毛长围巾的女人们，她们选的主色调是飞机灰、马奇诺蓝，还有法国陆军的米色。她详细地描述了一件"警戒"服样衣，还提到了皮盖公司设计的"秘密服务"服的尺寸。而大获成功的防水雨衣"加拿大女人"似乎是为了解决巡逻小队的生活需求。让娜·朗雯制作制服，同时也出品非常便利的都市长衫。她狡黠地暗示人们可以往里面藏一切东西，里面什么都放得了。莫林诺克斯的西服套装的许多灵感来自于部队，同时他也设计晚礼服，温柔地称之为……"许可"。

斯奇培尔莉战前就已经风生水起，她很大程度上汲取了超现实主义流派的灵感。她也是早在1938年就设想出那种可以提起裙摆自由快速行走的长

---

① 卡梅尔·斯诺于1932年至1958年间担任《时尚芭莎》主编，她的原话是：It's quite a Revolution, dear Christian. Your dresses have such a new look! 英文。意思是：亲爱的克里斯汀，这称得上是一场革命。你的裙子让人耳目一新。

裙的设计师。在流亡美国前,她发布了名为"红色外籍军团"及"蓝色马奇诺防线"的服装系列。她想给每件衣服都配上大口袋,这样外出活动的女人便可以把她们鼓鼓囊囊的手提包留在家里。事实上,当时衣服口袋的数量确实增多了,但后来由于布料紧缺而再次被禁。1939 年,灵感如泉涌的斯奇培尔莉还推出了革命性的长款连身衣裤,有拉链,可以和长筒靴搭配。这种连身衣裤的设计灵感源于伦敦防空洞里的士兵的启发,而丘吉尔也对这一设计大加赞赏。衣服成为了一种真正的语言,一种代码式语言,而迪奥本人也在学说这门语言①。

  1939 年,香奈儿在其服装秀上推出了一款西服灯笼裙,蜂腰的设计和她通常的个人风格完全不符。同一季,勒龙以紧身连衣裙——这一紧身连衣裙虽与"新风貌"有所区别,但似也提前奏起了"新风貌"风格的小曲儿——和灯笼裙作为主打,而莫林诺克斯和曼波彻(Mainbocher)则展示了百褶裙的风情。这种种推陈出新,回应的都是两次世界大战之间这段时期所制定的服装风尚主线,是对 1914 至 1918 年的时尚的隐秘延续。制靴商菲拉格慕(Ferragamo)早 10 年就发明了坡跟鞋,但 10 年后才全面走入二战战场。女人们用战争主题的首饰装点自己的手腕、耳朵和脖子。断阶、棱堡出现在最精妙的手表的设计草图上。项链所表现的是军事防御线,而著名的卡地亚(Cartier)手表某款被命名为"坦克"。

## "像个正在皮卡迪利街散步的英国人"

  第二次世界大战爆发时,巴黎高级定制服装界已然危机重重。1929 年的股灾间接地打击了这个领域。20 世纪 30 年代起,为了避免过重的关税,人们开始只往美国出口一些面料样品。物资和需求渐渐分区而置,战前签署的皮毛、丝绸和羊毛的采购合同无法继续履行。定量配给券的问世,在之后的很多年都为所有买卖行为订立了标杆。成年人每年有 66 张纺织品券,但很快降到

---

①  克里斯汀·迪奥:"(……)就像茹尔丹先生作散文诗一样,我成为了'迪奥'却毫不自知。人们称之为新风格的东西,对我而言只是一种我对我所追求的时尚最真挚、自然的表达。"

48张,而在战争刚结束的1945年更是减至36张。这意味着,需要18张票才能做一套女款西服,5张票做一双木底鞋,4张票做一件女士长袖衬衣,11张票做一件外套。睡衣套装和长款睡衣裙太耗布料,被认作是"不爱国的行径"。在法国的女性杂志上,有一个专栏每周都占据更大版面吸引更多女性读者的关注,这个专栏的名字叫做"如何把旧货翻新"。在英国和美国,某个大获成功的广告理念可谓与前者一脉相承:Make Do and Mend ("修修改改照样用")①。那些一直活在法国同行阴影下的英国和美国的时装设计师,趁着占领期间寻求自身解脱。这是革新的时刻,机不可失,时不再来。T恤和牛仔便是这些海外设计师对真正属于美国的好衣服进行研究而得出的成果。目标就这样确定了:应该结束"巴黎味"一统天下的时代。

在巴黎,服装界却正忧心忡忡,警惕着不要在大环境不利的情况下踏错失足,也烦恼着在贝当元帅(maréchal Pétain)所接受的"合作"条款下怎样冒险和维希、和德国人进行协商。战争结束后,所有人都敞开怀抱,准备迎接崭新的时尚风潮。正是在这样的大环境下,1947年,迪奥和他的"新风貌"系列跃上时尚舞台,取代了那些破旧衣服,征服了所有人的想象力,轻声细语地重温了过去的世界,带人们回到了美好时代。事实上,"新风貌"透着往昔生活的余香。迪奥在他个人的现代性观念中加入了一缕无忧无虑的怀旧气息,而这恰恰是女人们想要的。从那时开始,他的"新风貌"就在设计、建筑和艺术等相关领域产生了不同影响。

但是,在那个动荡的年代,迪奥在哪儿呢?战前,经历了许久的犹豫徘徊,他终于腼腆地拥抱了时装设计师事业。他和画家让·奥泽恩同住在亨利四世码头附近的一间公寓,在奥泽恩的怂恿下才开始着手绘制时装设计图。插图画家马克思·肯纳向他展示了如何使用毛笔和颜料。迪奥有时卖些小版画,每幅标价200法郎,有时也为一些大公司工作,比如斯奇培尔莉、皮盖、巴杜、香奈儿。自1936年起,他被《费加罗报》和《速写》(Croquis)杂志——后者很

---

① 这里指的是把旧东西改造成新的。当时人们嘴边最常哼的歌词是这样的:"用光,穿尽,能凑合就凑合,不能凑合就别用。"(Use it up, wear it out, make it do or do without)摘自奈杰尔·考索恩(Nigel Cawthorne),《新风貌,迪奥的革命》(Le New Look, la revolution Dior),塞利夫(Celiv)出版社,1997年,法译版。(原版参看1996年里德国际图书公司版本)

快与《巴黎创作》(*Créations parisiennes*)和《优雅的帽子》(*Chapeaux élégants*)合并——归到插图画家这一类。这本杂志在 1942 年春季某期上刊载了署名为迪奥的几幅插画,用中国剪影方式描述他当下的精神状态,大致是这个模样:"他完全就像个正在皮卡迪利街散步的英国人,带着顶棕色宽边圆帽,帽子饰带上插着根松鸦羽毛,灰色法兰绒上衣的衣领饰孔上插着一枝矢车菊。对于克里斯汀·迪奥而言,这样穿着打扮是呈现他对于时代观感的一种方式。"①

先前,迪奥总是定期和他在格兰佛的童年时代好友苏珊娜·卢琳互通有无。根据这位好友的说法,迪奥和当时其他所有年轻人一样被动员入伍。他俩曾经受教于同一位家庭女教师曼达(Manda),老师住在港口;他们曾经一同创建了齐戈托马戏团(Zigotto-Circus),那是父母孩子都能一起参与的马戏表演空间。他们一块儿淘气胡闹,干尽了年轻人会干的荒唐事。他们曾把染色球扔到河里,为了让河水变得更蓝。克里斯汀之于苏珊,有点像格兰佛的大海,她说:"他有能力迅速变得忧郁,就像大海一样,对任何一点点情绪的变化都非常敏感。"参军后,他到了耶夫尔畔默安(Mehun-sur-Yèvre)。但很快,随着法国军队的溃退和覆灭,他又一步步退回到了卡利昂的避风港。有传闻说,他大部分时间都待在花园,种了许多小豌豆和其他蔬菜,然后拿去市场上兜售。比之让他初尝成功滋味的时装设计师身份,迪奥更把自己看作是未来的装饰家和建筑家,因此进入时尚圈后,迪奥和他的工作始终保持着一定距离,并依然坚持作画。

苏珊娜·卢琳讲述了她所经历的战争的残酷以及战争期间那些得过且过的生活。1943 年,她骑着自行车到弗雷讷看望她的好朋友塞西尔·德·马约(Cécile de Majo)。塞西尔 1943 年 12 月就被关押了起来,但"我们直到 1942 年春天才获知这个消息",苏珊哀痛地说。战前,塞西尔·德·马约在麦哲伦

---

① 引语摘自玛丽-法兰西·波希娜(Marie-France Pochna)为迪奥所著传记《克里斯汀·迪奥》,弗拉马里翁出版社,2004 年。让·奥贝莱则宣称:"克里斯汀·迪奥当时戴着西瓜帽,还拿着雨伞,像极了伦敦的绅士,更何况他本身是来自格兰佛的诺曼底人。"这句话之前,他对佩戴犹太大卫星标志作出了明确表态。因此除了迪奥本身对英国的喜爱之外,这里也通过伦敦展示出一种同盟之意味。不容许丝毫怀疑,迪奥坚决地表明了自己的反纳粹立场。

街(Magellan)和克里斯托弗-哥伦布街(Christophe-Colomb)的街角处开了一家服装店,她要求苏珊请年轻的迪奥来帮忙,为她画设计图,她那时候就注意到这个小伙子的天赋。1936年,克里斯汀开始为五六个服装公司——其中包括斯奇培尔莉、莫林诺克斯、巴杜——工作,他把他的"小版画"定价为200法郎每幅。但对于刚刚起步的塞西尔,迪奥同意以每幅35法郎的价格出售。一些画发表在《伊周》杂志上并引起关注。那时候建立的联系一直维系了下去。一天,苏珊去弗雷讷,听说塞西尔被带走了。后来,当塞西尔从拉文斯布吕克(Ravensbrück)回来后,苏珊为她画了幅写实主义肖像,充满悲怆的感召力。她说塞西尔的内心潜藏着另一个自我,"在解放后不久,我们把她带到'锤子'餐厅(Ramponneau)吃午饭。当她经过一家水果店时,她没办法压抑住自己想要偷一把樱桃的冲动"。

## 勒龙的选择

当1940年6月14日德国军队抵达巴黎时,时尚界的"神经中枢"就被抑制了,但在盎格鲁-撒克逊人眼中,情况不如人们想象得那么严重。美国《时尚》杂志写道:"当我们不得不穿着人造丝的衣服时,法国女人依然被真丝裹得严严实实。"这种评价显然太过极端,除了个别特例外,这种说法甚至可以说是错误的。但从另一方面看,为了不让巴黎失去世界高级定制服装的霸权和尊荣,巴黎的时装设计师确实拼尽全力维持他们的事业。与此同时,英国和美国人却很快在衣饰和时尚的各个领域受到严格限制。

维希政权上台后,很快便收到了来自法国时装设计师们的种种诉苦陈情:一方面他们的顾客正在减少——首先从国外顾客数量的减少开始,另一方面,占领者的企图也深刻威胁到了他们的事业。他们据理力争,希望能够为这个享有无比尊荣的产业寻求支持。对于他们以及那些为他们工作的手艺人而言,这难道不是自16世纪以来就代代相传的一门手艺?这难道不是为法国赢得大量声誉的文化珍宝?这难道不是个雇用了大量有能力有才干的男男女女使他们免受失业之苦的重要行业?……然而,维希政权并不愿意对这个问题特殊对待,因而服装业流失了大量人才,种族政策也迫使他们不得不选择出逃这条路。

对于那些著名的时装设计师而言,在战争初期,要马上做决定谈何容易,更何况他们还雇用了大量如今也同样陷入困境的分包商。让时尚在巴黎代代流传?没错,但为了谁呢?香奈儿立刻停止了她在首都的各种活动。另外三大设计师——爱德华·莫林诺克斯①、伊尔莎·斯奇培尔莉②和吕西安·勒龙——纷纷停业逃往南部。莫林诺克斯向他们提议合开比亚里茨的分店。但是,法国投降后,英国护照持有者变成了非法入境,莫林诺克斯不得不搭乘最后一班从波尔多出发的船逃离,而斯奇培尔莉则前往纽约。

吕西安·勒龙作为巴黎时装界工会主席,当德国军队占领法国并驻扎下来后,他面临着两难的境地。继续躲在自由区还是回去直面现实?最终他做了决定,他觉得自己没有其他选择。作为船长,他不能抛下他的船。他回到了巴黎,混乱中的巴黎。许多公司都把门一关、钥匙一锁,关门大吉。侵略者夺取了工会的全部资料。勒龙发现那些外国买家的资料被全部调取,目的是把这些买家引向柏林和维也纳,那里是帝国规划下的未来时尚之都。他当然不能坐视不管。他的立场尤为坚定,也不乏外交手腕。从1940年夏天起,德国人催促他效命于他们的宏伟蓝图,他是这么回复这些在巴黎的德国代表的:"你们可以用武力征服一切,但法国高级定制服装绝不会整个儿或者支离破碎地迁往他处。它要么待在巴黎,要么不存在。"1940年11月,当他前往柏林时再次重申了这一论调。他成功地动摇了德国人的信心,而他的论据和当时设计师们向维希政府陈情时使用的并无二致:高级定制服装是一种真正的文化,和滋养它的土壤紧密相连,一切想要将它迁移的企图都将对它造成严重打击,

---

① 1941年,为了重振英国工业,克劳福德(Crawford)广告公司负责人玛格丽特·哈文登(Margaret Havinden)聚集起了一批最知名的时装设计师,其中包括莫林诺克斯,她请他担任伦敦时装设计师协会(Incorporated Society of London Fashin Designers)主席一职,而这个协会的首要任务便是促进出口。80种样衣被送往美国,"英国货"(Buy British)商场也随即在纽约开张。这些信息可参看奈杰尔·考索恩的著作《新风貌,迪奥的革命》。

② 伊尔莎逃往美国后,斯奇培尔莉公司还营业了一段时间。她的员工推出了一系列卷边帽,上面装饰着一些小皇冠,这无疑是针对贝当元帅政府普及贝雷帽的企图的一种挑战。在法国,有关被占时期的大尺寸帽子或者头巾的研究还亟待进行。在革命前后,帽饰至关重要,因为它首先涉及的是王国还是民族国家的问题。

而且会打击那些具有绝妙手艺的分包商,破坏整个行业的生态环境。

于是,侵略者决定暂时不去触碰时尚的界限,或许他们也指望着巴黎时尚业的停滞状态能够自行结束巴黎为整个行业制定规则的霸权。然而,吕西安·勒龙却成功地在战争时期继续为高级定制服装界谋取利益,并在德国同行——面料界"最高领袖"克尔(Kehrl)、占领区纺织业官员哈特曼(Hartman)——的紧逼下全力维护着这个行业。他自称挽救了12000名专业工人的工作。为了保存行业实力,在更好的时刻到来前,他更多地是在样衣上做文章,同时减少了必然会滑落的产量。在被占初期,每年生产3000款高级定制裙;随后产量大幅减少:每一季推出75件样衣,一件不多。①

时装设计师充分发挥着饰带的作用,因为饰带不受定额限配。勒龙也做了争取,使那些日常服装面临的配给状况不要太牵连高级定制服装。高级定制服装的国际市场几乎完全被切断,但与此同时,这些衣饰又招徕了新的顾客群体,其中包括中产阶级,以及——无论是否出于本意——德国军官的配偶和情妇、黑市的直接受益人以及其他得益者。还要算上来自某几位纳粹显贵的订单,虽然数量不多:戈林(Goering)曾亲自向帕奎因订购了20件裙子。在被占时期,时尚界没有逃脱妥协的命运,这在战后给人留下了话柄。

继迪奥后享誉世界的时装设计师伊夫·圣罗兰于1971年1月举办了一场服装巡展,展出的是一系列献给20世纪40年代战时时尚的服装,引起议论纷纷(造成了暧昧的效果?)。方肩、宽袖、坡跟以及著名的绿狐皮外套,圣罗兰对于那个时代的一切都毫不避讳。无论是它的粗野庸俗还是卖弄浮夸,又或是在这个几乎被摧毁的世界里人们看到真丝和蕾丝时所流露出的兴奋雀跃,所有的一切他都直面不回避。1940年推出的这个系列引起了许多争议,到现在仍是20世纪最引人注目的"时尚事件②"。圣罗兰揭开了它的太平表象,向

---

① 有关信息,参看多米尼克·韦永(Dominique Veillon),《占领期的时尚界:战时法国的卖俏与机智,1939—1945》(*La Mode sous l'Occupation, coquetterie et débrouillardise dans la France en guerre*, 1939—45),帕约出版社(Payot),1990年;安妮·伯妮,《四〇年代》,前揭;曼弗雷德·弗吕戈(Manfred Flügge),《逃往天堂:蔚蓝海岸的艺术家和作家,1933—1945》(*Exils en paraids: artistes et écrivains sur la Riviera*,1933—1945),阿尔特出版社(Arte Éditions)/勒菲兰出版社(Édition du Félin),1999年。

② 小皇宫美术馆伊夫·圣罗兰特展目录,RMN出版社,2011年,由弗洛伦丝·穆勒和法里德·彻诺伊(Farid Chenoune)主编。

人展示了时尚被占领者引诱而犯下的不容置辩的轻罪。战争这笔账,包括布料、灵魂和身体,他都以他非凡的极具创造力的智慧——清算。

## 人造皮毛和蓝白红风尚

人造丝、粘胶纤维比羊毛、真丝使用频繁,使得战时人们的衣柜看起来怪怪的。1940年至1944年间,随着肩部越加越宽,衣服的身形显得愈发凹凸有致,纤瘦的身材愈发被人追捧,而裙子的剪裁则越来越短。如果说女士长袖衬衫的灵感来自于军队,那么乡村风格褶裙重现时尚舞台则激发了人们的爱国主义情怀,更让人联想到贝当元帅所鼓吹的重归田野风潮。紧身胸衣的束带越来越密,大衣也摇身一变为收腰的款式。皮包被绒绣包所取代,因为皮革这种"珍贵"材料都被德国人搜集起来用于装备他们的士兵,早已完全从市场上消失了。男士外套还是以宽松为主。仿绵羊、兔子、鼹鼠、山羊、石貂等动物的人造皮毛纷纷问世。人们穿着灯笼短裙裤或者裤子,骑着脚踏车迎风飞驰,尤其在偏爱裤装的法国南部更是常常能看到这样的场景。报纸一卷就能做成一顶帽子,再用碎木屑一填便能巧妙地把直筒高帽加高。原本根据人们出门目的而改变形态的包头巾有了固定样式,甚至被归入1942年开始的女式小帽大变身的历程中。珍珠和象牙都中断了供应,人们开始制作搪瓷纽扣。木底鞋、布鞋,用植物纤维、稻草或者酒椰叶纤维制作的鞋子,鞋子的品种可谓日益繁多。长筒袜消失了,人们用赭石材料为小腿着色,用毛笔在腿肚上画上线角。玛丽-克莱尔(Marie-Claire)退居里昂,不断地发表文章介绍那些借助窗帘、浴袍和绶带完成的精妙设计。那个时代,称得上是一个退而求其次的代用品时代。

一曲危险的探戈乐奏响了。同盟国对于时尚界与维希政府"合作"这件事持谨慎态度,觉得既可疑又有点玩世不恭。于是,勒龙布了一局妙棋。格雷夫人(Mme Grès)甚至巴伦夏加的店都停业数周,对外宣称是因为他们的布料定额已经用完。其他服装公司则以友好的姿态,为他们完成了服装生产,这在时装史上是极为罕见的。所有人手拉着手、肩并着肩,共渡难关,守望相助。

当时,格雷夫人的情况非常特殊①。由于她不愿意将裙子卖给纳粹军官的情妇和妻子,因而她的生意只能勉力支撑,情况并不乐观。她推出了集蓝白红三色于一身的服装系列,就在被迫停业前不久,制作了一面三色旗挂在自己店面的橱窗里。格雷夫人本名热尔梅娜·埃米尔·克雷布斯(Germaine Émile Krebs),最初她活跃在米罗美尼街(Miromesnil),为雕塑艺术风尚的回归进行辩护。后来,就在战争爆发前不久,她搬到了圣奥诺雷郊区路(Faubourg-Saint-Honoré)上,化名阿历克斯(Alix)。她立刻大获成功,葛丽泰·嘉宝、玛琳·黛德丽、阿尔莱蒂(Arletty)、伊冯娜·普琳汤普斯(Yvonne Printemps)等明星都是她的忠实顾客。而在她的朋友圈中能看到谷克多和贝拉尔的身影,由此可以推测她或许也曾和迪奥相遇。1940 年归来后,她创立"阿历克斯"时的合伙人把自己的股份卖给了一些工业家,而她和这些工业家无法和睦共处,于是只能放弃她的公司名,另外创立了"格雷",定址于和平路。需要反过来读格雷夫人的名字才能发现其中隐藏的意思:Grès(格雷) = Serg(塞格),后者代表她的丈夫,一个叫做塞尔日·切热夫考夫(Serge Czerefkov)的俄国画家。虽然她不断收到停业威胁,甚至有几次真的拉下了门帘,但她从来不曾退缩,也不曾放弃个人原则,她勇敢地战斗着,直到获得解放。在高级定制服装界,像她这样的人并不多见。

在媒体领域,值得一提的是《时尚》杂志主编米歇尔·德·布伦霍夫的鲜明立场。这位主编从很早开始就一路支持着年轻的迪奥。他并不愿意遵照"合作"政策行事,因而被剥夺了提笔的权利。他情愿停止在奢侈品杂志上用法语发表文章,他的文章只有美国和英国的媒体才能够发表。可见,虽然勒龙力挽狂澜,但巴黎在世界时尚舞台上举足轻重的地位已然被动摇了……

不积极合作——像雅客·法特(Jacques)那样积极参加每一个法德会议——者,也并非都能想出绝妙的对策。比如香奈儿,以她名字命名的公司的大部分股权实际控制在她的犹太合伙人韦特海默兄弟手上(frères Wertheimer),而她试图通过质疑兄弟俩向航空业巨头菲利克斯·阿缪(Félix Amiot)转卖股份的行为,达到重新掌控她的香水公司的目的。对于这样的行为,应该

---

① 多米尼克·韦永,《占领期的时尚界》。

作何评价呢？香奈儿香水公司的真正掌门人韦特海默兄弟逃到美国等待卷土重来，香奈儿这么做，差一点就毁了这一对犹太兄弟精心安排的财富"假雅利安化"行动，而她自己也并非无需付出任何代价！是因为贪婪而失去判断力，又或者是这位女设计师因为觉得自己在战前公司成立过程中受到欺骗而实施的简单报复？

## 生存的时尚

战争越拖越久，苏珊娜·卢琳在想方设法摆脱困境。她观察了席卷各个国家、给予设计师灵感的帽子风尚。"当男人们不在那儿时，女人们就会感到烦闷无聊；当女人们感到烦闷无聊的时候，她们就会想到奢侈品。这合乎逻辑，不是吗？由此，回到巴黎后我做了两个重要决定：

"买了一辆自行车。"

"决定开始做帽子。"

她想：我们缺乏生活必需品，还有什么比帽子更加空洞和微不足道的吗？因此，应该制作帽子！莫德·罗塞（Maud Roser）是她在格兰佛结交的好友，她找到莫德并提议合开一家专做帽子的公司。怎奈好事多磨，她一直无法获得开店许可。最终她拜托了一个身居高位的朋友，才艰难地获得了许可，迟至1944年10月方正式营业。但恰是在战时，出于生存之需，她进入了时尚界。战后，当她的童年伙伴克里斯汀·迪奥决定在高级定制服装领域干一番事业而来请她帮忙的时候，时尚最终成为了她的终身事业。

在卡利昂，时尚早就向克里斯汀抛出了橄榄枝。当爱丽斯·沙瓦纳（Alice Chavane）在《费加罗报》负责一个时尚专栏时，她请克里斯汀帮忙画一些插画，另外还请了天才插画师勒内·格鲁瓦，两个人的画稿交替刊载；后来迪奥和勒内·格鲁瓦还在迪奥服装公司里展开过合作。他完成了一些设计草图，带到了她的居住地戛纳，还提出了一些建议来改善她的衣橱。这正好使他有机会去探索以戛纳十字大道为中心的重要地带。尼斯这边的维克多影棚（studios de la Victorine）也蓄势待发：戏剧演员米歇尔·摩根（Michèle Morgan）、米舍利娜·普雷勒（Micheline Presle）、路易·迪克勒（Louis Ducreux）

以及摄影师安德烈·奥斯捷都将在这里粉墨登场。同一时间,他说服了未来迪奥公司的舞台布置专家维克多·格朗皮埃尔投身于装饰布景事业。

1941年,罗贝尔·皮盖联系上了迪奥。迪奥此前已经为他工作过,甚至已经凭借他设计的"英国咖啡馆"①给某几位happy few②留下了深刻印象。克里斯汀·迪奥犹豫了下,最终还是选择返回巴黎。在那里,他加入了吕西安·勒龙的公司。吕西安·勒龙在得知迪奥的才华后,向他提供了工作机会。迪奥由此认识了勒龙的助理皮埃尔·巴尔曼,还有他未来的合作者雷蒙德·泽纳克,后者将出任迪奥公司工作室的负责人。他们俩的道路此后将一直重合,直到迪奥的生命在蒙泰卡蒂尼走到尽头。1941年,塞西尔·比顿在英国版《时尚》九月刊上发表了一张非凡的照片,照片上的模特穿着迪格拜·莫顿设计的套装,站在一片废墟中。抓人眼球的对比,优雅和毁灭间充满矛盾又互相联系的现实,这张照片以一种前所未有的高度写实主义风格带给人强烈的晕眩感。

## 受到德国影响的时尚?

抵抗运动的所谓消极表现之一便是佩戴贝雷帽。贝雷帽确实在全国范围内被长期大规模推广,但仅限于男性佩戴。女性在战争初期享有3米布的配额,可分别用来制作贝雷帽、包头巾和海军帽。人们总是再添上一段布料,用

---

① 正是迪奥在1938年为皮盖设计的"英国咖啡馆",让他在行业里崭露头角。在这以前,他只是个卖小版画为生的小设计师。但借由1938年的"英国咖啡馆",迪奥从阴影中走了出来。当克里斯汀·贝拉尔把迪奥介绍给玛丽-路易斯·布斯凯时,他称迪奥为"英国咖啡馆"的作者。而当人们要求迪奥给巴黎下一个定义时,他的回答是"玛丽-路易斯·布斯凯"。贝尔纳·布菲(Bernard Buffet)在《巴黎的著名女主持》(Les Grandes Animatrices de Paris,德尔杜卡出版社,1966年)中如此引述。她出生于1874年,本名玛丽-路易斯·瓦伦坦(Maris-Louise Vallantin)。根据保罗·莫朗的说法,所有想要进入学院的人都必须过她这一关。保罗·莫朗称自己有一段时间没有看到她,发现她老了,但却更加无所不在地掌控着绝对权力,领导着《时尚芭莎》的巴黎办公室。"她美国化了,开始赶时髦。她在位于波旁广场(Bourbon)的公寓里接待了当时所有在巴黎的美国同性恋。"那些日子里,杜鲁门·卡波特(Truman Capote)、约翰·斯坦贝克(John Steinbeck)、塞西尔·比顿、欧文·肖(Irving Shaw)都是她沙龙的座上客,同时她也né莫里斯·德吕翁(Maurice Druon)、米歇尔·德翁(Mcihel Déon)、贝尔纳·布菲等人迎到家中。

② 英文。少数幸运儿。——译注

来做个 1939 至 1945 年间流行式样的帽子,有点像头盔,高高隆起。1942 年,青年爵士乐迷们——迪奥说自己讨厌他们的行为举止——四处溜达,他们的外套"拖在地上",裤子蓬松宽大,领带极细极小,头发茂密,身体随着爵士乐摇摆。这样的穿着打扮既是为了质疑入侵者的强迫蛮横,有时也是为了公开嘲笑那些贝当派爱国主义分子。

但仅凭以上这点儿创造力,不足以维持最顶尖时尚潮流的质量。1943年,《生活》杂志曾在法国和美国间进行了一场不偏不倚的比较。调查的结果——当然不能一概而论——显然对巴黎的强势地位不利:令人难以置信的帽子,宽松打褶的裙子,这些设计都看起来非常普通低俗,甚至可以认为多少受到了德国时尚的影响。在巴黎背后,人们看到了勒龙;但在勒龙背后,依稀可辨的是纳粹的长大衣。

拍摄电影同样得面对时代的局限性。戏剧演员伊莲娜·劳波蒂尔(Élina Labourdette)在出演罗伯特·布列松(Robert Bresson)的电影《布劳涅森林的女人们》(Les Dames du bois de Boulogne)①时,由于资金短缺,需要自己制作戏服。她从她的衣柜里抓了件旧雨衣,取了段"旧毛毡,凑合着做成了一顶帽子。在那个时期,所有人都这么做"②。伊莲娜的帽子是整部电影的灵魂,也是战斗中的法国的灵魂。这部电影史上的杰作所沉淀的是整整一个时代,而它近距离瞄准的目标则是上流社会的轮廓。电影拍摄于 1944 年,当时条件极为艰巨(警报、断电);在被占领的巴黎什么都显得没有意义。电影评论家安德烈·巴赞(André Bazin)和亚历山大·阿斯楚克(Alexandre Astruc)在其中看

---

① 如果想要对罗伯特·布列松拍摄的这一电影杰作有更加清晰的概念,只需去读读他本人所写的《电影书写札记》(Notes sur le cinématographe)以及保罗·古斯(Paul Guth)所写的《布劳涅森林的女人们》拍摄日记,这是一份有关布列松、电影和占领时期的重要见证。罗伯特·布列松这个非典型电影工作者最初曾做过时尚摄影师,他的定格影像技巧或许和这一经历不无关系。反传统的他称自己不满意自己拍摄的某几部作品,其中包括由让·季洛杜编剧的《罪恶天使》(Les Anges du péché)以及根据狄德罗《宿命论者雅克》改编的《布劳涅森林的女人们》。后者于 1945 年上映,其中的戏服由格雷和斯奇培尔莉设计。这部电影可以算和《游戏规则》(La Règle du jeu)、《乡间一日》(Partie de campagne)有异曲同工之妙,但又比雷诺阿的这两部电影更加尖刻。参看伊莲娜·劳波蒂尔、雅妮·奥尔特(Jany Holt)参与的访谈节目《罗伯特·布列松:一生一作》(Robert Bresson, une vie une oeuvre),法国文化频道。

② 伊莲娜·劳波蒂尔,《罗伯特·布列松:一生一作》。

到了一个极端暴力的故事：一个破了产的资产阶级（吕西安娜·博盖尔特）在狠毒的老鸨（玛丽亚·卡萨瑞斯）的唆使下，把她的女儿（伊莲娜·劳波蒂尔）交到了出价最高者手上。

这部用冷冰冰的镜头语言所拍摄的电影完全浸在暗黑色调中，甚至有时候被认作是对维希政府的一种支持。无论如何，电影所反映的是一种维希精神，这点毋庸置疑。布列松镜头下的巴黎如幽灵一般，到处都"挤满了"雅致的公寓和空空荡荡的剧院，仿佛内部被挖去一个大洞。人们戴着帽子，但和让·穆兰（Jean Moulin）那张著名照片上所拍摄的帽子不同。读《布劳涅森林的女人们》的剧本大纲——让·谷克多根据狄德罗小说改编的对话，轻易就能读出围绕祖国母亲做出的思考。迪奥看过这部电影吗？电影唤醒了他矛盾的感情吗？矫揉造作之美，铺张奢华之空虚，还混着利欲熏心？多年以后，当人们看到属于迪奥的时尚时，很难相信这部电影不曾对迪奥的视网膜造成持续强烈的冲击。

## 肃 奸 之 时

1945年5月8日，肃奸之时终于到来。布料商人、迪奥公司未来投资人马塞尔·布萨克被指控为德军制服制作布料，但后果并不严重。除此之外，服装界基本可谓风平浪静。经济合作总体而言没有受到过多惩处。此后，人们很快发现，重振法国经济需要以支柱产业来支撑，因而不能再打压创作者的事业发展。但像吕西安·勒龙这样和占领军高层持续进行直接接触的人，却需要为此作出解释。他指出自己挽救了法国高级定制服装这一文化珍宝，并且保住了成千上万工人的饭碗。通过协调和当局的关系，他为法国时尚业创造了发展的有利条件。他的说法获得了认可，并予以释放。然而，他在被占领期间担任高级定制服装界领头人的事实，却让他终生饱受质疑。因为人们心中挥之不去的印象是，时尚和戏剧、餐饮以及奢侈品工业一样，都在被占领期间显得欣欣向荣，一派歌舞升平。在1944年美国《时尚》杂志12月刊上，勒龙表态说，他唯一的考量便是保住时尚业的所有工作岗位，而并非运转弹药工厂。更具争议的说法是，即使他确实全力为他的行业争取物资和原材料，但"每用去一米布对于第三帝国而言都是一米（布）的损失"。

吕西安·勒龙出生于1889年,是战前最伟大的时装设计师之一,被人们看作是这一领域的重要创新者。他和迪奥一样学过经济,有他自己的一系列设计。即使他不算是最早发明"成衣时装"(prêt-à-porter)的人,但至少是第一个向高级定制服装业提议设立这一相对不那么昂贵的服装生产支线的人。他也提出了售卖内衣和长筒袜这样极富巧思的想法,把这些物件同样看作设计的对象。即使没有战争,他同样忧心着服装界的命运:早在1937年,他便已经为法国时尚进行辩护,认为巴黎才是孕育滋养它的合适土壤,而不是其他任何地方。而在被占时期,他做的也无外乎如此。举个例子,为了补偿外省人看不到服装秀的遗憾,他在1942年的自由区里昂组织了一系列时尚秀,由此可以看出他想法的超前性。他于1958年去世,今天几乎已被世人遗忘。

## 时 尚 剧 场

就在巴黎解放不久后的1944年秋天,吕西安·勒龙预感到服装事业很快将重有起色。他积极地接受了一个以慈善为名目的"法国守望相助"(Entr'aide française)组织的展览邀请,认为这是一个向所有人表明高级定制服装业并没有失去创造力的好机会。这一组织的负责人拉乌尔·多特里(Raoul Dautry)希望这是一场高级定制服装的展销会,并在展会上推出战后第一批高级定制服装系列,也就是1945年春夏系列。他的计划是给玩具娃娃穿上这些衣服进行展示。然而,这一活动的规模很快超出了预计。

高级定制服装业虽然将它弥足珍贵的工人们保存了下来,但却得寻回它战前的顾客群体,尤其是盎格鲁-撒克逊和南美的顾客,他们在战争中找到了其他供应渠道。为了重新征服他们的心,必须把呈现巴黎时尚作为当务之急。于是,工会组织了一场非常别出心裁的展览,名为"时尚剧场"[1]。展览

---

[1] "时尚剧场"于1945年3月27日在卢浮宫首展。巴黎之后,又在欧洲各国首都巡展,最后来到纽约。超过10万人次参观了这一展览。拉乌尔·多特里为筹措资金设想了这个展览,而莲娜的儿子罗伯特·丽姿(Robert Ricci)则意识到了这一展览蕴含的巨大潜力,用200个身高70厘米的玩具娃娃来展示战后第一季服装系列(1945年春夏款)来谋利。贝拉尔、埃利亚内·博纳贝尔、让·圣马丁(Jean Saint Martin)以及让·谷克多都纷纷参加到这一大肆铺张的盛事中,迪奥也代表勒龙加入了这一行列。

中，一位年轻的插画家埃利亚内·博纳贝尔（Éliane Bonnabel）用钢丝设计制作了170个小人。看到这些小人时，人们会由衷地觉得它们是艺术杰作，而并非仅仅是玩偶这么简单。这些小人儿穿着40位时装设计师参与创作的各式服装——所有大牌设计师都倾情加盟，戴着36位女帽设计师设计的帽子，被摆放在由克里斯汀·贝拉尔指导完成的布景杰作中，其他众多艺术家（比如让·谷克多）也都参与了这一盛事。1945年3月，首展在卢浮宫马桑厅（Marsan）举行，继而在伦敦、哥本哈根、里约热内卢等地进行世界巡展，最后在美国东海岸收官。展出引起了空前轰动，超过10万人次观摩了这一展览。

莲娜·丽姿（Nina Ricci）发现了这段话："我终于想到了这个主意：组织一个小剧场，让艺术家们布景，然后在其中摆上玩具娃娃，给娃娃们穿上不同设计师设计的衣服。"每家服装公司负责设计1—5款衣服，勒龙公司的设计则由克里斯汀·迪奥全权负责。贴身的剪裁以及宽大的裙摆，他的设计可谓正中观摩者下怀，因为这些设计远远地抛开了战争年代的影子，而其他设计师似乎还沉浸于此。但是，在这出大戏面前，女人们普遍都感到心满意足。"她们中的大多数，"勒龙说①，"自1939年以来连一件新衣服都没买过，高级定制更是远远在她们能力范围之外。然而，被占时期灰色、凝滞的那些年给了她们渴望色彩和奢华的欲望；这些盛装打扮的钢丝娃娃在她们眼中无疑具有不可思议、无法抵抗的魅力。"

## 革命性的建筑

对于迪奥而言，这一微缩世界就像一场真正的预演。在他设计的娃娃衣服中，人们能够看到将于1947年2月在纽约服装秀上发布的服装的雏形，那是还在酝酿中、未经润色的"新风貌"的雏形。一方面是因为这些衣服的贴身剪裁非常相似，另一方面则是因为他是在模型上完成的这一设计，这让人联想到建筑模型。迪奥本人非常中意这种方式，因为对他而言，时尚始终是一种建

---

① 关于勒龙和"时尚剧场"，参看皮埃尔·斯特凡尼（Pierre Stéphany）《1944—1947：战争及其后》(1944—1947, la guerre et après)，伊克塞勒（Ixelles）出版社，2011年。

筑创作——他和克里斯特巴尔·巴伦夏加都是这一信条的拥趸,而他本人对巴伦夏加也怀着极大的敬重。他在自己的回忆录中是这么写的:"大家应该都猜到,自儿时起,我便强烈地想要成为一名建筑师。但家庭阻挠了我,后来又发生了一些事情。可我并没有放下这一至高无上的使命,而是把服装设计当作一种间接表达。在有关职业的章节中,我已经反复重申了这一点:我所设计的裙子是一种转瞬即逝的建筑形式,是为赞美讴歌女性身体比例而生。时装设计师查看铅垂线的次数并不比那些建筑工人少。"①

迪奥正是手持着"铅垂线"开始推出各种具有明确线条感的服装:Y系列,H系列,A系列。即便把他此后发表的整个服装系列看作战争年代结束的标志也毫不夸张。

在有关战争如何孕育革命这方面,塞西尔·比顿的描述最为精准。首先,要和那些自以为能够动摇巴黎在时装界地位的美国人划清界限:"今天看来,战时时尚——短裙、方肩长衣、木底鞋以及毫无舒适感的滑稽小帽——比之前任何时期的时尚都要来得难看。美国时装设计师试图证明他们相对于巴黎品味的独立性,但他们没有创造出任何重要的时尚风潮,只是原地踏步、止步不

---

① 1956年,克里斯汀·迪奥在他自己的回忆录中是这么写的:"在我看来,最简单的办法就是把你们带到那些我从童年起居住的房子里去。或许我便会屈从于我对装饰和建筑的热爱,这是我真正的第一使命。但这种间接传记的写作最终还是有幸达到了目的。通过描述蜗牛壳,蜗牛的特征也多少呼之欲出。"迪奥住在自己的壳里。1925年举办的巴黎装饰艺术展以及勒·柯布西耶的"新精神馆"都给迪奥留下了长久的印迹。他被拉利克(Lalique)的创作所折服。大街小巷的人们都在谈论三位梦想家:马莱-斯蒂文斯(Mallet-Stevens)、勒·柯布西耶、密斯·凡·德·罗(Mies Van der Rohe)。伊里巴(Iribe)绘制了一些梦境中的人,马莱-斯蒂文斯设计了布景,而波烈和杜塞特负责服装,最后再由马塞尔·莱赫比耶(Marcel L'Herbier)拍摄下来。两次世界大战期间,未来主义和立体主义的建筑宣言,都在吸引着迪奥。迪奥上学、转学,发现自己宁可违背父母之意也想要成为建筑师。最终,在1927年他作为二类工兵应征入伍,被编入凡尔赛附近的萨托利(Satory)第五工兵营。他需要扛铁轨,为了缓减肩膀疼痛,他做了些小袋子,其精妙让军营的伙伴们吃了一惊。之后,迪奥和邦让两人最初共同举办的那些展览中,就有一个名为"立体主义的英雄时代",展出了一些饰品、家具和建筑装饰。1931年,迪奥和一群建筑家一块儿前往苏联,但对此我们所知甚少。"破产已经无可挽回了。在这一幕幕接踵而来的悲剧面前,我选择了逃避,'逃向东方'。资本主义危机令人恐慌,而我天真地、绝望地想要为这些问题找到新的出路。于是,我带上几千法郎,加入了一群建筑师的团体,和他们一块儿出发前往苏联游学。"当时人们正从结构主义逐渐转向新古典主义,而就在这场旅行开始不久,纪德写下了他的《从苏联归来》(Retour d'URSS)。1932年,在苏联宫(palais des Soviets)——意欲和纽约帝国大厦相媲美的建筑——建筑工程的竞标中,瓦尔特·格罗皮乌斯(Walter Gropius)、埃瑞许·孟德尔松(Erich Mendelsohn)和勒·柯布西耶成为了竞争对手。

前,直到重新从他们的灵感源泉汲取到力量。"①其次,要大力鼓吹法国人依靠大胆和创新重夺时尚界龙头地位的能力,尤其以迪奥为典型代表。"战争一结束,巴黎的时装设计师便明白了他们必须立刻发起一场完全的变革(……)。1947年的"新风貌"系列正是这样一种必需的、全然的变形。不少妇女感到愤怒,这是方方面面的原因造成的。比如说,在英国,布料的配给是非常严格的,寥寥几张配给券只能满足日常所需,却不可能迎合如此过分的变革。(……)1947年是时尚史上罕见的一年,那一年中,女人们曾经试图团结起来,对这种强迫她们花费巨资更新整个衣柜的时尚专制群起抗议。有那么一瞬,她们几乎就要接近无政府主义的状态;有那么一刻,她们几乎就要成功地意识到时尚究其根本只是荒诞堕落的玩意儿。(……)但最终,时尚再一次胜利了。几季过后,所有穿着过时的女人都变得可怜而可笑。"②

　　这样的表达是否有些太过造次?但不管怎么样,它让我们明白,克里斯汀·迪奥之所以成为克里斯汀·迪奥,和他与战前、战时时尚的彻底割裂有着多么紧密的联系!

---

① 塞西尔·比顿,《五十年》。
② 同上。

# 第九章
## 迪奥一家的大逃难

　　克里斯汀最亲近的妹妹卡特琳·迪奥，是个异常腼腆谦逊的人。直到2008年离世，她一直以见证人和遗产受赠人的身份陪伴着迪奥公司的发展。另一位受赠人是迪奥工作室主管雷蒙德·泽纳克夫人，被克里斯汀称为"第二个我自己"。卡特琳·迪奥始终和公司保持着一定距离，使她能够有反思的余地。服装的世界不属于她，这点她看得很清楚。如果被问到事实或者史料方面的问题，她会小心谨慎、一丝不苟地作答，而且通常都采取正式的书面形式，迪奥档案馆中存放着许多例证。但她自己的生活在别处，她有她自己的圈子，还有自己的兴趣——花。卡特琳有自己独特而完整的世界，显而易见。在电话里，她声音的活力和威望感染了我。当我跟她聊起我正在写的这本书时，我告诉她我不希望随大流写一本"标准的"、虚幻的人物传记，不希望以随性的方式把克里斯汀·迪奥的生活局限在两点间，她饶有兴致地听我说着。我和她聊起花，花在她和迪奥的生命中都不仅仅是简单的植物；我们也交流了迪奥在成为迪奥前的人生故事。我们还谈及了迪奥生命中所表现出的艺术家倾向，而在他喧哗的一生中，伟大时装设计师的传奇削弱了他的这一形象[①]。

　　让我惊讶的是，卡特琳居然接受了我的邀约，让我在三星期后到她卡利昂的家中相见。她当时正在照顾她的百叶蔷薇[②]，采摘期已临近。谈话愉快地结束了，最后她还向我解释了一番她的花朵，完全不在乎我是谁。我明白，在这段采摘期，工人们纷纷抵达，在她眼前便呈现出一个快乐大工地的景象，她从中重新感受到生的愉悦。客观上，她和她的玫瑰们有个约会。但是，不到一

---

[①] 2008年和卡特琳·迪奥的谈话。
[②] 这些玫瑰主要种植于"纳伊斯"别墅。从19世纪格拉斯香水业蓬勃发展起，人们就开始种植这种花，还有茉莉花。

周后,她去世了。我默默无语,她独特的音色还萦绕在耳畔。卡特琳回到了"罗经点",她于 1917 年出生在那里,后又无声无息地离开了那里,就和迪奥一样。

那份即刻交付的信任还在我心中激荡,我也设想着能在面谈中畅所欲言。在这之前,我们极少谈论时尚,更少涉及人物传记这个话题,但我们零零散散地大致勾勒出了我们将要进行交流的领域,涉及面看起来会相当宽广:政治史、观念的政治史、克里斯汀的学徒生活,还有他们对于战争的观感,凡此种种都可能引起我们一番愉快的交谈。至于迪奥的战斗以及她本人作为抵抗分子参与的战斗,是亟待深入探讨的部分,而她似乎也准备好要对此做出评价。我们不得不失约了,这是生活的捉弄。迪奥的花商德德邦夫人①坐在她的轮椅上,从她的言行中我明白她无法同我一块儿追忆迪奥,因为这会让她马上变得泣不成声。而当我早前开始调查研究时,医生皮(Py)便已对我讲述了她在 20 世纪 40 年代到 50 年代之间所有关于迪奥公司的记忆。在那个"风格如此现代"的时代,她的高科技诊所被并入了蒙田大道的公司内部。随着卡特琳的去世,最贴近迪奥的那颗心脏停止了跳动。但我的研究不能止步于此。

## 于贝尔·德·沙博纳里:"纳伊斯"的才子

就在那时,我遇见了卡特琳·迪奥的继子于贝尔·德·沙博纳里②。虽然从来没有明说,但卡特琳把他看作自己的亲生儿子。有些事情需要到处张扬,有些事情则心照不宣。我们开始谈话时,他谈到的正是我和卡特琳聊过的话题。而他对于各种重要的细节也给予了同样的关注,同样考虑周全,完全秉承了迪奥家的一贯做派:谨慎、忠诚。最后,从他调皮的微笑中,可以看出他完全继承了这个家庭最宝贵的禀赋:笑对生活。他对我说,他的继父母埃尔维

---

① 在迪奥身边最亲近的圈子中,与花相关的人们之间存在着一种特别联系:他的母亲,他的妹妹卡特琳,花商德德邦夫人,时装设计师莫林诺克斯。最后这位,在搞定事业之外还联合德德邦夫人、克里斯汀·迪奥还有卡特琳·迪奥一同策划了一些和文化及花卉交易有关的项目。

② 于贝尔·德·沙博纳里对于迪奥一家的生活知根知底。他本人非常严谨,但又时刻笑容满面,他使我更好地理解了迪奥所处的如此独一无二的"小气候"圈。

(Hervé)和卡特琳也非常爱笑。

正是在于贝尔·德·沙博纳里的大力支持和邀请下，我终于来到了卡利昂的"纳伊斯"，这里在2010年被正式出售，从此和迪奥家的命运相分离。自19世纪中期开始，人们便在它的地里种植玫瑰和茉莉，这里伴随着格拉斯香水业的蓬勃发展而欣欣向荣。农田位于山坡上，向南，坡度平缓，干硬的石头在两侧垒起石墙。除了鲜花以外，这里的农作物品种多样。就在花田的后面，葡萄田构成了卡利昂一道独特的风景线。

自1935年起，卡特琳·迪奥、她的父亲莫里斯、她的哥哥克里斯汀和他们忠诚的女管家玛尔特在这栋房子里相聚。迪奥一家希望往南迁移，于是，瓦尔省向他们敞开了怀抱。在携手度过了多年困难时期后，这个家庭试图奠定新的基石。房子随着时间流逝而慢慢改变，但它的灵魂始终都在。最初，这里既不通电也不通水，由一些贮藏室和被围起的封闭空间构成。从1935年到1960年，它在建筑师斯维奇纳的手下渐渐蜕变成了一座美丽的农场，这种美丽却绝不浮于表面。斯维奇纳在蔚蓝海岸地区名声在外，他先是帮助克里斯汀·迪奥修复了几公里开外的"黑胶"庄园①——1950年设计师将它买下，而这里也成为了他最后的住所——随后他又参与到"纳伊斯"的修建工程中。

这一地产最早属于普罗旺斯-艾克斯（Aix-en-Provence）的第一任法院院长，经过一再扩张而最终以整个街区命名。周边的人们种植香水玫瑰、葡萄和茉莉。斯维奇纳是香水商莫林诺克斯在苏联旅行中介绍给迪奥的，他根据迪奥的愿望巧妙地调整了这一地域的结构，对酒窖、车库和窗户都加以改造。莫林诺克斯把家安在距离迪奥不远处，正考虑开展一项全新的业务——奢侈品花卉买卖。他和迪奥就这个话题进行过长时间的交流。

---

① "黑胶"庄园位于距离卡利昂不远处的蒙托鲁，这个地方因为安葬了迪奥一家及以马内利修女（Sœur Emmanuelle）而变得有名起来。此城堡原本是个驿站，因久经风霜而渐渐失去昔日风姿，斯维奇纳对它进行了整顿和修复。他在这座年久失修的城堡里摆上一些路易十五和路易十六年代的装饰，重新布置了一番。在进口处，自然也是根据迪奥的愿望，铺了一条以玫瑰为主题的小径，围绕着它的是帝国风格的装饰，不同的胸像立在那里，其中有一座还是皇帝像。这地方本身让人心生愉悦，很大程度上"弥补"了装饰的不够气派：长长的水池，狮子雕塑看上去耷拉着脑袋守护着园子。建筑物并没有大到蔚为壮观的程度，只是比较适合人居住。屋内结构相对而言比较错综复杂——小房间、回廊、蜿蜒的走廊，与卡利昂和谐高雅的氛围一致。

迪奥自己设计了入口,他再现了"罗经点"别墅的主题——风玫瑰,他的星星。水池长 40 米,像一面镜子,同样完全遵照他的指令修建。迪奥年少时也曾为"罗经点"做过相同的设计。

在"纳伊斯"安顿下来的初期,卡特琳·迪奥在巴黎工作,只有夏天时才回到卡利昂。由于父亲破产,她被迫终止学业。此后,她在巴黎找到了一份售卖帽子手套的工作。1939 年,雇用她的服装公司停业,卡特琳这才整个儿搬到了卡利昂居住。起先,只是和她的父亲两人待在一起;很快地,克里斯汀和他们重聚。在战争时期,家庭网络自然缩小了不少,因而必须自己设法摆脱困境。为了填饱肚子,在玫瑰花丛中,迪奥一家种起了蔬菜——四季豆、小豌豆……但到了 1941 年,克里斯汀又回到巴黎。他加盟了吕西安·勒龙的公司,担任设计助理。他住在皇家路上一间租来的小公寓里,二战前他就租下了这间公寓,此后这个地方又成为他妹妹联系抵抗运动其他成员的掩护所。

1946 年,莫里斯·迪奥在卡利昂结束了他的一生,葬在离克里斯汀很近的地方。他是如此希望自己的儿子获得成功,但却最终没能亲眼看到。离开这个世界的是一个心灰意冷的男人,命运对他太过严酷、太过薄情。一战时他是炮兵预备役军官,但没能上战场作战,法国政府替他做了决定:"你不会被征调。你的工厂适合用来制作弹药。你将继续负责管理。"①当时,他万分痛苦,因为他的同伴们大部分都战死了。他在格兰佛,觉得自己没能尽到应尽之责,自己的生命显得那么空洞、那么徒劳无益。"你用最正确的方式参加了这场战斗,"人们这么对他说,"你为军队提供了弹药。"随后,另一场战争又打响了,这场战争和他就更没什么关系了。克里斯汀和卡特琳照顾着他。

于贝尔·德·沙博纳里回忆起克里斯汀和他妹妹的关系,虽然他们之间相差 12 岁,但克里斯汀却非常喜欢这个妹妹:"他首先是大哥哥,很温柔可亲,总是保护她。他画画。他们对于花朵的爱都源自于迪奥夫人。卡特琳·迪奥向我解释过,格兰佛是建在一块大石头上的,为了建成玛德莱娜·迪奥梦想中的花园,迪奥一家出动了运土车。对于迪奥夫人而言,这里是她的秘密花园,是她作为大资产阶级家庭的女主人最喜爱的消遣之地。厨房和女管家都听她

---

① 让-吕克·德弗雷纳,《克里斯汀和我》前言,迪奥博物馆,2007 年。

指挥,每周她还得抽一天时间用来接待上流社会的太太们。这个花园变成了她全部的自由所在。她对于花卉兴趣盎然,所知甚多。卡利昂曾经鲜花遍野,卡特琳·迪奥每天为它们浇水,即使酷暑难当。"

还是花。当卡特琳结束了她在巴黎大堂的生意后,便全情投入于这里的鲜花种植采摘事业,她种百叶蔷薇和本地植物格拉斯茉莉,这里有着合适的土壤。

"纳伊斯"位于一个偏僻小村,不刻意寻找很难发现。这里没有门,没有封闭的墙,没有什么能阻止拜访者的脚步。他们径直入内,连生疑的片刻机会都不留给主人。道路柔软得不可思议,土地和扁平的植物织成长毯。时至今日,这样的绿色大道恐怕已在其他地方绝迹,而这里仿佛一点都没有沾染上汽车发展的痕迹。到处都有高高的小草静静地睡着。为了更好地看清它的全貌,我们围着屋子转了一圈,仿佛正在玩某个探索游戏。长满苔藓的小屋被征作车库,边上,原本用来晒干茉莉以及存放胶水的贮藏室被改造成了外厅。在壁炉的三角楣上,摆着牛轭。大理石桌面让人在夏日的闷热中嗅到一丝欢愉的清新气息。大镜子镶在木框里,人们在前面端详自己面容的时候,常常爆发出阵阵笑声。这是栋简约的住所,一点儿也不装腔作势。在屋子的入口前,一张石头长条椅和一个陶瓷花瓶充当着业余的守卫。房子的立面让人想起童年的绘画。房子不高不矮,刚好够人泰然居之。它的屋顶像是铅笔简笔画,一笔绘就。

从南侧进入,帝国风格的前厅右侧直通餐厅,随后出现的是敞亮的大客厅。卡尔波(Carpeaux)的大理石雕塑和房间布置相得益彰,旁边挂着的是贝拉尔——另一个克里斯汀——的绘画作品。我们由左边进入一条小走廊,来到了厨房,厨房看上去清凉宜人。我们又轻手轻脚地上到二楼,来到了宽敞的浴室前。从浴室的窗户能够欣赏到不同的自然景色,这里也是整栋房子最重要的战略要地:从这里可以一眼望见进出的人,可以眺望人们离开的方向,也可以知道他们是在怎样糟糕的天气出门,手里又拿着哪把小伞。浴室的一边连着大卧室,另一边则是安静的书房,随时欢迎人们在其中写作。玫瑰和薰衣草田覆满了视线所及的每个角落,色彩斑斓。从窗户可以瞥见屋顶的倾角正向着这片风景延伸,俨然守护者之姿,又不忘激起人们的好奇心。楼顶有个房间,长年为玛尔特保留着。房间里的床后来被克里斯汀搬到了皇家路上。在床的上方挂着一幅美丽的画,画上的女人是圣经中的角色。这幅画是克里斯汀献给玛尔特的,他唤她作"末底改"①。

房子的附属建筑被用来接待亲朋好友。两张以天鹅为床头装饰的床摆放在房间中,迪奥仿佛正从查理十世的角度审视着世界。毗邻的盥洗室有一个大浅口盆,人们能在里面擦把脸。

最后一间房间最有人气,一呼一吸间都能感受到友爱,体会到兄妹之间的脉脉温情。两种截然不同的东西在这里幸福地结合在一起。克里斯汀的肖像和画作围满红丝绒长沙发及沙发椅——在他的宅邸中也摆放着同样的沙发,人们经常看到他坐在上面。在房间里的每个角落,光线都特别柔和地映在物品和家具上。杂志、书本,还有电视机,看得出这间起居室一直有人使用,是和自己所爱之人的相偎之地。

随后,我们打开了一个密封的旧纸箱,是从"黑胶"庄园那儿搬来的,自从迪奥去世后就一直没被动过。里面放着的唱片,其中一些包着玻璃纸,另一些的封套上做过笔记,看得出主人对它们宠爱备至。这些唱片是从德国、伦敦、美国搜集来的,名牌密纹唱片(比如"大师之声")所承载的那份厚重如今已几乎被人遗忘……几乎所有的唱片都被打包放在厚重的纸箱子里,卖给音乐爱好者。著名的歌剧选段也放在其中。此外还有古典音乐或者其他类型音乐的经典曲目,从卡拉斯(Callas)到皮亚芙,应有尽有②。

---

① 在以斯帖记中,末底改是以斯帖叔叔的名字。以斯帖被亚哈随鲁王(Assuérus)立为后。在残暴的宰相哈曼(Amman)的怂恿下,国王对他的子民进行了残酷的剥削和压迫。以斯帖的任务便是谏言王上,拯救她的同胞。当她结婚后,末底改及时提醒她不能忘了自己从哪里来。而以斯帖没有忘记,终于救出了她的同胞。这一段圣经故事涉及犹太人。而末底改作为故事的中心人物,确保了他的子民的生存。他也是家庭主要成员之间的桥梁,并向所有成员解释了他的任务。从玛尔特到末底改,能看到一种音节的倾斜,那是克里斯汀在向玛尔特(称作"玛"或者"末底改")表达敬意。在混乱的30年代,迪奥一家曾请求玛尔特同意,让他们用她的名字来购置"纳伊斯",以避免再被查封。于是,玛尔特拯救了她心目中的同胞。当然,这只是作者的一种个人见解,可能有失偏颇。

② 我们一起重新发现了一幅斯坦朗(Steinlen)的绘画并加以分析。除此以外,于贝尔·德·沙博纳里还允许我在他的陪同下翻看一些从"黑胶"庄园运来的纸盒子,这些盒子在迪奥去世后就再也没人动过;他本人很快就要和"纳伊斯"、和卡特琳·迪奥的一部分收藏品告别(2012年,在德鲁沃旅馆)。在那些盒子里放着迪奥的私人物品,而其中他最喜爱的便是唱片。这些唱片是他从美国、英国或者德国订购的,唱片的外观被小心翼翼地保护周全,演奏者的选择(从萨蒂到卡拉斯,还包括皮亚芙、朱丽叶特·格雷科等人)以及奢华的唱片盒都显示出迪奥本人对音乐广泛多元的认识。

在大客厅摆放着一件 18 世纪的大屏风,让人联想到克里斯汀对于面具的爱好。它能展开,仿佛无止无尽。这让人感到安全,给人以畅所欲言的欲望。这里的一切都让人回忆起卡特琳和克里斯汀,回忆起他们对于艺术和文学的热爱。"卡特琳在卢浮学院读过书,但因为家庭经济原因而辍学了。"于贝尔·德·沙博纳里打开了话匣子。卡特琳始终关心时事和法国的政治生活,她对于第三、第四共和国评价犀利,但对于戴高乐则极为赞赏。市长或者市政顾问都不是适合她的工作,"她喜欢的,"于贝尔补充说,"是行动"以及"保卫祖国家园"。在藏书室,我发现很多书都被抽走了,于贝尔·德·沙博纳里把藏书赠给了卡利昂市政府。而留下来的书中有许多论文集,大部分都是关于政治的。卡特琳·迪奥每日都要读报,于贝尔说:"我的父母(卡特琳和埃尔维)每天早上都会在床上翻阅大区报纸,以此开始他们的一天。我们这些小孩有时候也被允许加入他们的行列。7 点整,他们便开始收听广播新闻,谈论国际政治。这是一天开始的方式,是一种仪式。而这一仪式在我的父亲埃尔维·德·沙博纳里去世后依然被保留了下来。"我们最终谈到了战争,于贝尔说:"她是出于爱而加入抵抗运动的。从她原本所处的环境来看,她违背了不少行为准则。"

## 在收音机边上

人们或许会有这样的疑问:迪奥一家才刚刚喘过气来、在卡利昂开始新生活,当他们看到新的战争打响而使家庭再度陷入摇摇欲坠的危机中时,他们作何反应?卡特琳参加了 1938 年在香榭丽舍大街上的游行。她对于贝尔·德·沙博纳里描述了游行的过程,她觉得当时的场面无与伦比:"我从来没见过那么多车子。"几个月后,一切都行不通了……而之后发生的事情大家都很清楚。于贝尔的父亲埃尔维·德·沙博纳里很早就加入了抵抗运动,而卡特琳在他的陪伴下成为了其中一份子。

他俩一见钟情,随后感情一直稳定而持续发展着。故事很美丽,它发生在……收音机边上。卡特琳·迪奥想找一个电台频道收发器,他们在卡利昂的家不巧停电。她于是去了戛纳的"电台之星"(Radiostar)的某家品牌店,这个牌子颇有口碑。而正是在那儿,"她遇见了我的父亲,当时是 1941 年 11 月,"于贝尔·德·沙博纳里很知分寸,"他学过政治学、金融学。我的家庭那个时候也多少遭受了 1929 年金融危机的打击。我的父亲 20 岁时结识了卡米耶·巴罗先生(Camille Barrot),他在尼斯生产'电台之星'收音机。我父亲在 1935 年接管了戛纳的分店。"

广播在二战中扮演着不可或缺的重要角色,贝当元帅、戴高乐元帅的讲话以及伦敦电台的成功都是最好的证明。在这样的历史背景下,卡特琳·迪奥和埃尔维·德·沙博纳里"电光火石般的"相遇至少看上去很合时宜。之后的故事更是水到渠成,至少根据卡特琳继子的描述来看是这样的:她成了联络员,骑着自行车去收集部队的情报,所有部队抵达的消息都要收集,一开始是意大利士兵,自 1942 年取消自由区后又加上了德国士兵。她的许多珍贵的情报都由养路工人巴蒂斯坦·梅尔(Baptistin Merle)提供,他把消息告知卡特琳,卡特琳转告埃尔维,最后传遍整个网络。卡特琳每月去一次戛纳,把文件拍摄下来,然后传到伦敦。这位著名的巴蒂斯坦和迪奥全家常有往来,克里斯汀和卡特琳定期在"纳伊斯"的家中接待他。"他从跨湖大桥上步行而来,鞋子提在手里,"于贝尔·德·沙博纳里继续说道,"到我们家后再重新穿上鞋子,和我们一起晚餐。他是条非凡的粗犷汉子。我还认识他的小侄子,在一些爱国主义活动中还总和我打招呼。"

不少人都从事着零散的情报工作。他以土伦港口的某个情报人员为例,向我解释了情报人员是如何运作、如何提供珍贵信息的。土伦的码头很长,有数百米。一天,这个人听说码头被清空了。这一情况非常重要,因为由此可以推测出可能有一艘德国装甲舰即将靠岸。提前 48 小时得知这一情况或许可以为轰炸行动提供有利条件。再举个例子:如果占领者购买了三吨油,那就说明他们即将被调至其他地方。

招募地下工作者可不能想当然。"我的父亲曾经非常明确地告诉过我,"于贝尔·德·沙博纳里陷入了回忆,"从我受过的教育来看,我应该和贝当元帅更加亲近,戴高乐将军对我来说是完全陌生的。赖伐尔(Laval)与合作计划改变了这一亲疏关系。合作,这根本是不可能的。"如果他能派上用处,他会毫不犹豫地投身于这一事业。"如果哪家需要掩护躲藏,只要他能帮得上忙,他都会尽力而为,但他会谨慎行事。"但他从不吹嘘,"他做什么都很谨慎,他对我讲他做过的事情只是为了给我树立标杆,绝非自我标榜。"

## 抵抗运动:克里斯汀·迪奥不能坐视不管……

埃尔维·德·沙博纳里为一个重要的法国-波兰抵抗组织效力,卡特琳·迪奥也紧随其后加入了组织。一个波兰海军军官在戛纳联系上了他,想在南部地区组建一个网络,而这事很快就做成了。他所提供的情报将不再通过中央情报与行动局(BCRA)转交,而是直接送达英国秘密情报局(Intelligence Service)。安妮情报网(ANNE,后被称为 F12 网)覆盖的地区范围相当广大,直到意大利边境。该情报网由加斯东·阿瓦尔(Gaston Avard)领导,他本人的代号是"福煦"(Foch)。埃尔维听命于一个指挥官,也就是未来的法国上将特罗利·德·普雷沃(Trolley de Prévaux),他娶了个波兰女人。这位指挥官住在尼斯,但每个月都会和妻子一起到戛纳的公寓去一次,这间公寓是卡特琳租来专门用于情报收集和传递的。

1943 年,情报网在马赛的分部被盖世太保发现。普雷沃将军落入圈套,他的妻子也被逮捕。埃尔维·德·沙博纳里事先得到消息,把普雷沃的孩子托付给了女管家,女管家带着孩子逃到了瑞士,救了孩子的命。但这孩子的父母却惨遭厄运,在转送里昂后被执行枪决①。埃尔维随后从戛纳给卡特琳发去密电:"我们明天晚上到你哥哥位于巴黎的家中晚餐。"卡特琳明白了,并立刻动身前往巴黎的皇家路,埃尔维在那里和她会合。他们躲在克里斯汀·迪奥的家中,在接下来的好几个月中都隐姓埋名,同时又随时准备迎接腥风血雨。其间,他们在克里斯汀家以及巴黎其他隐匿处之间辗转。

克里斯汀显然没办法对他妹妹在抵抗运动中的活动坐视不管,无论是在南部,还是在巴黎。于贝尔·德·沙博纳里用他的方式证实道:"我出生于 1937 年……战争爆发的时候我还很小。卡特琳和我讲得不多,只要她觉得不该说的,她绝不会透露一点风声。她完全站在她所投身的事业这边。但克里

---

① 这位父亲被授予法国解放勋章(compagnon de la Libération)。

斯汀常常留宿她，就和她那些抵抗运动的朋友们一样。我想他对她的所作所为应该都很了解，并且为她提心吊胆。"克里斯汀的这位妹妹常常骑着自行车东奔西跑，让人很容易联想到女抵抗运动成员广为流传的形象——她们把文件藏在自行车坐垫和车把里，以"运动"女孩的形象出现在人们面前；而克里斯汀，他在战后大肆嘲笑那些包着头巾、穿着裤子的女人——"这太可怕了，这简直都不能算是女人了"，不知他对于他妹妹那样的形象又作何感想？

卡特琳·迪奥的行动确实让人为她提心吊胆。她定期前往戛纳，把所有搜集来的情报用打字机打出来。因而她租下了这套"亚历山大三世宫殿"四楼的公寓，埃尔维·德·沙博纳里就住在里面。建筑是20世纪30年代的样子，位于戛纳的俄国区，离棕榈沙滩不远。他们手头有两台爱马仕手提打字机和一台莱卡相机。每晚，全家人都在埃尔维这里用晚餐，为了让这里显得更加正常。等到埃尔维·德·沙博纳里和卡特琳·迪奥上楼时，他们不允许孩子们跟上楼来。更何况，有时候他们还会在这里召开情报网负责人和成员的夜间会议。寓所的看门人隐约知道内情，所以在埃尔维被告发并遭到盖世太保的逮捕当天，是他前来通知了这一家人。所幸的是，上门搜查的人为了把公寓里所有大小壁柜搜查个遍，没有多做检查就把那个带夹层的板凳给搬开了，而正是那个板凳里藏着各种文件以及他们的假身份证件。最后，那些德国人一无所获。

卡特琳·迪奥是1944年7月在巴黎特罗卡德罗（Trocadéro）附近被逮捕的。她当时和抵抗运动的一个联络员有约。那个联络员在她抵达前就已经被捕，她对此一无所知而落入陷阱。她被带到水泵街（rue de la Pompe）接受法国民兵的审讯，并遭受了"浴缸折磨"，但她撑过去了。"她什么都没说，不然我父亲很快就该被逮捕了，这样一来后果就不堪设想。再说，如果她说了什么，那么第二天要和她碰头的克雷斯佩勒夫人（Crespelle）就会被暴露。克雷斯佩勒夫人是犹太人，肯定会遭到残忍的对待。"卡特琳被移送到弗雷讷，在那边普通犯人和政治犯并不加以区分。随后她又被转移到德朗西（Drancy）。8月上半月，最后一班开往拉文斯布吕克的火车把她带走了。1945年5月，苏联军队解放了集中营。战俘开始了往捷克斯洛伐克方向的长途跋涉。在一次休息时，卡特琳·迪奥和一些妇女成功地躲进了田地里，那里离德累斯顿不远，这一次她们才算真正被俄国人解放而重获自由。

克里斯汀·迪奥在他的回忆录中写道:他曾用尽办法,希望能早日还他妹妹以自由。但因涉及抵抗运动成员,根本没有商量余地。他只能尽其所能地给被关押的女犯提供物资帮助:"克里斯汀试着通过玛尔特的帮助,找人捎去一些包裹。"国际红十字会可靠吗? 卡特琳·迪奥对此持保留意见。红会来过集中营一两回,挂上窗帘的临时房间每次都迅速搭建好,而红会的人从没有要求到集中营的其他地方看看。关于这一点,很多见证人之后也不断提及⋯⋯

为了嘉奖她的勇气,她所属的那个法国-波兰抵抗组织赠予了她一个手镯:两个圆环用罗马数字连结在一起,上面记录的一个是她被逮捕的日期,另一个是她重获自由的日期。"我看卡特琳总是戴着这个手镯,从不摘下来。"他的继子回忆道。她被授予骑士荣誉勋章、英勇十字勋章、抵抗奖章以及波兰骁勇勋章。1970年戴高乐将军逝世时,她成为爱国主义典范。埃尔维·德·沙博纳里则担任他所在地区的四个市镇的退伍军人主席。"从那时候起,一年中的某些日子便成了为法国效力的日子:8月15日,5月8日,11月11日,还有集中营受难者纪念日。我也遵循着同样的传统。这是我们所受到的教育。"

## 善意:伸出援助之手

卡特琳·迪奥再也没能回到德国。而克里斯汀·迪奥出于战略考虑,在1949年后亲往德国。他自战争一结束便和德国的(纽扣、珠宝)手工艺人展开合作。这些亲德之举事实上迎合了舒曼(Schumann)所提出的欧洲主义观念。迪奥周围的人都是反纳粹主义者,这毋庸置疑。在迪奥公司建立之初,公司内的职员分为两大类:一类是格兰佛人,另一类则是死里逃生的人,他们大多在战争中失去了自己的全部,梅沃德也不例外。"克里斯汀,"于贝尔·德·沙博纳里肯定地说,"他向那些人施以援手,聘用那些刚刚亲历了战争最严酷时刻的人——泽纳克夫人、雅克·霍姆贝格(Jacques Homberg)、塞尔日·埃夫特莱-卢伊什,这不仅是因为看重他们的才华,更是希望能够借此机会帮助他们重新振作。"

而我们眼前这位"纳伊斯"的主人,对于那个阶段的克里斯汀·迪奥是否保有某些私人记忆?"1945年我8岁。我到这里来过夏天。卡特琳刚从集中营回到我们中间,而克里斯汀·迪奥则和他的朋友雅克·霍姆贝格一同过来帮忙收葡萄。他非常友善、简单,个性非常温柔。"然后呢?迪奥立下了遗嘱,把他的妹妹卡特琳和雷蒙德·泽纳克夫人定为他的受赠人:"克里斯汀的想法很好。雷蒙德为他奉献了一生,她对他而言是不可或缺的。他们之间有巨大的默契。"雷蒙德安度晚年所居住的穆然(Mougins)正是由克里斯汀亲自设计的。

在克里斯汀周围,有一圈真正因生活而紧密联系的朋友。在这些人的心中,某些观念、某些价值是充满意义的。于贝尔·德·沙博纳里提起的援助之心,是一种具有强烈意义的善意。迪奥是文学的时装设计师,是语言大师,他的每个系列都在讲述一个故事,尤其是有关他的密友们的故事。1933年,当他出现肺结核的征兆而寻求治疗时,也正是这份善意救了他。卡特琳的继子说:"当他生病的时候,他的肺部被感染了,怕是得了肺结核。他当时什么都没有,一点钱都没有。他的朋友皮埃尔·加克索特、让·奥泽恩还有其他一些朋友一起募集资金,把他送进了丰罗默的结核病疗养院。他们过去认识的是家境富裕的迪奥,作为文艺爱好者的迪奥,但他们并没有抛弃他。我要说的就是这个,这种善意。"①而正是在他病后康复时期,迪奥学会了织毯,这是他钟爱一生的手艺。

## 高级定制鲜花

克里斯汀·迪奥在"纳伊斯"留给人的最后记忆和早前留给人的印象不谋

---

① 迪奥罹患肺结核的这段时期,和他在前苏联游学的时期一样,并非迪奥一生中最隐秘的阶段,但却是最神秘的阶段。肺部遭到病毒攻击或者巨大的疲劳,严重的忧郁症状或者迫切实实的贫困,或许这些都是导致肺结核的元凶。可以想象,在伊维萨的病后康复期间,迪奥无所事事,成日悠闲散漫。也正是在这一时期,他学会了织毯,这门手艺总是能让他感到平静,而他自己也确确实实非常喜欢动手操作。然而,有一点是确凿无疑的:当时的迪奥身无分文,只能住在一些临时搭建的棚屋里,尤其对生活感到灰心丧气。他的朋友,先是集资让他在丰罗默治疗,随后又负担起他在伊维萨时的种种费用。除了友谊和热爱,他们愿意这样倾囊相助,难道是因为他们预感到伟大的事业、伟大的成就即将来临?无论如何,迪奥抬起脚,与死亡擦身而过。他学会了用大资产阶级以外的方式生活,或许也由此照见了他生命的意义。

而合。"我最后看到他的那一次,他已经站在事业的顶峰,但他还是那个他,简单而沉稳。尽管他当时是法国除了戴高乐将军以外最有名的人物。他是个美食家,甚至可以说是个贪吃之人。他得注意自己的饮食,不能太过放肆。当他在卡利昂吃午饭的时候,他那厨艺绝佳的妹妹卡特琳会为他准备一些小菜。"于贝尔·德·沙博纳里当时 11 岁。在这片迪奥和他妹妹曾用脚丈量的土地上,至今仍开展着花卉种植的事业,如此一来,当年那种有序的生活节奏便得以长期延续下去。人们在正午前的好时光里采摘玫瑰和茉莉,把它们用一块布罩好,以防发酵。代理商通常要到第二天才会赶到。克里斯汀常常过来待上一段时间,在卡利昂,他不再是个时装设计师,而是另一个摆弄花草的迪奥,他在另一个截然不同的世界里。雅克·霍姆贝格也常常到"纳伊斯"来,他是迪奥非常亲密的朋友,多年来他的目光始终追随着迪奥。哥哥猝死后,卡特琳和雅克仍然保持着联系。

卡特琳·迪奥和埃尔维·德·沙博纳里对花朵的热情一直延续到生命的尽头。冬天是含羞草的采摘季。铃兰被送往西贡(Saigon)庆祝五一,它成了克里斯汀的幸运花。他想要萃取一种以铃兰香为基调的香味,但这根本不可能,因为没办法从铃兰中提取精油。卡特琳·迪奥的继子解释说:"恰恰正是因着这份不可得、不存在,克里斯汀才那么想要得到。"在生命的尾声,迪奥似乎在认真考虑筹备一种极具创新精神的高端花艺生意。他希望建立起高端定制鲜花的网络,由公司特派专员递送这些鲜花。

战后,卡特琳很想重新拥有一份事业。曾被关押在集中营的受害者都能在巴黎大堂拥有一份自己的小事业,那些战争寡妇们可以卖点儿香烟杂货,甚至成为某些产品的代理商。卡特琳便选择了在巴黎大堂卖花,鲜花成为她的人生主线。迪奥一家宿命的开始和结束都与花朵相关①。

克里斯汀·迪奥性格不怎么外向,他不希望别人代替他为他的生活做注解,他要在自己的书中讲述自己的人生。但是对于像他这样一个明星设计师,他真的能将这份谦逊节制贯彻到底,并完全真诚吗?他能跑去叮嘱他所有的朋友,让他们不要在书中谈论自己吗?"当然,"于贝尔·德·沙博纳里向我确

---

① 在这里也要提到:随时随地,迪奥身边总有园艺师相伴。

认。然而,当我们赋予迪奥严谨质朴的形象时,也应该多加小心,他内心调皮狡黠的一面同样不容忽视。"他热爱生活。出门,但都非常低调,不引人注目。他非常有艺术家气质,但同时也尊重他所出入场合的规矩。他喜欢猜谜游戏。我在卡利昂,在这里,发现了许多属于他的卡牌,都好好地放在漂亮的盒子里。所有的游戏都有规则,而他有他自己的。"

分别的时刻临近了。在有关迪奥的种种印象里,有没有哪个片刻特别让人记忆犹新但其他人却很少谈论?于贝尔·德·沙博纳里对我讲述了下面这段轶事:"那天我们在楼下一起吃早饭。克里斯汀也和我们一块儿。我看着他走下楼梯。他穿着一件家居服,上面印的花纹让我这样的小孩儿大吃一惊。那是各种黄色的高卢牌香烟盒,士兵抽的那种。我相信克里斯汀不抽烟。我愣在那里,是因为这衣服看上去实在太好笑了。他可不是什么玩忧郁的人。他妹妹就整天乐呵呵的。卡特琳总笑,非常愉悦,非常乐观。"接着,他又模模糊糊地提起了另外一些记忆,是有关成功后的迪奥的一些往事:"朱尔-桑多大街上的迪奥私宅在我眼中简直就像个大糖果屋,我太喜欢了。现在在卡利昂,还保存着当年的几件家具。那天,我们还一起去了沙特尔(Chartres),克里斯汀想带我们参观大教堂。还有就是1957年8月和克里斯汀、卡特琳一起在'黑胶'进餐,排场很大。我也被邀请了。大池子边上摆满了小桌子,桌子上点着漂亮非凡的烛灯。那顿晚餐堪称饕餮。"

让我们和主人一起翻看家庭相册。当时,卡特琳20岁,很美,一张鹅蛋脸牢牢抓住了人们的目光,她留着20年代的经典发型。另外一些照片拍的是谁就不太确定了,于贝尔·德·沙博纳里有时候会高声自问:这是雅克利娜吗?夹在克里斯汀和卡特琳之间的那个雅克利娜。他说,在"玛"的房间里,始终放着贝尔纳的一张照片,他是个性格急躁的人。鼻子和嘴很像克里斯汀,但他的眼神很特别,是专属于贝尔纳·迪奥的眼神。照片一张接着一张:网球场,邦多(Bandol)的旅馆,吉内特的房间,胡安莱潘(Juan-les-Pins)。于贝尔·德·沙博纳里还谈起卡特琳在比利时的某个教会学校当寄宿生的经历,但她没待多久就回来了,因为在那里她感到太不自由。最后,还是回到鲜花的话题上,我们一起翻看了采摘期拍下的照片。

## 圣巴泰勒米礼拜堂(Saint-Barthélemy)的独特命运

　　距离"纳伊斯"不远的地方，矗立着蒙托鲁的圣巴泰勒米礼拜堂，它曾经一度属于迪奥，不过他在世时就转赠给了当地市政府。礼拜堂自1634年起开工建造，用的是12世纪旧堡垒的石块。里面的木雕画美得触目惊心，宗教和世俗的主题皆有涉及，而且乐器、面孔和身体应有尽有，具有强大的写实主义表现力。壁画、木檐雕刻以及革命时期的陶瓷盘所呈现的饰带结扣是18世纪晚期非常流行的装饰艺术形式，让人联想到迪奥非常偏爱的弗朗热饰扣（næud Fontange），他把这种饰扣运用在他的标志、家具还有店面中，还有那些表现神秘教义、如今已经成为历史遗迹的徽章纹饰。

　　如此一座充满活力和人性的小教堂无法不让克里斯汀·迪奥喜爱。就像他名下的许多房产，这个小教堂的命运也非同寻常。它生动的历史似乎也见证了迪奥和他心系的产业之间既强大有力又转瞬即逝的联系。自从失去他童年的家以后，迪奥再也不对所有权抱有任何幻想。

　　这座教堂在大革命时期曾被民间组织（Société populaire）征用为公共会议室，曾在意大利战争和奥地利被占期间用作堆放干草的仓库，最终于1845和1858年间正式注册入地籍。它原本属于蒙托鲁的一个居民，但没有任何公证文件，也没有任何大区决议作为证明。虽然他定期向主教府支付教会税——所有私有礼拜堂必须向教会支付的一种税收，但事实产权不等同于合法产权。这个居民是否曾在1848年法国大革命时将这座礼拜堂登记为他个人财产，以防止反教人士的抢夺破坏？对此，就不得而知了。无论如何，这座小礼拜堂被当作这位先生的遗产，传给了他的后代，直到克里斯汀·迪奥将它买下。迪奥惊讶地发现他需要为这座教堂支付使用费。把它从地籍册中除名是一个办法，但因为缺少公证文件，无法办理。最终迪奥把礼拜堂赠予了镇政府，以镇决议的形式将之收归公有。克里斯汀·迪奥没有强留它，它讨他欢心，和他相像，同样不属于任何人。他并没有想要拥有它，他只是爱它，他在里面举办音乐会。这是个和他风格相符的故事。

## 在暗房中,雷蒙·A. 迪奥

根据克里斯汀的记述,比起卡特琳,他们的大哥雷蒙显得遥不可及,甚至有时候还暴躁易怒。关于雷蒙,说实在,人们知道的东西微乎其微,只记得他在 1914 至 1918 年间自愿入伍,当时他才刚刚成年。他回来的时候身负重伤、精神处于惊恐状态:他是他们兵营唯一的幸存者。这些从战争回来的大兵们常常因为悲痛而变得尖刻,他们对人性感到失望。他们回归后的命运往往相似——染上毒瘾、残废,顶着巨大的精神压力,找不到人倾诉。

雷蒙写作,很快在两次世界大战之间的那些低俗刊物中找到了发声的渠道,比如《臼炮》(*Le Crapouillot*),当时它还不是右倾无政府主义乃至极右分子的宣传阵营,不像战后人们所知的那样带有挑衅侮辱的意思。《臼炮》1915年创刊,原本是汇编一些讽刺、现实主义的文摘。它的名字取自法国人使用的一种臼炮,主要涉足文学和艺术领域,它的作者形形色色,从共产主义者到莫拉斯主义者(民族主义者)应有尽有。在第二次世界大战时,报纸停刊,而复刊后它的编委会出现极右倾向,最后被《分钟报》(*Minute*)收购。迪奥的哥哥以雷蒙·A. 迪奥的笔名于 1936 至 1939 年间为《臼炮》编辑专刊,谈论梵蒂冈、犹太人、共济会、石油和战争。他推广了"两百家族"这一概念,这些家族是法兰西银行最大的 200 个股东,被指责非法操纵整个国家,为此他整理了许多资料。雷蒙走上了和他的兄弟姐妹截然相反的道路,这或许要把他的人生历程和 30 年代他们家的破产联系起来才能得到更好的解释。

雷蒙·A. 迪奥有一本著作的副标题是"私人小专栏(1918—1935)"(*Petite chronique privée*),正标题取名为《母牛》(*Les Vaches*),这本是一部上下两册作品的第一册。此书于 1945 年由新批评杂志(Nouvelle Revue critique)出版社出版。出版社预告了第二册的书名是《狮子》(*Léon*),收录的是 1936 年到 1945 年间撰写的文章。书出版了吗?我没有找到任何证据。在"同一作者作品"的栏目下,雷蒙·迪奥只放上了他的《商人拿破仑》(*Napoléon, homme d'affaires*),这本书在 1940 年出版的时候就被占领军当局查封。

迪奥家排行老大、老二的兄弟俩在战后时期,以完全不同的面貌为世人所知。其中一位变得越来越激进,并出版了个人的第一本著作。另一位则永远不会走向极端,他找到了自己的道路,并且名声在外。在如此不同的两种状态外,是否存在某种值得注意的交点?答案并不确定。似乎只有面具的佩戴、分身的问题能在两兄弟间引起共鸣。

当翻开雷蒙·迪奥的这本小书时,人们对于书的内容并没有什么预期。在他题为"为帮助理解而写"的序言中,他非常快速地就把文学的三角关系摆在读者眼前:书中并不是作者本人在叙述,而是一个名叫让·勒桑特尼耶(Jean Le Centenier)的朋友在讲述,这位朋友是作者在德国桑德博斯特尔(Sandbostel)的战俘集中营(Stalag XB)中所遇见的。如果说这本书看起来属于叙述类文体,但事实上却属于另一种体裁——"幕间短剧"。作者本人开宗明义地写道:"我试图通过我们的对话重新构建一种幕间短剧,让读者自行为之配乐。"

如果说这本书值得一读,不单单因为他的作者是克里斯汀·迪奥的家人(就和本书中提到的其他许多资料一样),还因为这样一本小书把那个时代法国家庭伦理的真实写照呈现在人们面前,妙趣横生,落笔毫不客气。文字间流露出的粗鄙、暴力、浅薄以及极端敏感让人目瞪口呆,印象强烈。强烈反差的风格奏响了反战的追思曲。事实上,这一"短剧"首先涵盖了一篇几乎没有做任何小说化处理的生活自述(récit de vie),讲述的是一个从地狱归来的士兵的记忆和失望。颤动的绝望,溃败,自杀,自我毁灭,酒精饮料,封闭的房子,赌博,和女人……这一切让人联想到德里欧·拉罗舍尔(Drieu la Rochelle)的某些作品,比如震动人心的《鬼火》(Feu follet)。

是否可以说,雷蒙·A.迪奥是比较温和的无政府主义者,是一个没有如愿得到认可的、有一定才气的作家?借他小说中"分身"之口——小说叙述者的生平和他自己的经历如此相近,他说:"他想起《神秘岛》(L'île mystérieuse)中的尼摩船长,思绪把他带回了儿时富裕的乡村生活。那时候他穿着丝质衬衫、哔叽布料的白短裤,戴着皮帽,坐着四轮马车去教堂望弥撒。还有那该死的针织手套,把他剪得很短的指甲弄得很不舒服。他的母亲正直可亲,撑开她的花边折伞,用略带傲慢的微笑回答路人的致意。但追忆过去却让他凉透了心,试图把他带离他的记忆。那个矫揉造作又充满柔情的年代留给他的只剩下这些物质方面的记忆,还有这份让他的女朋友们大吃一惊的翩翩风度。他用尽全力驱散过去的召唤,忘记他曾经拥有过的玩具、曾经教导过他的女教师们。(……)桌上放着盒高卢牌香烟,皮埃尔平静地点燃了一支。在他们没完没了的对话中,他过去也曾经无数次在同一个位置、在他朋友面前做过同样的事情。听缺席者说话,读着题目叫做'家庭危机'的第二份手稿,让他感觉痛苦。这个故事是当时最时髦的故事:被银行追债的家庭的垂死挣扎。从某种程度上来看,也算个颇具现代意义的故事。"这段话必然能唤起谙熟迪奥家族历史的人的许多共鸣。

# 第十章

## 没有迪奥，就没有黛德丽！①

玛琳·黛德丽和克里斯汀·迪奥这两个人物，一个已经成名，另一个即将成名。他们相知甚深，携手同行并互相欣赏。他们分别超越了各自的世界而产生了观念的交融。德国女人拒绝接受希特勒而背井离乡；诺曼底男人则准备好逆向前行，为德国着迷的他和那些反纳粹的知识分子联系紧密，那些知识分子始终为保护中欧的知识阶层而努力着，一刻不曾松懈。两个人的生命旅程和战争休戚相关，之前、之中和之后。

在玛丽娅·莉娃(Maria Riva)1933年献给她母亲的那本不可思议的"真实小说"《玛琳·黛德丽》②中，故事的脉络慢慢显现。这一作品早已远远超越了传记的体裁，对我来说弥足珍贵。书中首先讲述了一对母女之间非常特别的关系，玛琳在成为演员的玛丽娅身边一点点建立起这一关系。当玛丽娅提笔时，诚然她完全拥有书写的自由，但玛琳却仿佛如影随形。这本书出版前的很多年，在她去世的几个月前，玛琳对她女儿说："我已经开始整理一个名叫'珍贵档案'的文件资料夹，里面有一些我的粉丝送给我的照片：这对你即将要动笔写的书或许有着重要价值。"③她不阻止玛丽娅将她母亲的一生真实地展现人前，是她雕琢了电影底座上的"蓝天使"雕像，也是她本人打破雕像、把它赶下台去。

玛丽娅·莉娃笔下的玛琳是一个完整的玛琳，她对一切都感兴趣，从食品卫生到着装激情，无一不包。这本书见证了一个电影偶像的诞生，记述清

---

① 当阿尔弗雷德·希区柯克拒绝玛琳·黛德丽穿着迪奥设计的衣服出演《大借口》(Le Grand Alibi)，黛德丽如此铿锵有力地作答。

② 玛丽娅·莉娃，《女儿眼中的玛琳·黛德丽》(Marlene Dietrich par sa fille)，弗拉马利翁出版社，1992年

③ 同上。

晰、透彻，也咄咄逼人。在这份记录中，人们能够读到这样一个被所有人赞美的女人是如何一丝不苟地对待自己的身体。而与此同时，一个男人的传奇也正慢慢建立，这个男人所关注的正是所有女人的身体，他就是克里斯汀·迪奥。玛琳和玛丽娅·莉娃组成了一曲钟情于时尚的双重奏，她们一起为著名摄影师霍斯特作模特。玛丽娅靠在她母亲身上，但眼神却聚焦于她的旁边，她的头发高高挽成一个发髻，像一只纤弱的黑鸟。她的表情让人难以捉摸。玛琳则穿着一条"新风貌"的裙子，一条以缎纹为里衬的黑色毛料裙子。

在城市化和科技发展的推动下，20世纪女人的身体会变成什么样？玛琳作为女人、迪奥作为时装设计师，都以解答这一谜题为己任。两个人都是他们个人所投身的艺术的狂热者和理论家，是具有奇怪癖好的完美主义者，是绝对主义者，是规则制定者。出于一些相异又相似的理由——二战的喧哗、原本家庭中坚力量的倒下，他们俩都没有沦为他们那个世纪的路人甲，而是一起纵身跃入时代之中，成为弄潮儿。他们永远地站在了梦想家的高度上。

就是这样，他们和围绕着他们的那些人区别了开来。迪奥创作了"新风貌"，在他的航程中清楚地宣告他将遵循自己的法则，而且只遵循自己的法则。她也一样。当迪奥1946年在蒙田大道30号安顿下来，她则把她的大箱子搬到了12号。她参加了迪奥公司1948年在纽约的开幕仪式。

他们俩之间的这种关系，是独一无二的。即便电影和时尚间始终存在着某种共谋关系，尤其是在可可·香奈儿和卢奇诺·维斯康蒂（Luchino Visconti）之间——在香奈儿的引荐下，维斯康蒂认识了让·雷诺阿，也是香奈儿让他把投注于头发上的热情转移到了电影上，但是维斯康蒂说不定此前早就把目光投向了电影，因为正如先驱者迈布里奇①自1878年就在照片中展示的那样，头发在飞驰中所呈现的样子是最纯粹的同步运动。

---

① 参看汉斯·克里斯蒂安·亚当（Hans Christian Adam）的著作《埃德沃德·迈布里奇，运动摄影作品全集》（*Edweard Muybridge, the Complete Locomotion Photographes*），塔森出版社（Taschen），2010年。最杰出的人类、动物运动的观察者。

## 影像的世界

当电影开始反思自我时,玛琳则近距离地研究起她在镜头中展示的形象,试图理解导演的目光和镜头之间复杂的机制。几乎没有导演能够将他们的规则强加在她的身上,除了两个人——昵称"约"的约瑟夫·冯·斯坦伯格(Joseph von Sternberg)和卢奇诺·维斯康蒂,她始终在向这两位导演致敬:"'约'创造了我。这样的奇迹只有卢奇诺·维斯康蒂拍摄赫尔穆特·贝格(Helmut Berger)的时候才再度发生。如果说,在镜头前,演员能够尽情挥洒自我,甚而表现出非凡的演技,这通常应归功于镜头后的那双眼睛,正是因为那双眼睛深深爱着镜头前的人,才能把最令人印象深刻的画面印刻在胶卷上。"①

一边是女人,一边是时装设计师。这个时装设计师算得上是唯一一个在这个女人面前不会沦为没主见的木偶的男人,因为他本人一点也不偏好傀儡这样的角色。玛琳·黛德丽在为希区柯克拍摄《大借口》②和《欲海惊魂》(*Stage Fright*)时,迪奥曾为她量身定做演出服,这提供了两人关系的一种范本,这一关系首先建立在试样、靠近和练习上,且私交和职业关系两者兼具。

相对而言,迪奥对于为电影定制服装这件事是心存疑虑的:他觉得自己在创作戏服方面并不具有特别的天分,不确定是否能赋予这些场面服装以独特

---

① 玛丽娅·莉娃在她的书中誊录了玛琳给斯坦伯格所发的电报:"拍摄的第二天起,我就明白了,没有你,我什么都不是。"(1930年4月)

② 迪奥和电影之间,是一段爱恨交织的故事。这位时装设计师始终觉得自己内心深处是抵触电影的拍摄手法的。但是他对于戏服的热情常常让他改变主意,重拾某些合作,即便只是昙花一现的合作。他最早的戏服作品,献给了1939年上演的戏剧《史密斯船长和造谣学校》(*Captain Smith et l'École de la médisance*)中的戏服。1943年,是克劳特·乌当-拉哈(Claude Autant-Lara)的《情书》(*Lettres d'amour*)。1944年,是让-保罗·保兰(Paulin)的《将军》(*Échec au roi*)。在马克-吉尔伯特·萨瓦乔(Marc-Gilbert Sauvageon)的《小幸福》(*Au petit bonheur*)中,他为奥德特·茹瓦耶(Odette Joyeux)的角色订制了全套服装。1946年,他签订了勒内·克莱尔的《沉默是金》以及埃德蒙·T.格勒维尔(E. T. Greville)的《一夜情》(*Pour une nuit d'amour*)的戏服合同。1947年是马塞尔·阿沙尔(Marcel Achard)的《巴黎华尔兹》(*La Valse de Paris*),接下来是让·季洛杜的《贝拉克的美男子》(戏剧和舞蹈)。各种合作纷至沓来,演员们成为迪奥品牌的一线代言人。

的表达。无论如何,他还是参与了一系列电影的服装制作,其中包括克劳特·乌当-拉哈的《情书》、让-保罗·保兰的《将军》;他包办了一些角色的全部行头,其中包括马克-吉尔伯特·萨瓦乔《小幸福》中奥德特·茹瓦耶的角色、1944 年在皮埃尔·德·埃兰(Pierre de Hérain)导演的《帕米拉,或神庙之谜》(*Paméla, ou l'énigme du temple*)中出演角色的勒内·圣西尔(Renée Saint-Cyr)和吉赛勒·卡扎德絮(Gisèle Casadesus)。此后,他又在 1946 年为乌当-拉哈的电影《希尔维亚与幽灵》(*Sylvie et le fantôme*)中奥德特·茹瓦耶扮演的角色定制戏服。同一年,玛塞勒·德里安(Marcelle Derrien)和妲妮·罗宾(Dany Robin)在勒内·克莱尔的《沉默是金》中的衣服也由他一手包办,之后他又再次为奥德特·茹瓦耶在埃德蒙·T. 格勒维尔导演的《一夜情》的角色亲自操刀。1947 年,也就是迪奥公司创建的同年,他答应为马塞尔·阿沙尔的电影《巴黎华尔兹》做服装设计,让·季洛杜的《贝拉克的美男子》中的服装也出自他的手笔。1950 年,让·谷克多在根据他自己的小说改编而成的电影《可怕的孩子们》(*Les Enfants terribles de Melville*)中邀请了妮科尔·斯黛芬(Nicole Stéphane)和蕾内·科思玛(Renée Cosima)两位女演员出演,她们的戏服由迪奥包办。1956 年,迪奥负责了在欧洲拍摄影片的好莱坞女明星玛娜·洛伊(Myrna Loy)和奥利维娅·德·哈维兰(Olivia De Havilland)的裙装,以及诺曼·卡斯纳(Norman Krasna)的《大使的女儿》(*La Fille de l'ambassadeur*)、马克·罗布森(Mark Robson)的《小茅屋》(*La Petite Hutte*)中艾娃·加德纳(Ava Gardner)的裙子,还有《爱之舞曲》(*Quadrille d'amour*)中芝芝·让梅尔的服装。那又如何呢?虽然他在这一领域的服装定制方面取得了毋庸置疑的成功,但他依然更愿意将时间花费在个人服装系列的发表上。

1949 年出品的电影《一个世纪有五十年》(*Siècle a cinquante ans*)中,迪奥为吉内瓦维·佩吉(Geneviève Page)定制戏服。这部电影的导演丹尼斯·蒂阿尔讲述了她在 1939 年和这位时装设计师相识的过程,当时迪奥也才刚刚开始设计一些帽子和服装。丹尼斯·蒂阿尔是罗兰·蒂阿尔的妻子,罗兰也是电影导演,执导过《柱床》,这部电影中的服装也是迪奥的作品。丹尼斯解释了设计师对于电影所持的保留态度:"就在大逃难后不久,谢立丹(Sheridan)

的《造谣学校》(*L'école de la médisance*)被马塞尔·埃朗(Marcel Herrand)搬上了马蒂兰剧院(Mathurins)的舞台。迪奥非常谦虚,这是他初涉这一领域。我观看了彩排,几乎立刻就被舞台上的样衣给吸引住了。那真像调色板一般,把绚丽夺目的色彩铺展在人们面前。太出乎人的意料了,和国家戏剧院或者法兰西戏剧院舞台上所呈现的都不是一回事儿。但是,在被占时期,电影都是黑白的,画稿上的颜色全体消失了。我说:'浅绿和浅褐,在影院的大银幕上都是一回事儿,你看呀,克里斯汀。''不,'他回答我,'不应该是一回事儿,这实在太丑陋了。在银幕上,女演员永远都不该觉得自己丑,不然她一定会演砸的。'迪奥对此忧心忡忡,不知该如何是好。"①

## 保 持 距 离

迪奥并不是不喜欢电影。通过丹尼斯·蒂阿尔的讲述,可以看出他对电影其实拥有一种直觉:他明白随着焦距和光线的改变,电影镜头是以截然不同的方式来表达他的作品的,因而他没办法一如既往地掌控衣服的活动和表现力。消失点不再是他的管辖范围,这让他感到不快。电影想要全权掌控衣服、动作和灵魂。摄影止步于移动的身体的神秘感,而电影却能将它捕捉下来,嵌入固定的背景中。通常,时装设计师都无法抵挡第七艺术的魅力,但迪奥却从来不曾真正适应。他所要讲述的故事是非常基本的,是他和一个女人、一块布之间的三角关系,这便是他的故事。

色彩于他而言至关重要。在放映前的最后一刻用笔来调节一件衣服的亮度,以此在黑、灰、白之间找到合适的色调,这种事只能招来他的白眼。他在《克里斯汀·迪奥和我》一书中对此作出解释:"除非演出非常出众,不然我很少感到快乐。无论是在剧院、电影院还是歌舞厅、夜总会。我这么说是为了回答一些人常常向我提出的问题:为什么您不太为舞台或者银幕工作?为什么您的名字很少出现在海报或者节目单上?一个戏剧服装师和一个时装设计师的审美观是有本质区别的。1939 年,当马塞尔·埃朗请我为谢立丹的《造谣

---

① 丹尼斯·蒂阿尔,《日记》。

学校》设计戏服时,我正匿名在罗贝尔·皮盖的公司做设计。这是署上我名字的第一批服饰。我说服饰,是因为马蒂兰剧院的舞台相对较小,而这出戏又属于世俗的内心戏,我处理这些18世纪的衣服的时候力求完美,这种视觉效果在规模比较大的演出厅通常是不可能达到的。后来,我为几部电影和芭蕾舞剧设计过衣服,但一点也不开心。舞台混乱一片,作品所期望得到的是即兴而发,是大致确定,是对于效果的牺牲,而这和我的脾气不符。"

迪奥一点儿也没搞错,他的用词恰到好处:视觉效果。这玩意儿可不像他在试衣时从不离手的手杖,他没有办法把视觉效果抓在手中。电影的视觉效果完完全全从他的指缝中溜走。因而,总体而言,他对于大银幕表现出某种抵触的情绪,除了某些例外。玛琳永远都是绝对的例外。黛德丽和迪奥的观念完美的契合,尤其体现在对于线条的执著上。人物轮廓在被电影镜头或者服装秀的观众的目光完全掌控前,应该已经是一种完备的呈现。这两个人在线条感上都分毫不让,他们是完美轮廓的狂热分子。让·谷克多曾在1954年8月17日蒙特卡罗的某次演讲中一语中的,他的话可以看作是对玛琳·黛德丽的最好形容。让·马莱(Jean Marais)后来读到了讲稿中的这句话:"玛琳·黛德丽……您的名字以轻抚开头,以一顿马鞭作结。"人们对后面的内容不太熟悉,但其实也是非常中肯的评价:"您戴着羽毛、穿着皮毛大衣,它们和您的身体如此契合,皮毛就像长在猛兽身上,羽毛就像长在飞禽身上。"玛琳强迫希区柯克和华纳集团接受迪奥后,才答应接拍《大借口》。她非常直白地对希区柯克喊话:"没有迪奥,就没有黛德丽!"

## 身 材 高 亮

迪奥的作品通常都带有强烈的个人烙印,有许多夸张之处,而他在玛琳身上看到了对于他的作品的最佳诠释。如果说迪奥为黛德丽本不想接拍的电影设计了服装,那么事实上迪奥的作品在她的个人衣橱中则是无所不在。在对于目光的渴望上,他们两人是一致的。

1950年,当玛琳出演的影片被奥斯卡提名最佳外语片奖时,她毫不犹豫地选择了迪奥。她非常清楚自己想要一件什么样子的长裙。或者更确切地说,那一刻她最清楚自己想要展示什么、隐藏什么。她穿着黑色紧身裙,美腿若隐若现,一亮相便受到疯狂追捧,甚至在半个多世纪后的2012年,安吉丽娜·茱莉再次在奥斯卡颁奖典礼上重现了这一经典造型。

玛丽娅·莉娃在她的书中常常谈到她母亲对自己仪态、身材的严格控制。当她在被拍摄或者出席红毯秀的时候,她会把诸如饥饿、口渴之类的自然现象抛诸脑后,尽职地将自己作为女演员的本分做到最好。玛琳·黛德丽认为,投身于一份事业中,就必须以自己最大能力去完成人们的期待……而她也深深相信自己"超人"的一面能让她比人们所期待的做得更好。

有意思的是,在她女儿玛丽娅的笔下,她一点也不像天上掉下来的仙女,她热爱美食,永远都沉浸在爱恋中,而且总是抛开一切羁绊,穿着一些简单而实用的衣服。玛丽娅·莉娃补充道:"那时候,黛德丽不会为自己的日常生活添置衣服,或者说这种情况极少发生。一件睡衣,一套做饭用的衣服,再加上一套去工作室时穿的行头,她可以穿上好多年。相反,那些巴黎的时装却和工作室的服装一样得到了精心对待;每一件衣服的状态都必须完美,所有的装饰配件也都齐全。"如玛琳不喜欢离家太远去吃饭,通常只是出于纯粹的偏执和/或对于健康的警惕。她个人最情有独钟的是那些德国的特色菜,比如奶油鹅肝、黄瓜色拉(确切地说,是那种柏林式的醋渍黄瓜)、土豆色拉以及德国粗黑麦面包。这个女人和迪奥之间还有一个共同点:始终胃口大开。

对于建筑的热爱,对于自我的建设以及为个人生活所定下的规矩(被称为礼仪、礼节的东西)深刻地构成了这两个人如此丰富的内心世界。玛琳·黛德丽和克里斯汀·迪奥都曾在德式学校上课,在严厉专注的女教师——欧洲条件优渥的家庭对这些德国小姐们趋之若鹜——的戒尺下成长。对于玛琳,一切都合情合理;但对于迪奥,他和德国的联系却经常被人遗忘。2007年,柏林国家博物馆(Staatliche Museen de Berlin)举办"克里斯汀和德国,1947—1957"特展,该展览恰如其分地把迪奥重新放到德国上流社会拓荒者的位置上。迪奥通过和经验老到的手工艺人签订合约,为未来的经济成功奠定了基础。

且不管在他妹妹卡特琳身上发生的种种不幸,迪奥属于1947年最早一批渡过莱茵河的企业家之一。

迪奥和德国的联系不仅能追溯到他的童年时期，而且和他的艺术学习也密切相关。在迪奥设计师生涯的前 40 年间，他没有做过任何和服装设计有关的工作。他和许多热爱中欧生活艺术及其文化的人交朋友、建立联系，由此可以看出，对于迪奥来说，中欧是一个被二战摧毁继而失去的天堂。

　　随着欧洲一体化进程的推进，未来愈发清晰可辨，让这个年轻人感到振奋。对他而言，过去在政治学课堂上探讨的问题终于等到了开花结果的那一天。人们常常忽略了这一点：迪奥的父亲曾经期望迪奥长大当一个外交官。迪奥确实有当外交官的天赋，但他把这一天赋尽情施展在了服装公司经营中。

　　美国人发现，迪奥首先通过"新风貌"系列向他们宣战，继而在国际时尚舞台上重振法国时尚的地位。但他和俄国或者德国的关系却大不相同，更为迂回，也更为深厚，那是深藏在他心中的文化土壤所培育出的种子。

　　在设计师生涯开始前，他在 20 世纪 30 年代遇见了到巴黎寻求庇护的欧洲各地艺术家们，他前往俄国，他操练德语。柏林艺术图书馆（Kunstbibliothek de Berlin）馆长阿德尔海德·拉施（Adelheid Rasch）①在 2007 年"克里斯汀和德国"②特展举办期间接受采访，也有理有据地证实了这一点。根据其中一些访谈可以发现，迪奥能够直接用德语和人交谈。

　　玛琳·黛德丽曾一度拒绝为希特勒的电影野心效力，这一举动尤其和著名演员兼导演莱尼·里芬斯塔尔形成鲜明对比。战后，玛琳胜利地完成了为美国大兵举办的巡回演出。随后她回到柏林，常年在外飘荡的女儿暂时回家了。

　　她趁此机会和她的母亲、姐妹相聚，她们留在了德国，她出生的地方。玛丽娅·莉娃声情并茂地描述了玛琳的这趟回家之旅，当时的画面仿佛就在眼前浮现。"我的母亲穿着她的士兵服，上面别着一些勋章，但不是兵役勋章。

---

① 馆长和作者的谈话。

② 在拉施博士的专门筹备下，这一在柏林举办的特展（美术图书馆位于波茨坦广场）非常引人注目。从那个时代留下的影像资料中，我们能够发现克里斯汀·迪奥说一口流利的德语。他在世期间，有 10 场服装秀是用德语做的介绍。1955 年起，他前往视察德国的迪奥珠宝工作室。另外，迪奥档案馆的资料也让我们看到，迪奥的公共关系、模特、人力资源团队都来自德国，这是法国大使馆从 1949 年起对迪奥的一项要求。迪奥从小被一名德国女教师教育成人，身边有不少纳粹的德国朋友；无论是文化还是品味上，他无疑都是这片中欧文化的继承者。这一线索还有待继续挖掘。

她看上去非常优雅,一手提着她的漆皮旅行箱,胳膊下还夹着一把锯琴。在柏林机场迎接她的是一个优雅的女人,穿着灰色的套装,打着领带,戴着紫色的银狐帽——这是她的母亲。"

1945年9月27日,玛琳从夏洛滕堡给她的丈夫写了封信:"(……)世界真是悲惨。我们位于54号的老房子还算没倒。虽然已经弹痕累累,但房子的窗户边上始终绽放着红色的天竺葵(……)。柏林人都很喜欢我,他们给我带来了各式各样的东西,有照片,还有腌制的鲱鱼。当我走在路上,或者当孩子们在裂了缝的人行道中玩跳房子的游戏时,偶尔有只言片语飘到我的耳中,对我来说亲切极了。马蒙之家(Marmonhaus)也还在,因为它位于英国街区,所以人们在里面演出《伦勃朗》,由查尔斯·劳顿(Charles Laughton)领衔主演。"

## 边靠着边拼缝人生

没有谁的人生比他们俩的更加成对了。克里斯汀出生于1905年1月21日,而玛利娅·黛德丽(她的本名)出生于1901年12月27日。玛琳在战争爆发前离开柏林去了好莱坞,之后定居巴黎。她住在阿西妮广场对面的蒙田大道上,离迪奥家也就两步路的距离,她感觉自己像是回到了家中。他们两人都凭着不断学习和高强度的工作重新塑造了自己的人生,但更关键的是,他们都拥有巨大的梦想。

梦想,对于他们俩来说,大过生活,大过自我,终将结出累累硕果。

迪奥作为玛琳·黛德丽专属设计师参与的第二部电影是亨利·科斯特(Henry Koster)的《天堂无路》(*No Highway in the Sky*)。玛丽娅·莉娃写道:"这一次,迪奥创作的服饰是如此完美、如此黛德丽,以至于你整场电影看下来,会错以为她正为《时尚》杂志拍摄照片。"

不久,当埃迪特·皮亚芙结婚时,玛琳·黛德丽作为这位歌手"最要好的朋友",请迪奥为她定制了婚纱。那件婚纱简直就是当年设计师为玛琳制作的丝质纱裙的翻版。她女儿写道:"她穿着这条裙子,细长的脖子上挂着卡地亚的小十字吊坠,那样从容潇洒,一如往常。之后,当塞尔当(Cerdan)遇难时,也是黛德丽前去安慰她那悲痛欲绝的'小麻雀'。"

## 镜子，美丽的镜子……

然而，将设计师和这位完美的、具有致命诱惑的女人玛琳距离拉得更近的，是一面镜子。镜子，对于设计师和女演员都是不可或缺的，设计师通过它反思自己的设计，女演员透过它检查自己身上存在的些微不足。黛德丽把她的镜子看作最权威的伙伴。玛丽娅·莉娃这样描述这个放在旋转托盘上的装置："她不仅具有第六感，能够知道还有哪些小地方没弄好，而且她还有个私人的护卫，那就是滚轮上立着的那面巨大镜子。镜子的每一边都装有三个大功率灯泡。所有斯坦伯格从镜头里能看到的，也都一一落入黛德丽的眼中。她一刻不能离开她的镜子，不断在它面前调整、改进那些在她眼中不够完美的地方。"

正因为有了这面镜子，玛琳才能为自己定下她绝对必须遵循的"守则"。镜子就像随时听命于她的暗探。当她意识到电影艺术的必要性时，她就给自己定下了这一"镜子守则"。时至今天，她在《上海快车》(*Shanghai Express*)或者《放荡的女皇》(*L'Impératrice rouge*)中的形象已然升华为了偶像标志，这得益于她的双重反思，让她得以挽救导演没能注意到的地方，并让她能够展示她所希望观众看见的。

在传记《克里斯汀·迪奥和我》中，时装设计师在其中一个章节讲到了新服装系列的诞生过程。他这么起头："我坐在扶手椅里一动不动，窥伺着。我要求每一个新进来的人都喊上一句'先生，新的样衣！'，这可能显得有点夸张，但这是一种仪式，就像戏剧开场前的三声钟鸣。正因为有了这样的意识，我便不会错过最重要的第一印象。这样的通报让每件样衣都像被邀请来的客人，立刻吸引住在场的所有注意力。围绕着我的一切消失了，样衣便是全部。我要求模特靠近、走步，我观看着裙子的翩翩生命力一点点展现。紧接着我把模特带到大镜子前，我面对着镜子，它给了我做出评价所需要的更多距离。镜子将存在的问题一一暴露出来。"

这面镜子，这第三只眼，这不会说谎的映像，也同样存在于公众的眼中。

女人和设计师都不会忘记他们的受众,而且这也是他们成功的秘密所在,当然只是一部分。因为这面镜子同样能够摆正现实的位置,能够去除魔法的遮蔽。它写下某些玛琳和克里斯汀能读懂的句子,它映出观众和顾客所期待、却被他们忽视的形象。我不相信迪奥和黛德丽要通过镜子才能看到这些,我也不相信他们需要通过镜子才能看到那些缺陷:他们对于这些缺陷了如指掌,只是需要通过不断修正以慢慢臻于完美。他们所仔细观察的是其他东西,是肉体和布料之外的东西。

玛琳·黛德丽和克里斯汀·迪奥两个人都知道美丽本身无法自给自足,他们是这方面的专家。美丽需要支撑点。他们两人都设想着某些内在结构,这种结构完全隐于衣服之中,以极为细腻的方式配合着身体共同呈现一场精彩演出。紧身衣、胸衣,这些一直都是让克里斯汀·迪奥的作品获得首肯的重要元素。女人们喜欢和这位设计师分享她们这些隐形区域——这一著名的"胸衣和紧身衣"禁区,因为他会悉心地、恰当地为她们一一指点,甚至能达到比她们对自己所期许的更加完美的效果。隐形别针和挂钩,双重甚或三重叠加的系扣,先顺着、再逆着布料纹路的方向的斜裁布条,衬里垫高的布料,造成视觉假象的低领剪裁,没有什么能够阻止迪奥对于运动中的身体的潜心钻研。他设计的衣服让人联想到意大利文艺复兴时期的后台大桌,那是魔术师的家具,里面充满着各种秘密抽屉和巧妙掩饰的花招。

## 生 命 的 呼 吸

终于,玛琳在战后不久找到了她的"呼吸",她觉得自己完满了。当那些主要的布料生产公司——尤其是那些意大利的公司——重新开始生产他们最名贵的布料时,玛琳就希望找到她梦寐以求的连衣裙"小花招":一种理想的内衣—里衬—紧身胸衣。1944年之前,玛琳一直在好莱坞服装师伊雷娜(Irène)和电影工作室的著名设计师卡林莎(Karinsha)的陪同下寻找着完美衣裙底下隐藏的密码。当时人们常用的厚丝绸材质很难让她们感到满意,她们想要的是更加轻盈的、更加符合空气动力学的设计,能够完美地适应于电影艺术的节奏。这无疑是个速度问题。

就这样,"呼吸"出现了。它成为了玛琳专宠的神奇胸衣,无论在工艺还是性能方面都堪称最优,并且便于携带。她依靠这"呼吸"来保护她那无可指摘的身材。这第二层肌肤需要进行真正的试衣仪式,这让她大吃一惊,她被紧紧包裹,不得不将自己挺得笔直。和其他她最宝贝的配饰一样,她一下子添置了好几打一模一样的"呼吸",并且小心翼翼地保存好。

"呼吸"再也没有离过这位女演员的身。穿着它的时候,她不得不强迫自己控制氧气的吸入量,这让她即使是在人群中也能感到呼吸更加顺畅。这件女士紧身胸衣会让人感觉空气稀薄,呼吸的欲望降低,脉搏跳动和姿态行动计算得分毫不差,这些都会明显地促进思维的活跃性,并调动起各种意料外的资源。它是能量的管道工,是欲望的弹药手。玛丽娅·莉娃揭秘了"呼吸"的惊人功效:"一旦我的母亲待在这个模具里面,穿戴齐整,她就立刻变成一座雕塑,几乎不再呼吸,任何一点微小的移动都需要精心计算和控制。"

几乎在同一时间,在这个呼唤着重新创造的领域中,玛琳和克里斯汀在1945到1947年设想并重新构建了衣服内衬的极致形式,他们勾勒出一种自我和自我之间内部透视的轮廓。只有男人——当他们在工作室或者商场为女人穿衣的时候——才能了解一件尺寸合身的服装精确到分毫的完美,衣服外表看起来简单朴素,它的里面却是极尽复杂,甚至能达到实验室标准。

在二战后的日常生活中,在新要求的接踵而至中,这一隐形的内衬让人能更好地尽情展现自我,在电影镜头和放映机追寻真实的同时也不至于有碍观瞻。世界早已发生了翻天覆地的变化:街道上永远灯火通明,玻璃橱窗亮着灯,汽车也比过去显得更加狭小,帽子在那些低矮的车门面前也失色不少。飞机对衣服的舒适性提出了本质性要求,坐在飞机座椅上既不能穿着百褶裙,衣服的肩膀也不能过宽。每个人都成为世界大舞台的主角,但这一独特性并没有促进外衣罩衫的欣欣向荣;相反,设计师却绞尽脑汁以更加合身的衣裙设计靠近主体。世界无时无刻不在被电视、广播呈现,这些合身的衣裙能够完美地入镜。在这始终存在的狭小镜子——电视屏幕——前,人们对于多重性有了更加清晰的意识。那么大的世界变小了,是世界大战把它变小的。很快,人类的脚步迈向了月球。地球仪消失了,取而代之的是以1:1000的地图。所有人都希望开上私家车,都关注细节。在主观和客观的世界中,所有的庞然大物都被精致小巧的事物取代,无论是电话、电视机还是家用电器……一切都缩小了,腾出了更多空间。这些空间更多地留给了奢侈品和具有国际潜力的聚集型工业。覆盖了各种尺寸的"新风貌"系列趁机大展拳脚。但迪奥公司真正重视的却是衣服和裙子的内面,而这是所有女人不能忽视的问题。"迪奥出品"所具有的最致命的吸引力,恰在视线之外。

## 隐于内部的时装

在迪奥和黛德丽手上焕发光彩的是衣服的内面,这出乎人们的意料。它们所揭示的是极尽复杂的内部架构,是一种尤为特别的奢华体验,是一块精妙绝伦又神秘莫测的秘密领地。如果说玛琳想要遮掩的是颈部和脊椎周边的那些时间印记,那么克里斯汀·迪奥的顾客如今则变得只愿以"衣服的内部"起誓:这内部的构造和音乐盒一样完美,使她们获得存在感,使她们能尽情拥有,展现美丽以及动人身姿。同时,就像女人的包或者内衣存放间(即使是那些已经清理干净了的内衣存放间),里衬的设计让人相信,在外显的世界之下,还存在一个隐匿的世界。玛琳对于迪奥公司的各种化妆品了若指掌,一直使用迪奥粉底、香水和口红。

在很久以后的 20 世纪 80 年代,玛琳·黛德丽依然住在蒙田大道,依然距离迪奥公司仅有两步路之遥。而这时的她想要拥有迪奥产品,是因为她想要诱惑他人。搜寻猎物的虚荣感在她眼中根本无关紧要,她只是单纯地寻求快乐,即便她已经接近 90 岁高龄。她首先想要拥有的便是迪奥公司出品的内衣。玛丽娅·莉娃转述了某通颇为暧昧的电话,这段电话比起加埃唐·加添·德·克雷宏波(Gaëtan Gatian de Clérambault)的研究[①]来毫不逊色,德·克雷宏波这位精神病专家自 1908 年起着手研究布料(尤其是丝绸)带给女人的情欲,其成果收录在《法医学和精神病学的犯罪人类学档案》(Actes d'anthropologie criminelle de médecine légale et de psychiatrie)中。玛丽

---

① 加埃唐·加添·德·克雷宏波,《布料带给女人的情欲激情》(La Passion érotique des étoffes chez la femme),阻碍者出版社(Empêcheurs de penser en rond),2002 年。克雷宏波和年轻的弗洛伊德相识,他是名伟大的心理学家、人类学家和摄影家。

娅·莉娃和玛琳·黛德丽之间的电话片段是这样的:"'我亲爱的,你觉得,我的那位医生,他到底想要从我这里得到什么?某样属于我的东西或某样我穿在身上的东西?'她笑了笑,'(……)你知道我做了什么吗?我打电话给迪奥公司,我跟他们说我会派门卫来取一下小内裤,你知道的,杂志上的女舞者穿的那种超小三角裤。我的门卫带回来各种款式,大部分都太大了,但其中有一条的大小正合我意,小巧玲珑的,于是我用它摩擦着身体某处,如你所想,然后我又在上面喷了香水,然后我用快递把短裤寄给了他。当然,你知道当他收到以后会干些什么!'然后,她挂断了电话。"

这一片段诚然有过分演绎之嫌,但确实耸人听闻。顾客喜爱克里斯汀·迪奥公司推出的内衣,不仅是因为它的棉布质地和刺绣的工艺,也因为这些内衣对于她们而言就像第二层皮肤,足可和第一层皮肤相媲美。玛琳从内衣的功效出发,安排了这样一场情色游戏。这些"内衣"近乎器质性的布料直指某种觊觎:它想要成为和谐、崭新的器官,让人们能够随心所欲地用它来取代那些不再被认作自身一部分的器官。因此,玛琳寄给医生的不仅仅是一条小内裤,更是她自己性器官的分身。正如潘多拉魔盒令人晕眩,胸衣内裤则把女人和设计师引向真正形而上的思考。这一点,谁会认真地拒绝相信呢?

## 节食和佳肴,爱情和禁欲,友谊和孤独……

除了惺惺相惜,克里斯汀和黛德丽——设计师和女人——是否也曾在其他地方有所交集呢?玛丽娅·莉娃详细地讲述了1954年她母亲在欧洲忙里偷闲的一段经历:"当她结束了在伦敦的最后一场演出后,便住进了巴黎的皇宫酒店,山姆·史匹格(Sam Spiegel)和莫里斯·切瓦力亚(Maurice Chevalier)在那儿等着她。她灌录唱片,在新发布的服装系列中挑选衣服,然后到克里斯汀·迪奥在乡下的房子里度了个周末,和她同行的还有个名字缩写为G. P. 的人。她藏在黑色大太阳镜后,溜进电影院,尽情地观赏迦本(Gabin)在其新片中的演出。"

没有人知道他们彼此说了什么,我们只能想象。那么G. P. 又是谁呢?政府官员?演员?企业家?有些人私下传说那是乔治·蓬皮杜……

让·帕旺(Jean Pavans)在他为黛德丽所撰写的传记中回忆道：2000年9月26日，玛琳·黛德丽常设展在柏林电影博物馆拉开了帷幕。开幕式上，共计展出了3000件衣服、1000种配饰、400顶帽子、440双鞋子、15000张照片、300000张手写纸、2500张音像录制作品、300张海报和绘画作品①。"当人们试图把消失的文明中所有失而复得的用具或者曾经鲜活的生命的任何存在证明展示出来，以满足学术的遐思幻想，并在精神上重建它们时，便可将这种企图归入考古学和医学剖析的领域。然而，这里涉及的是艺术。因此，它所描绘的文明依然欣欣向荣，它所讴歌的身体依然鲜活如初。"

　　他说的不无道理。在这个巨大的房间里，在公众的眼中，他们仿佛正面对着一座强有力、"欣欣向荣的文明"圣殿。讽刺、粗俗和炫目的美无处不在。在所有锦缎下，无论是连衣裙还是睡袍，都仿佛能够透过它看到下面掩藏的那颗正在跳动的心。到处飘荡着爱的呓语，被放在行李箱或者手提包里，那些都是让·迦本写给"我最高贵的"人的著名电报和便条。

　　玛琳·黛德丽作为克里斯汀·迪奥最忠实的朋友，和他一样热衷节食又酷爱佳肴，沉迷爱情又崇尚禁欲，重视友情又享受孤独。美国《时尚》杂志的亚历山大·利伯曼是他们两人共同的朋友。他们常常碰面，不是在巴黎便是在纽约。1955年，美国CBS电视台曾在一套公寓房里用英语对迪奥做过一场非常出色的访谈，迪奥一边和朋友们打着牌一边谈论着他的事业。而这时，玛琳·黛德丽正穿着围裙待在厨房里准备着美味的小菜。

---

① 让·帕旺，《玛琳·黛德丽》，伽利玛口袋丛书(folio Gallimard)的传记系列。这本书风格独树一帜，文献详实。

# 第四部分

## 蒙田大道上的迪奥

# 第十一章
## 1947年2月12日:最初的舞台

在克里斯汀·迪奥服装公司成立60年后的今天,时尚成了表演一切激情的剧场。它的观众大幅增加,它的制作工序和传播途径得到极大改善。设计师之间的竞争呈现白热化趋势,变得激烈甚至可能招致诋毁。迪奥公司则拥有自己无可估量的法宝:最初的舞台。它被封存于蒙田大道的墙垣中,那里是这一品牌诞生和成长的见证。有太多品牌都期望拥有这样一份记录自己传奇故事的羊皮纸,以突显品牌的历史。当人们评估品牌签名时,这一基因价值连城,并能赢得大金融投资机构的尊重。如果缺少诞生的仪式,没有故事作为基石,没有小说作为开端,那么所有辛苦便付诸东流。而克里斯汀·迪奥这个男人,他凭直觉意识到传奇故事会带来的影响和意义,于是,在战争刚刚结束两年后,便准备好开始书写他自己的传奇。

当他的新服装公司一切准备就绪后,他深深地明白1947年2月12日星期三的那个舞台以及他在上面呈现的个人首秀,将成为未来不断被重读的圣经、不断被要求观摩的画作,他希望他带给世人的将是一幅值得以一千零一种方式去观看和理解的充满意义的杰作。他为这一幕戏的上演做了充分的准备:当蒙田大道上那间屋子的大厅灯光熄灭后,人们等待良久才等来了大戏开演的三声钟鸣。

在他的服装公司里,直到今天,人们依然能够找到品牌标志开始的舞台,它是永不枯竭的灵感来源。多么了不起啊!它从来不会过时,它从来不曾蒙尘。它在人们的记忆中是如此鲜活、如此长久,以至于50年来,人们评价任何一个和迪奥时装有关的活动时,都以它作为评论的潜在文本。

在这个什么都可能被贴上标签的年代,让·保罗·高缇耶(Jean Paul Gaultier)被称为"时尚界的坏孩子";卡尔·拉格斐尔德(Karl Lagerfeld)被誉为香奈儿的"重塑人",近几年来又为自己赢得了"拉格斐尔德他本人"的称呼;

伊夫·圣罗兰被贴上了"时尚界小王子"的标签。克里斯汀·迪奥则是"新风貌"的化身,他的开幕秀就如一场席卷一切的风暴。而事实上,人们常常忘记这场秀推出的不止一个系列,而是两个系列,分别是"八"(*En 8*)和"花冠"(*Corolle*)。

有关这一最初的舞台,当时只有为数不多的记述和评论留了下来,给人以重新审视的机会。透过形形色色在场者的口述,人们不断从不同角度向1947年2月12日那一天看去。

那一天,克里斯汀·迪奥到得很早,被人们匆忙铺在地上的地毯绊倒。在大厅里,花商拉绍姆(Lachaume)正在一朵朵摆放着他的鲜花。后台的模特们严阵以待。10点30分,大厅人声鼎沸,走秀马上就要开始了。一个模特不堪压力,从她迈出的第一步起就接连出错,然后哭着回到了后台。迪奥却发现,很快,随着一批批样衣登台展示,人群中爆发出阵阵雷鸣般的掌声。他捂住了自己的耳朵,因为,他说:"最初的那几声喝彩总让人感到害怕。"最后一件裙装展示完毕了,在后台,最早检查每一件样衣的玛格丽特·卡雷、米察·布里卡尔和克里斯汀·迪奥三个人望着彼此,不言不语。"日后无论还有怎样的幸福降临在我的生活中,都不会超过那一刻我所感受到的幸福,"迪奥写道。

## 卡门·科勒眼中的 1947 年 2 月 12 日

卡门·科勒是克里斯汀·迪奥非常亲近的朋友。她的丈夫皮埃尔·科勒曾在20世纪30年代为年轻的克里斯汀当过副手,一起合开过一间画廊。而她本人从迪奥筹备建立服装公司之初就加入了这份事业。"我们认识迪奥(……)是在"新风貌"发布之前。我们常常见面,也不为什么,只是一块儿打打纸牌或者去乡间走走。迪奥最大的美德是他的真诚,他是绝对不可能做出对朋友撒谎或者耍把戏这种事情的。他有自己的做人准则。我们所在的这个社会越来越缺乏这种真诚。在发布会之前,我同他一块儿工作。我们常常开怀大笑。他会来我家里吃晚饭,我们便一块儿给那些裙子找些听上去还不错的名字。1947年2月12日那天可是大日子。克里斯汀·迪奥那时候还没什么名气,我们天没亮就到现场了。迪奥什么都亲自监督。他穿着海军蓝的衣服,严格检查每个角落。木匠、细木工、挂毯工都郑重其事地做着最后的修饰调整。吧台提供的咖啡和面包片也都事先试过味道。我还记得花商不停地走来走去(……)。不断有这样那样的人来找克里斯汀；他一会儿消失，一会儿又出现。"①

卡门·科勒完成配饰的最后调整后，在服装工作室抽起了她的第一根香烟。随后她穿上一套"新风貌"系列的女士套装，这是克里斯汀·迪奥送给她的礼物。她甚至就在模特面前穿着这身衣服，看上去就像迪奥身边亲切的女大使。镜子里映出的拉绍姆的花儿仿佛更加娇艳，深色的靠背沙发也似乎准备好去迎接社会名流，尤其是来自上流社会的名流们。卡门说，这是"节制后的应有尽有"。

媒体蜂拥而来，提前入场。他们到处打量，想寻点毛病出来，这是他们的职业习惯，尤其当他们观摩的是某个设计师的个人首秀时。他们入座后，第一个模特塔尼亚(Tania)也到了。她们被告知自己将要穿着的样衣的名字还有出场顺序。这些模特儿带给人一种久违的女人味。一切都有节奏地进行着，仿佛克里斯汀·迪奥把他作曲的天赋都运用在了他的服装秀上。"有人突然叫住我。我听到远处传来报幕员的声音，正念着衣服的名字。所有衣服都以鲜花为名，生气勃勃，诗意盎然。这是革命性的创举。"迪奥的一位朋友回忆道。人们叫着迪奥的名字，为他鼓掌。玛格丽特·卡雷夫人是位熟知所有布料秘密的天才技术人员，她站在那里，没有言语。某种情绪感染了所有人，那是赞赏之情。香槟杯很快都斟满了美酒。卡门·科勒立刻做出评价："女人花诞生了。她穿着精美的鞋子、加长的裙子，戴着鼓形帽，胯部曲线凹凸有致。迪奥把女人变得神圣。"

在这第一场服装秀中，迪奥请卡门负责下午的沙龙。这场秀的展示是分批、分类、分职业进行的。比方说，早上10点，首批被邀请的都是媒体记者，他们能够把消息传出去，制造坊间传言，如果是肯定的评价，事情就好办多了。下午3点，安排的是面向顾客和买手的走秀。卡门·科勒负责安排座位，保证

---

① 卡门·科勒的回忆录《生命的瞬间》(*Instants de vie*)，柳树出版社(Édition du Saule)，1995年。

一切井然有序地进行。她知道她需要特别留心第一排的座位,人们争相抢夺这些缎纹椅,但每把椅子上却只能安排一人。上流社会人士都收到了邀请,巴黎名士中最重要的人物纷纷赴约:美国大使也出席了发布会,除她以外,到场的还有艾迪安·德·伯蒙伯爵、玛德琳·薇欧奈(Madeleine Vionnet)、让·谷克多、温莎公爵夫人、费雯·丽和劳伦斯·奥利弗。"这些人下午3点入场,而我们还和早上那些记者们待在一起,他们不愿离开。在这个大厅里,我不会给自己预贴标签。我做了很多临时安排。我必须显得友善而懂艺术。我编造借口,我赔礼道歉,我慢慢把每个人领到座位。一些人实在有些过度狂热。"

这是卡门·科勒第一次接受这样的任务,即便委屈她也必须把眼前的混乱收拾停当,因为是受邀者为服装秀定下舆论基调,是他们选择为哪些衣服鼓掌,这便是时装界的游戏规则。早晨的走秀大获成功的消息倒是很快传遍了整个巴黎。有一个迹象不会蒙人:卡门记得那些顾客跑向工作室首席模特的情景,而这些模特都为90件样衣心醉不已。时尚专栏作者贝蒂娜·巴拉德(Bettina Ballard)同样表现得激动不已:"我们所观摩的这出大戏,是之前任何时装公司都不曾向我们展示过的。"这是一场时尚的变革,同时也是一场时尚展示方式的变革,她如此强调。那些最尊贵的客人的反应最能说明问题:丽塔·海华斯(Rita Hayworth)订购了连衣裙"晚宴",而玛戈特·芳婷(Margot Fonteyn)则对"雏菊"情有独钟。

"成功奇迹般地降临了,这是因为迪奥所提供的恰好符合女人们的期许,"卡门·科勒坦言。而1947年的女人想要的是什么呢?"我们刚刚从战争中走出来,穿着方跟鞋,顶着方肩膀。迪奥登场之前的流行色是黑色。所有的连衣裙都是尖低领的款式,上面还别着一枚胸针。从哲学层面来说,迪奥所提出的,不过是把女人放回女人的位置;在国家的历史上,人们正处于某个转折点上(……);对我而言,1947年2月12日那一天方方面面的表现,可以解释迪奥为何会成功。最后,在我们这出戏中有一头'鹰'——卡梅尔·斯诺。她把电报发回了纽约。"事实上,是卡梅尔·斯诺为这一系列服装找到了"新风貌"这个美妙的形容词;也因为她,这一场时装秀在全世界范围内引起轰动。

之后,卡门·科勒负责经营迪奥旗下的一家小店。由于这家店店面很小,著名装饰艺术家克里斯汀的朋友克里斯汀·贝拉尔决定利用透视法和一些印满迪奥品牌名的纸箱来对店面做舞台化装饰①。对迪奥品牌的追捧如野火蔓延,女士套装"吧台"——圆形垂尾外套配上百褶黑裙——在女顾客们争相抢夺"花冠"的同时,也变成了时尚必需品。迪奥认可了这一现象,他说:"她懂得以一种罕有的智慧,在她独特的风格和我公司的风格之间取得某种和解。新的时尚是年轻一代的时尚,是属于未来的时尚。"

## 在模特弗雷迪眼中:从 1947 年 2 月 12 日到"迪奥工厂"

在《巴黎高级定制服装的幕后》(*Dans les coulisses de la haute couture parisienne*)一书中,弗雷迪(Freddy)几乎是"立刻"诉说了"一位名模的回忆"。这本书出版于 1956 年②,在许多引人入胜的章节中都提到了迪奥公司创业初期的故事。她当时常常为迪奥走秀,因此能提供像迪奥公司员工一样的内部视角。当时,人们着手制订一些公司规矩:大家都了解迪奥的脾气,他没办法在一个不够有序的环境下工作。模特的证言本身也显得谨慎而有节制。这或许能够解释为什么在这本书出版时,如此谨言慎行的迪奥依然相当活跃。

成为模特意味着什么?想要入行的人这么问。在迪奥公司工作经验丰富的弗雷迪不无幽默地坦陈:"要让设计师印象深刻。但是否漂亮并不总是问题的关键。有些绝美的女孩子从来没在样衣设计时被设计师叫到工作室中。相反,有些在大多数人看来有点丑陋畸形的骨架却能够给老板带来灵感。有时候只要有一条奇怪的颈线线条、热情洋溢的性格或者让人感到舒服的沉静,这样就够了。"

弗雷迪的叙述是从 1940 年 3 月开始的,她去设计师热尔曼娜·勒孔特(Germaine Leconte)的工作室。当时有一个已经成名的模特突然退出,留下了一个空缺。完全是碰巧撞见的好事儿。但她并没有因此同意放弃自己的自

---

① 克里斯汀·贝拉尔对这家小店整个以戏剧舞台布景的风格进行装饰设计。这家店还收到了罗杰·维维亚(Roger Viver)为德尔曼设计的著名的薄底浅口皮鞋。卡门·科勒非常会调动气氛。这家店中摆放的一些样品有时候是被高级服装系列拒之门外的东西,它取得了巨大的成功。

② 弗雷迪,《高级定制服装,神秘的世界》(*La Haute Couture*,*un monde mystérieux*),由《女士,为您》(*Pour vous*,*Madame*)杂志于 1956 年编辑出版。

由,"拒绝成为某个特定服装公司的专属模特,便能在各个服装公司中自由选择,在各大首都飞来飞去。"针对迪奥雇用模特的标准,她给出了一些提示。维克图瓦①大家都不陌生,她自己也在回忆录中讲述了她的人生。弗雷迪解释说,迪奥喜欢她的肆无忌惮,她那带着巴黎式优雅的行为举止。至于阿拉,在迪奥看来,这个有着棕褐色皮肤、纤细苗条的"明朝瓷器"的步态非常罕见。

《艺术和时尚》(L'Art et la mode)的记者兼摄影师雅克·科斯泰(Jacques Costet)和乔治·萨阿德(Georges Saad)非常支持弗雷迪,她给出了"新风貌"那个时代她的职业的许多相关情况。据她说,当时在法国活跃的模特总数达1200人。专属模特的月薪大相径庭,大约在25000到60000法郎之间。而那些拿最低收入的模特,月薪和邮局雇员差不多!但即使保守来看,模特的总收入还是相当不错的。每卖出一件由她们在服装秀上展示过的衣服,便会有50—200法郎的佣金转到她们的账户上,"这样一来,每个月月底,大约会有几千法郎的额外收入,算是奖金吧"。另外,如果模特在服装系列发布季接受摄影师拍照,可以按每小时4000到5000法郎、每张照片1500到2000法郎来计算收入。而在折扣季,模特可以以相当优惠的价格(30000至35000法郎)买到当季非常流行的小裙子,有时候甚至是免费赠送的。

弗雷迪估计,即使是最不受欢迎的模特,每天也有1000法郎进账。"除了这1000法郎,公司的食堂在她们眼中也是一种来自上帝的恩惠,因为老板通常会额外补贴食堂,食堂的饭菜就变得格外便宜。比如,在克里斯汀·迪奥公司,每天都有1000人次用餐,根据工资多寡,午餐价格大概在80到180法郎不等。模特们则常常混迹于那些公司女员工之中(……)"②,当时的模特在很多方面都看上去和其他工作人员并无二致。谁来维护她们的共同利益?迪奥公司的明星模特露奇发起了"模特互济金",600个模特每年缴纳2500法郎的份子钱,希望能够得到很多实实在在的好处。"所有医疗费用全免,从互助金中提前扣除。每次生育都可减免10000法郎的费用,甚至有些出于职业需要的整容手术,也可以得到百分之百的补贴。"

---

① 维克图瓦·杜特勒洛,《迪奥创造维克图瓦》(Et Dior Créa Victoire),LP出版社,1999年。
② 模特的价码和他们的名气之间没有绝对联系。演出的薪酬能够促进不太高的固定工资的提升。

# 第四部分 蒙田大道上的迪奥

弗雷迪的回忆录中有一章名为"从先驱者沃斯(Worth)到迪奥工厂"。在这一章里，她详细讲述了她心目中的"迪奥工厂"。这一服装公司胃口巨大，在它发展的过程中不断吞并着各种建筑。1947年，公司共有3个工作室，雇了85名员工；此后，发展到"工厂"规模时，公司已经拥有5座大楼，其中分布着22个工作室，雇了1200名员工。"一走进去，你就知道了：迎接你的不再是克里斯汀·迪奥先生，而是迪奥服装公司，或者更确切地说，是迪奥工厂还有它的签到表，是那种能在雪铁龙或者奥利达公司看到的巨型表格。每天早上1100张卡片发出1100次'叮铃'声，每天晚上又是一模一样的1100次'叮铃'声。"弗雷迪描述了一个由各种走道、楼梯、永远满载的电梯所组成的功能性网络，毫不浮夸的装饰："穿着红色裙装和白色衬衫的小蚂蚁们相遇、相随，在极少数的情况下才会停下来互相问候、交换一个微笑。"弗雷迪讲述的一些VIP区域 些趣事让人忍俊不禁：" 个瘦小的木制模特被白布盖着，身上穿着'花冠'，好像被'削去了脑袋'，脖子上挂着块牌子，上面写着：丘吉尔，萨拉·丘吉尔，国家元首的女儿。"

跟着弗雷迪继续探访蒙田大道，她向我们一一描述了22个工作室，每个工作室都有35到45个员工。我们经过了毛皮工作室，在那里，作品可不能凭空捏造。我们还去了玛尔特小姐的"朦胧"工作室，在那里，"46双手在长桌边忙碌着，那种长桌早在'伟大世纪'(Grand Siècle)女裁缝们便已经开始使用，她们在德·拉瓦利埃尔小姐(Mlle de Lavallière)的法式礼服上撒满玫瑰"。

我们的向导沿着休息厅往前走，休息厅的墙是蓝色的，长脚椅是黑色的。我们跟着她走到医务室，她正和医生皮夫人交谈，她们是在眼科室门前碰上的。公司的员工定期到眼科检查眼睛，这是他们工作时最重要的利器。员工的健康始终都是迪奥公司首要关心的问题，弗雷迪对这一点很确定。位于杜省(Doubs)的大韦尔城堡(Vaire-le-Grand)便是公司买给员工度假用的。

我们随后从迪奥的"门店"经过。公司宣传所言不假，女人们可以不着寸缕走进那个地方，"从头到脚"穿戴整齐地从里面走出来。我们走到了设计师的工作室门口，这是弗雷迪梦想能够进入的"那个"创作圣地，说不定无意中就能撞见下几季的服装系列。但这是完全不可能的，"迪奥很少出现，并且非常严厉地禁止任何人走进他'工作室'的大门，那是他设计衣服的地方。有人言辞刻薄，

193

声称这是葛丽泰·嘉宝式的做法,或者说他羞于见人是因为40岁的他身材肥胖而且秃头。我倒是觉得这只是因为他每天工作量巨大,并且非常努力"。

我们继续参观,一路走到了位于弗朗索瓦一世路上的鞋店。客人如果花上35000、50000或者60000法郎,便可以在正式发布会前提前弄到迪奥-德尔曼(Delman)系列80双样鞋中的一双,它提前两天就会在这家店里展示。我们还从弗雷迪口中听到了她对于那几双著名平跟鞋、圆头薄底浅口皮鞋和木鞋的描述。

在那个几乎还没有人谈论"管理"、更别提"人力资源管理"的年代,这样一家公司的现代性和它大部分的创新性缘何而来?对此,这位模特在这一"旅程"行将结束的时候做出了如下解释:"如果给这家公司做一些数据评估,比如成本控制、收益及生产力估算,对于诗人、商人气质兼具的公司创始人或许会有更深刻的了解。他嗅觉极为敏锐,知道和马塞尔·布萨克联手能使他的效益最大化。马塞尔·布萨克不仅是棉花业的国王,每天5点就起床,而且还是最通晓现代商业和管理手段的国王:迪奥动员员工关心公司利润,并为部分员工调薪,薪水上涨幅度从15%到30%不等,这在当时即使不算是史无前例,也绝对使迪奥成为为数不多的业界翘楚。"

## 安妮·拉图尔:克里斯汀·迪奥的指令

1961年,距迪奥逝世已经四年过去了,他去世时52岁。但在《时尚魔术师》①一书的叙述者、记者安妮·拉图尔眼中,他始终是个年轻的时装设计师。安妮在这本书中回忆了1947年2月那个舞台的重要性。

她观察了克里斯汀·迪奥策划的所有推广活动的宣传力度——"新风貌"也没有逃过这一规则,以及这一品牌从不掩饰的国际化野心:"从开始起,迪奥的每一个创新都等同于一个指令,通过宣传推广开来。(……)迪奥主导着他的服装系列的主旋律。1954年秋季,是H系列;1955年春季先是A系列,再

---

① 安妮·拉图尔(Anny Latour),《时尚魔术师》(*Magiciens de la mode*),茱莉亚出版社(Julliard),1961年。

是 Y 系列；1956 年的箭形系列。年复一年，他的王国日益壮大，真正成为了国际时尚界的中坚力量。他的分店陆续在纽约、英国、委内瑞拉、加拿大、智利、澳大利亚、古巴和墨西哥开张。里面卖的不仅仅是裙子，还包括长筒袜、香水、皮草、手套、包、鞋以及所有用于梳妆打扮的东西。'克里斯汀·迪奥'这个品牌征服了世界。"

她谈及了 1947 年 2 月 12 日那一天的准备和收尾工作，所爆的料颇有点出人意料。大家没有想到，在服装发布的同一天，其实不巧遇上了媒体罢工！因此，对于法国的大部分记者而言，这一走秀活动最开始并没有引起太大关注。另外，当迪奥为他新成立的服装公司挑选模特以准备这场首秀的时候，通稿的某处含糊表述给公司带来了意想不到的麻烦：一些妓女跑到蒙田大道，以为这是一家妓院在招聘。①

---

① 当然，"正常"招聘也同时展开。2009 年，我们曾和克里斯蒂安娜·勒·盖尔什（Christiane Le Guerch）就迪奥在世时公司运营问题碰过一次面，她的描述很有意思，我几乎一字不漏地记录下了：

我们当时 18 岁，是被时装工会推荐到迪奥公司工作的。我们通过了考试，是第一批出来的。我们得做条裙子，别人说我们做得很好、很完美。

公司楼里有一间真正的医务室。1950 和 1951 年那会儿，为了赶制服装，我们都得熬夜加班。那时候我还年轻，但也得补充点营养才能撑下去。我还记得我吞下去那两粒药丸，然后一下子不行了，失去了意识。我想，那个晚上的一部分时间我是在医务室度过的。

在那个年代，我们的工作条件，还有食堂好得不可思议。一切都是美的、新的，好得不能再好了。当时我们大概有 1000 人，每个工作室 25—30 人。我们工作室的第一把手是雅讷夫人（Mme Jeanne）。我们和卢琳夫人、卡雷夫人之间没有太多接触。我倒是看见过几回迪奥先生。当时，在蒙田大道的街角，还有个小酒吧，我们能在那里看到各种明星，或者想象自己看到了明星。比方说，我们曾见过穆齐（Mouloudji）。但是，迪奥公司大规模扩展的时候，这楼就给推倒啦！

我在迪奥公司里学到了所有的本事。我们用的面料都是特别好的。典型的一天是这样的：我们 9 点到公司，上 2 楼，到各自的工作室里。我们坐到自己的位子上，继续之前的工作。中午 12 点左右我们停下休息，下午 2 点左右重新开工，其间我们有时候会到附近走走。6 点下班。

当时，一条裙子从开始到收尾都是由一个人负责。没有什么规定时间。先要准备模型，每个客人都有根据他们的体态量身定做的模型。我记得我们的工作室非常明亮。我们的公司从开始就朝着更加务实的方向发展。

我们要给客人试两三次样。先要给他们看设计图。有时候图纸得先给迪奥先生过目。他带着他的手杖走过来，总是非常和善地指点我们哪里需要改正。但这种情况极其罕见。

一切都必须是完美的。雅讷夫人常常对我们说：把裙子反过来，看看是否完美。我们当时手工折边的方式，今天是不可能再看到了。

我那时候还很年轻，就已经意识到这一段旅程有多么非同凡响。

（转下页注）

许多记者并没有参加这一被奉为传奇的发布会。除此以外,大部分外国买家在看完那些主要的"体制内的"知名设计师——勒龙、巴尔曼、罗莎、法斯、巴伦夏加——的发布会后,纷纷离开,他们已经向这些设计师订购。发布会后,卡梅尔·斯诺对这些人的看法是:"这些可怜的人,他们很快就得回来。"因而,从某种角度来看,正是在这一连串的误解和错过的约会中,孕育出了这一伟大的成功……

## 威利·梅沃德:一千零一夜故事

威利·梅沃德这个和迪奥惺惺相惜的摄影师我们已经很熟悉了,对于那一天,他特别强调了创造"新风貌"一词的那个人的贡献。"忽然之间,"他说,"卡梅尔·斯诺让全世界都认识了一位新的天才:迪奥。如果她没到场,秀就不开始,迪奥相信她。我和她一块儿工作。她年纪很大,总是一脸陶醉的样

(接上页注)

我们的工资不高,但大家都喜欢在这里、在这样的氛围下工作。我们正在创造我们的历史。

这一段经历让我懂得怎样品味美,怎样欣赏精妙的工艺。我还从中学会了尊敬。迪奥先生一再教导我们要心怀敬意。他举手投足都不像个老板。很显然,这段经历也教会了我如何运筹帷幄,我的性格就是这样,迪奥公司给了我创建自己商店的羽翼。

我一直在收集产品目录、杂志,我跟随着迪奥一步步前进。我还有几块,我们自己能够留下一些,通常是一年前用于制作衣服的布料。

我在格兰佛的博物馆看到了一条我做的裙子——"古拉(Gourah),连衣裙。我做了"迪奥套装"(Tailleur bar),它的裙摆非常大,看上去甚至有点笨重,但上衣却是一大亮点。今天,人们常常谈到这条裙子,这是第一个系列。它棒极了,贴身的剪裁能够凸显玲珑的身材。燕尾有一点脱离,衣领都是手工制作的。

在工作室,我们手工制作衣服,总共有4台缝纫机。做一条裙子得花上3个星期。为了让燕尾挺括,我们在里面衬了棉布。衣领是在机器上制作的,先织一边,再织另一边。腰带用的是罗缎,也不能做成直挺挺的样子,因为我们的背部要比前面凹得更多。

裙子是勒瓦瑟尔(Levasseur)先生设计的,虽然迪奥先生也画了几稿设计图。

公司有两个不同的系列。我的工作室负责的是美国系列。这个系列的衣服相对而言稍微不那么讲究,工序会简单一些,更加符合美国市场的预期。

今天女人们的穿着让我感到惊讶。真正美的衣服应该永远不会过时,它是超越时间的。我很喜欢给顾客些建议,但如果我觉得我提的建议很糟糕的话,宁可不做成这笔生意。这由不得我,我能立刻看出哪里不对劲儿。重要的是拼贴。每个人都可以自己编织,把布料随便拼接起来或者绣点东西,但要把布料拼贴成一个美的整体,是最微妙的。

子。她到了,神情如常。她对一切了若指掌。她知道要拍什么,也知道什么时候可以闭上眼睛,休息一两分钟。"①

1946 年,梅沃德回到巴黎,他发现首都还是破烂一片,穷人遍地,黑市交易是他们购买生活必需品的主要手段。丽兹和克里雍(Ritz et Crillon)两家大酒店的地毯都破了洞,椅子也缺了脚。在花神咖啡馆(Flore),他找了半天只找到两张完好无损的椅子。他说,市民都去跳蚤市场购买床单和家具。城市的照明非常糟糕,天灰沉沉的,又格外地冷。迪奥服装公司便是在这一派萧条中开始的②。"所有人看上去都丑兮兮的,但是,当迪奥先生走到窗口说了句'请等等',有些事情就不一样了。"事实上,很快,当受邀者走入迪奥的秀场,整个世界都改变了。"里面是一千零一夜故事中的场景。浅褐色割绒地毯,真丝窗帘,香水,壁炉前的鲜花,镶金的椅子,这些东西忽然出现在眼前,是那时候的人想都不敢想的。这是希望,是新生活的希望;而这也是迪奥的成功所在。数米长的刺绣真丝,简直奢华到了极致。"

仅仅一天之间,迪奥便名声大噪,这是最让威利·梅沃德感到惊异的。几个星期后,他开车从米迪(Midi)车站回巴黎,顺路捎上了几个同去巴黎的搭车人。"他们是矿田的工人。我告诉他们,我是时尚摄影师,他们便问我是否认识迪奥。这些小伙子,连迪奥时装的复制品都从没见过,但他们却知道迪奥。迪奥掀起的是一场真正的时尚界革命,因为他确实很得人心。"

威利·梅沃德还不无幽默、不失优雅地告诉我们顾客在他眼中的样子,包括他们的期待、热望甚至疯狂。他记得,有一个女人买下了巴黎时装设计师的所有作品,一件都没拉下。她是石油大亨的妻子。她为自己买下除婚纱外所有在售的衣服,还有帽子、手套、鞋子等全套搭配。梅沃德算了一下:按照每季 500 件衣服的产量,她根本不可能有机会穿上每一件她买下的衣服。"每一季就那么几天,实在不够把所有衣服都穿上一遍。我想,这可能是个心理问题。她可以每天在家里换上四套衣服,或者就连到咖啡馆也换衣服。她或许没法拖个小行李箱去咖啡馆,但谁说她一定不会这么做呢?她估计实在太寂寞了,

---

① 威利·梅沃德和迪奥关系亲密,他们两人都意识到欧洲的衰退。从"一切都坏掉了"的感觉出发,他们俩都对情况进行了分析,并自问要如何推动它往好的方向发展。

② 《威利·梅沃德》。

有钱女人都是这样。"

## 在苏珊娜·卢琳预计下的 1947 年 2 月 12 日

事实上,苏珊娜·卢琳早就提前写好了 2 月 12 日那天的大部分剧本。在发布会准备期间,迪奥全权委托卢琳去应付那些意见领袖。大胆热情的苏珊娜所讲述的故事非常奇妙。她向那些刚刚成立、想要成名的公司讨教。战前,她曾为阳狮集团①创始人马塞尔·布路斯坦-布朗谢(Marcel Bleustein-Blanchet)工作,这位创始人非常有闯劲且颇有创造力,在他身边干活的那几年苏珊娜可没有白混。

苏珊娜是迪奥公司唯一配备汽车的员工,这辆小小的西姆卡汽车②她后来一直留在身边。当时,汽车在哪儿都是稀缺物品,马塞尔·布萨克也只给迪奥公司的员工提供了一辆小型卡车。苏珊娜·卢琳注意到当时待在法国首都的美国记者们都在斯克里布酒店(Scribe)写文章。有一天她盯着《女装日报》(Women's Wear Daily)的珀金斯小姐(Perkins)的行程,并成功找到机会与之搭上话。苏珊娜问她是否准备回斯克里布酒店,并提议用汽车送她回去。在路上,她仿佛漫不经心地以一种女友间的私密语气对珀金斯小姐说道:"我能告诉你件事儿吗?现在还是对外保密的事儿。"苏珊娜自己接着陈述说:"珀金斯小姐有点不知所措,说'好'。当时是 1946 年 10 月。我对她说:'2 月,会有一家新的服装公司成立,但千万别在 11 月 13 日前对别人提及这件事情,因为克里斯汀·迪奥现在还得完成勒龙那边的服装设计工作。不过,如果您对此感兴趣,我可以给你公司成立的一切相关信息(……)。'她显然非常希望能见一见迪奥。我回答说自己不能保证,但他应该不会拒绝。我再三向她表明我完完全全信任她。"苏珊娜当晚就约她和一

---

① 苏珊娜·卢琳差点儿就和时装擦身而过。她为阳狮集团制作了一些广告,表现出卓越的才能。她擅长体察人心,擅长应酬,具有超凡的领袖魅力,这些都是她身上显而易见的特质。也正是这些品质让迪奥非常欣赏,并激发他无论如何要把他儿时伙伴留在身边的决心。

② 这是苏珊娜·卢琳"抓住"巴黎和其他所有时尚之都重视的社会名流、买手和客户的方法,她借助自己的小汽车,把他们都邀请去参加 1947 年 2 月 12 日的发布会。

个美国朋友共进晚餐,并在晚上和迪奥说起这事,迪奥自然知道他该做什么。珀金斯小姐什么都没透露,她感到自己得到了重视。在服装发布会当天,《女装日报》为发布会留了两栏位置,而这份报纸又是所有盎格鲁-撒克逊记者的必读日报。

苏珊娜·卢琳成功地获得了这名记者的注意。而其他人,她根据情况一一制订策略,同样卓有成效。

## 从2012年2月12日看1947年2月12日①

2012年,时尚实行的是神祇般的绝对统治,无论是数码视频、小报还是网络宣传②都为之服务。这一封闭的帝国一如昨日的军事碉堡般被高墙环绕,在高速的人钱流动下迅猛发展。一个品牌"具象的"存在是不可被感知的,这与欲望的定义相近。时尚成为了媒体经济的加速器,为整个工业帝国所看重。奢侈品公司和金融网络联手,它们不再受限于昨日世界的产物——国家结构,而是为自己的品牌扬起属于自己的旗帜。就这样,时尚不再以国境线为界,至少不输于那些国际化的赝品工作室。时尚的脚步永无止息,不放过全世界任何一个角落。没有人能够逃过这一特定大环境的影响,它的上下波动绝不逊色于道琼斯指数如同循环精神病发作时的动荡。看起来,这一切都已经和战后时尚品牌创始人所拥有的最初舞台的景象相距甚远。那时候的时尚,只要满足几个具体的要素,便可立足:1947年的某个日子,香榭丽舍大街上的四面墙,带扶手的楼梯,以及几个作行政办公室之用的迷你小房间。

那么,为什么这"最初的舞台"在20世纪风尚史上占据如此重要的地位?当这一品牌在全世界从一个高级街区向另一个高级街区延展,具有重要历史纪念意义的时尚公司究竟有何作用?蒙田大道的这一建筑对于迪奥而言究竟意味着什么?这一品牌所取得的成功是如此彻底,即使在那些最容易感到腻

---

① 在这一小节里,我们想要以现代时尚的"标准化"眼光去看待那个举世瞩目的日子。
② 网络和时尚如今已经变得不可分离。那些发展中国家的人们透过社交网络在发布会之前和之后传播着"时尚病毒"。各家时尚公司都有自己的网页,通常也提供在线销售。

味的人眼中,那一日的记忆也永不会褪色:就在那一日,女性主义浪潮再掀波澜。同一个时代,也只有像雷诺阿的《游戏规则》、《乡间一日》这样的电影才能在人们的记忆中占据一席之地。

1947年2月12日,不只是一个舞台,它是弗洛伊德意义上的原初场景,远不能用"新的时尚公司的开幕"来定义。它在方方面面都堪称完美的典范,是取之不尽的样板。或许最好把那一日理解成——从所有人对于那一日的口述中我们也可以感受到——长期被压抑的行为的释放,它让生命的光彩重新感染了那些刚刚走出战争阴霾的女人。

每一季,迪奥公司的设计师们都会以各种方式再现1947年2月12日的舞台。这一将过去和现在如脐带般相连之举的意义是如此深刻,绝非任性妄为。人们触摸着公司初创期那颗跳动的心脏,意欲将它重新放回如今控股公司的身躯中。仿佛那是迪奥当年从格兰佛的海滩放飞的一只风筝,风筝一直飞到蒙田大道,而风筝线依然紧紧攥在迪奥的手里,他任凭风筝翱翔,随着风一头扎入云雾之中。

今天的时尚世界,其主要特征是极端工业化和过度媒体化,事实上已经和克里斯汀·迪奥——无论他多有先见之明——在1947年初所想象的世界大相径庭了,但他还是对发展的大致方向有所推断,甚而为此打下了基础。在蒙田大道,作为信息传播媒介的时尚已经坚定地向现代化迈进。而双面迪奥——既是园艺师,也是建筑师;既是企业家,同时也以诗人、社会学家、金融专家、气象爱好者、专栏记者等各种身份评价着每一季的服装;什么都逃不过他的法眼,尤其是女人的欲望。若论识别女人的欲望,迪奥是个中能手。女人永远想要更多。而正如拉康(Lacan)1960年在有关"移情"的研讨会上对爱欲关系进行思考时所指出的那样,女人最想要的是他人的给予,但她们却不会明确提出要求。有句名言也说,"爱,便是将自己不曾拥有的东西献给某个并不需要它的人。"迪奥很可能以自己的方式直觉地感受到了这一真理。因而,他向女人们"献上"了这一不可能的梦。

今天,设计图已不复存在,只要看一眼时尚杂志上女模特的整套行头便都明白了。这些女模特或多或少为了品牌宣传而不情愿地穿上了某些并没有经过精心设计的衣饰(T恤、跑步服等)。近20年来,所有最受好评的摄影师——无论是伊内兹·冯·兰姆斯韦德和维努德·玛达丁①还是史蒂文·梅塞②——都愿意赞美时尚，但他们却把时尚驱逐于他们的镜头之外。他们将他们拍摄的一切和原初的舞台之间的联系割裂，模特身着样衣走着猫步③已是昨日世界的记忆。

很多时候，裙子和衣服都只是若隐若现。照片表现的是某个表情、某种发型，尤其喜欢表现大面积的皮肤。皮肤成了**那件**衣服。有时候，一道风景甚至一张被涂画过的纸，随随便便就占据了整个构图。时尚编辑和艺术总监凌驾于样衣之上，最后人们能够抓住的只是一种态度，人们所逢迎的也不过是一种姿态，而这一姿态却在那一刻的喧哗中被口口相传。2000年，这一"纯化的"时尚到达顶峰。在这以后，市场营销团队重新把销售实物——轻皮革、配饰和香水——放回杂志的视觉前沿。

著名的"成名15分钟"理论的发明者以及《景观社会》(*La Société du spectacle*)中的蔑视者成为了杂耍表演的标志性符号。在此之前，沃霍尔④和德波(Debord)⑤从来不曾如此频繁地被引用。迪奥的设计图似乎只属于另一个世界。感觉远不止60年过去了，图像的变革带走了一切。但一切真的如此确定？

所有人都按照井然有序的日历运转，日历上标注的只有那些能让金融界沸腾的仪式化的时尚大事件。时尚领域也有它自己的G8组织，定期把大笔的财富集中献给某些盈利的图腾：服装发布会、贵宾之夜、明星们以各种品牌大使身份亮相红毯的电影节、各种产品发布会、临时展以及越来越多的"季外"走秀活动……网络及时地把各种作品实时传播开来，把新的"指令"散布到世界各地，而事实上人们并不经常听命于这些指令。记者为大报写作时，需要考

---

① 伊内兹·冯·兰姆斯韦德和维努德·玛达丁(Inez van Lamsweerde & Vinoodh Matadin)，1990—2000年间的明星摄影师。

② 史蒂文·梅塞(Steven Meisel)，美国摄影师，常为《时尚》杂志工作。

③ 我们通常把模特走秀用的舞台称为catwalk(字面意思为"猫之路")。如今，在走秀开始前，catwalk也向媒体以及博主开放，他们簇拥过去拍一些社会名流的照片贴到网络上面。

④ 人们常常会忘记安德·沃霍尔在拥有自己的工厂时也设计一些时尚小版画。他才思敏捷，鞋和包的设计都非常巧妙。

⑤ 和罗兰·巴特一样，德波向"景观社会"投去的批判性目光最后触及到时尚这个相当"入世"的世界。而他也一如往常地"消化"了这一方法，以便能够更好地应用它所展现的概念。

虑文章的长短，为广告商留下足够的版面，他们不再追问服装系列本身的意义。更何况，任何一场服装秀的成功与否都不会在交易市场激起太多涟漪。在羽毛、轻纱和真丝的天堂里，小旋转木马孤单地转动着。

自此，人们开始带着利益的有色眼光去观察1947年2月12日所发生的一切。对于迪奥服装公司而言，这一天始终具有现实意义，这一天永不消逝。迪奥公司既不是博物馆，也不是皮包公司，它的门店、行政楼层、食堂以及社会服务无一不体现着控股集团高层的意志。它绝不是仅仅往前看就够了，就好像棒球比赛，还必须时不时回头看，看向最初的那个舞台，才能将接力进行下去。

服装公司时至今日依然是最令人惊异也最有价值的实体。奢侈品帝国对此心知肚明，文献学家和图像记者因而被邀请走入这神圣中的神圣，以期获得内部的视角。在这时尚之茧中，观众、发烧友、时尚拥趸以及顾客都希望目睹三声钟鸣的初始场景，希望了解"这究竟是怎样开始的"，希望听见最初的乐曲。

和那些以名人效应为基础、围绕鸡毛蒜皮之事拍摄的电视纪录片不同，当时尚工作室打开大门欢迎摄影机进入时，它所展示的是一个所有人都忙于工作的场景：工人们埋头于手头的工作，学徒们醉心于自己的职业，发型师们为每一缕头发而兴奋不已。镜头领着人们走进的是另一个世界，是一段已经消逝的时光。总之，在由高管遥控、不具名的持股人掌握的控股公司中，这样的场景又如一趟不寻常的重游过去之旅。在工业大亨们的脸上，永远叠着时尚工作室的女裁缝们的脸。这些女裁缝们不断替换，但她们始终遵循的是同样的规则，她们是服装公司的有机组成、是它的心脏。

这一始终被置于服装公司中心地位的时尚中坚力量令人动容。它代表的是传统和精湛技艺的精妙混合，是我们称之为传统技艺的东西，是储存着所有具体手势的珍贵宝库，从织布到烙铁无一不包。所有这些多少含有些隐秘的能力和手艺，需要通过一批有才干、梦想成功的年轻人传递下去。工作坊或多或少还是保持着老样子，当人们进入其中时，首先映入眼帘的便是专注与节制。这里流淌着的时间是专属于衣服的时间，而不是所有人共有的时间，它就像时尚创作一样无限膨胀。当然，它也算计、确认，但有时候它并不真实。无论发生了什么，2012年和1947年一样，在服装发布会之前的夜晚总是一个个不眠之夜，尤其漫长，有些卷边甚至直到模特儿上台迈开猫步的三分钟前还在摆样。这才是时尚的真实时间。

考察迪奥服装公司开创史多么让人振奋，其中激荡着这一品牌那独一无二的初始时期的点滴收获。如果说数字影像革命改变了时尚界的一切媒体行为，而1947年那一日的新闻通报也随之被束之高阁，但那著名的、决定性的一天所使用的如此现代化的传播方式至今仍然让人为之折服。

卡梅尔·斯诺对于大西洋彼岸第一场走秀的评论走向起到了多么关键的作用，这毋庸置疑。第一个奢华系列的成功是如何与刚刚结束的第二次世界大战休戚相关，也显而易见。而迪奥本人，他接受挑战，以挽救法国时尚的霸主地位为己任，更是世人有目共睹的事实。那一天到今天为止始终带着独特的烙印，那是属于"第一次"的魔法，是正在慢慢成形的宏愿：让这一已经建成的服装公司成为永不沉没、能够抗衡一切的巨轮。

在迪奥公司内部，人们"杀死了"奠基人，因为他们已经完全理解了时尚无意识性的运转机制，即使没有迪奥也可以继续他们的事业。人们"杀死"了他，因为他们必须这么做，因为他们爱他。人们"杀死"了奠基人，但他始终在那里，1947年2月12日的影子始终在他的公司里徘徊缠绕。

# 第十二章

## 马塞尔·布萨克：飞机、降落伞和时尚

马塞尔·布萨克第一次听人谈起克里斯汀·迪奥以及他的为人是在1946年，那时他们两人已经见过面了。当时迪奥秘密派出特使，去寻找一个有能力管理他的小服装公司的人。特使说："迪奥做的东西美极了。如果他能成为自己的主人的话，他一定能做得更好。但是……有一个小麻烦，尤其是和您之间。迪奥太独立了。而您……很专断？"纺织品大亨回答道："在互相尊重的男人之间，什么都好谈。去把迪奥找来吧！"①

这两个人物之间的联手有点让人匪夷所思，但却达到了最好的效果。克里斯汀·迪奥和人们所想象的时尚界男士的形象大相径庭，他既不是 pin-up boy②，也没有纨绔子弟的作风；他的设计才华虽然已经在圈内得到认可，但却还是籍籍无名；他的履历不算空白一片，但也称不上光鲜亮丽，更没法证明他能够胜任公司领导之责。而在布萨克这边，虽然今天人们常常将他描述成一个不懂时尚的工业家，但事实上并非如此；他白手起家，当时正值鼎盛之期。

马塞尔的父亲是沙托鲁（Chateauroux）的一个呢绒制造商，母亲是位诗人。小马塞尔对文学一点也不感兴趣，但很早就立志从商赚钱，18岁时他便为父亲经营工作室和门店，也制作了他个人的第一个服装系列。他并不满足于在零售商面前展示传统，他准备了比通常用色更浅的面料和新一季女装样品。他发现那些不属于资产阶级阶层的女人通常穿着深色衣服：她们那些用平纹细布制作的衬裙、内衣和短裤以黑色、海军蓝、棕栗色为主。这些女人想要模仿真丝的优

---

① 梅里·布隆贝热（Merry Bromberger），《他们是如何制造财富》（Comment ils ont fait fortune），普隆出版社（Plon），1954年。安妮·拉图尔在《时尚魔术师》中写道："布萨克和迪奥，代表着资本和艺术的结合。"

② Pin-up 的意思是"钉"。Pin-up girl 或者 pin-up boy 意指一些穿着暴露的男女，他们的照片被单身爱慕者"钉"在墙上。

雅效果，却负担不起，只能用纸张在衬裙上拼贴。布萨克首先是从女工人那里了解到她们想要穿着浅色短上衣以及便宜的饰带衬裙的愿望，对这一点他好好地加以利用。他找到了自己的信条：让时尚走进最大众的商场，每一季都更新存货，提前准备系列产品，这些都是市场营销的基础，而他在"市场营销"这个词被引入法国前就已经实践了。当时，年轻的姑娘需要节衣缩食才能给自己买一些行头，再穿上好些年，最后把它们带进坟墓。这一用辛勤劳作和泪水换得的陪葬物被布萨克彻底改变了，取而代之的是印花裙和清新的女上衣。

他自信满满，很快便决定"上"巴黎。他向父亲提前支取了10万法郎遗产。当时是1910年，布萨克只有18岁。他的服装系列让他初尝成功的滋味，他在生意上的直觉有口皆碑。在他出发前父亲对他的训诫简单明智，帮助他取得成功、赢得财富。父亲说："在那些你看起来最为普通的物品展示中，不要抛弃对于细节和品味的追求。记住这个地址：你能在孚日省（Vosges）找到最好的产品。"①

大约20年后，和克里斯汀相遇的这位工业领袖坐在他的帝国的办公桌前。办公桌长三米，一平方厘米都不少；信件和文件整整齐齐地摆着，待人翻阅。他说话响亮、清晰，手不停挥舞，时不时地将文件堆中突出来的纸张归位。他是他自己唯一的主人，甚至连副手都没有。他建立了自己的银行、自己的保险公司、自己的电力公司，还拥有自己的日报，因而可以每天阅读属于自己的报纸。他绝对称得上是美国意义上的工业巨头。他从来不曾信任过任何心腹至交②。

## 当克里斯汀成为迪奥③

克里斯汀·迪奥克服了自己巨大的腼腆，抬起眼，直视着他。布萨克和他

---

① 在制造降落伞布或者开展其他如经营赛马这样的商业活动前，布萨克尤其靠孚日省的亚麻产品发家致富。自19世纪起，纺织工业就已经在孚日省靠近圣玛丽欧米讷（Sainte-Marie-aux-Mines）这一边如火如荼地展开，而这也成为了布萨克的事业根基。

② 马塞尔·布萨克这个暴君，管理着自己帝国的庞大事务。从一些资料来看，他多少也是个审慎而顾虑重重的人，而迪奥是他的帝国中的一个特例。这是他唯一一次没能掌控一切。行政事务是由他钦点的团队（尤其是雅克·鲁埃）负责的，迪奥对此也没有二话。

③ 接下来的这一小节主要根据迪奥和布萨克自己对这段关系的叙述整理而成，他们俩的叙述在大部分情况下都相互吻合。

一样也是小个头,精明的脸上蓄着稀疏的银色小胡子。几天前,迪奥刚刚见过亨利·法约尔(Henri Fayol),法约尔是布萨克金融帝国的负责人,是老板的亲信。而现在,迪奥在布瓦索尼尔路(rue Poissonnière)21号、由让·瓦尔特(Jean Walter)建造的第9楼里,已经说了一个多小时话。他对于个人状况和要求守口如瓶,没让人窥出任何端倪。再说,他在赴约之前便早已经在心中暗自决定,要回绝马塞尔·布萨克让他接管菲利普-加斯东时尚公司①的提议。对他而言,这一公司体量太大,太过冒险。他不认为自己具有承担如此重任的气魄,他之前就已经给法约尔写信说明了这点。因而,当他和布萨克对话的时候,他感到一种完完全全的自由,即便他早就知道面前这个男人的成功可以和美国的亨利·福特比肩。这一商界的掠食者并没有吓到他。正如迪奥早前在许多场合所展示的那样,当他能够首先说"不"的时候,他总是显得特别淡定从容。

这两个男人以一种极端严谨的方式交谈,并将世纪初开始的时装界业态都聊了个遍。他们聊得很细,比较了各人的成功和失败,预言了各家公司的未来发展,还把服装业通常难以捉摸的特征做了番总结。总之,无论是销售曲线还是销售业绩,又或者是行业发展分析,他们什么都没落下。他们一点时间也没浪费。克里斯汀感到满意。如果布萨克觉得和他在一块儿无聊的话,他也一定会感到扫兴。

"在90分钟的会谈中,我们回顾了近40年来时尚界的发展,毫无疑问是极为热烈的一场讨论。他的品论、学识、对于品味的判断,所有一切都是完美的。"布萨克后来如此评价道②。而迪奥这边,则感到一种不寻常的轻松自如。"布萨克先生等着我,"他说,"一瞬间,眼前这个男人以及周边的环境都在我眼中显得和蔼可亲起来……"显然,克里斯汀被这一让人振奋的会面吸引,"坐在这样一位著名的人物面前,我感觉自己未来的蓝图也忽然之间敞亮了。"他把布萨克描述成一个极富教养、消息灵通的男子,是他非常欣赏的歌唱家芬妮·

---

① 菲利普-加斯东(Philippe et Gaston)时尚公司是布萨克旗下的时装公司,已垂垂老矣,希望能够找到自己的第二春。资料显示,迪奥曾参观过菲利普-加斯东公司,他觉得公司职员的年纪太大,最终拒绝了布萨克这一邀请。无论如何,巴尔曼刚刚成立了自己的公司,而迪奥也不再愿意为他人工作。

② 这段话被很多文章反复引用。

海蒂(Fanny Heldy)的丈夫。再加上一点激素的分泌,一切也就水到渠成了。"显而易见,他对除了数字和马以外的事情都感兴趣,而我对它们一窍不通。很快,我就觉得我们可以很好地相处。"

克里斯汀听到自己在说话,却并没有意识到自己究竟说了什么。他直言不讳地拒绝了布萨克的提议,声称他不会接管菲利普-加斯东时尚屋。为什么?工业巨头问他。他对此毫无意愿。正如斯蒂芬·史密斯(Stephen Smith)在一本有关工业的著作中写道,克里斯汀"带着腼腆之人的说服力"往前走得更远。迪奥说:"我想要做的不是带领一家旧公司重获新生,而是以我的名字创立一家新的公司,在我所选择的街区中,那里一切都将是新的。"对面的布萨克听他说着,顺手把几张从整理柜中突出来的纸放回了原位。迪奥在他的道路上迈出了最大一步,他继续往前。他说:"这将是一间很小的公司,非常紧凑,不是随便什么人都能接近的,旗下只有为数不多的几间工作室。在这些工作室里,人们只以最好的服装传统工艺制作服装,只以真正优雅的女士为其服务对象。而我,只会设计一些外表看起来简单、但制作工艺极为精良的服装。"他停顿了一会儿,喘了口气,重新整理思绪。

克里斯汀当时已经年过40,但在他平等地和一个更加年长(布萨克比他年长8岁)、更富经验的男人对话的那一刻,他获得了一种新的身份。或许,在工业面前,他的代际传承关系突然发生了变化,这具有象征性的意义:迪奥家儿子的身份不再是他的约束,他完全为自己的行动负责,他的名字只是他自己的名字。他最爱的母亲很久以前便已经去世。而他的家庭禁止他"以自己的名字"创建时尚公司的戒律也早已解除。这是他的运气。过去的一切如快镜头般在他的眼前闪回:迪奥家的破产,画廊以及那些他全身心热爱的画作——为了这些画作,他努力成为一个优秀的画商,一年来使他无比虚弱的疾病,还有那些帮助他走出困境的好友们,其中包括马克思·雅各布、皮埃尔·加克索特、弗兰西斯·普朗克、亨利·索盖和克里斯汀·贝拉尔。他的脑海中浮现出马克思·雅各布、埃里克·萨蒂、塞尔日·德·季阿吉列夫的面容,这群人组成了个小团体,时不时在特龙谢街上的"蒂普托普"相聚。还有当了演员的让·奥泽恩,以及如今担任服装联合会宣传负责人的保罗·卡尔达盖斯(Paul Caldagues)。正是在他们的殷切嘱咐下,他才开始绘制时装设计图,而在此之前，他为人设计化装舞会的行头，并已经在这方面表现出了惊人的天赋，特别是在艾迪安·德·伯蒙伯爵和夏尔乐·德·诺瓦耶的大型舞会上亮相的作品，让人印象尤为深刻。他对自己这方面的天赋有着清醒的认识，他知道别人说他拥有"化腐朽为神奇"的能力。为此，克里斯汀决定孤注一掷："我想，我们在战争期间已经失去了海外市场。现在到了重新征服这一市场的时候了，如此才能恢复法国高级奢侈时装的传统荣光。"这是他给布萨克的最后一个理由，也是对他而言非常重要的理由。这是他个人规划的基石。迪奥把重点讲完，而这时他几乎已经站起了身子。

## 行，但是……

马塞尔·布萨克面上什么都没表示，他陪同克里斯汀·迪奥走到出口处，说："我非常感谢您，和您谈话真是让人精神一振。您对高级定制服装界的分析非常精彩，我听得津津有味。您和我分享您对自己职业的规划以及您对它在世界舞台上的发展预期，我也要对此表示感谢。但您的规划和我的不太一致。"他与迪奥握了握手，接着说："这个计划可谓雄心勃勃，您的观点见解也非常有趣，但我还得再考虑考虑。"克里斯汀转身而去，而马塞尔·布萨克迈着庄重的步伐回到了自己的办公桌前。亨利·法约尔头探过来，急切地想要了解老板的想法。如果这两个男人之间有更加具体的进展，他是乐见其成的。他非常支持这个时装设计师，把他看作是巴黎时尚的未来新星，他希望能在他老板那里得到认同。他问："您打算录用克里斯汀·迪奥吗？"得到的回答和预期不同："不，我不打算让他接管菲利普-加斯东了。"法约尔大受打击，"为什么？"他感到困惑，他的建议和直觉似乎一无是处。但布萨克继续说道："因为我觉得，让他待在一家小公司，为它的未来烦恼，这实在太屈才了。他需要以自己的名字创建一家公司。因此，我必须做出抉择：我是否只想做那些冠上了我的名字的生意，还是说这个年轻人的天赋值得我重新考虑？我觉得值得给他一次机会。"法约尔重重吐了口气。

布萨克什么都明白。在能力和天赋之外，迪奥出生于一个企业家家庭或许也并非偶然，正如他在会谈中所表现出来的，在他看来，以他的名字创立自己的公司是一种必需,这能够决定他的成功。但接受这一不排除其中有些微妙心理因素的推论,则意味着马塞尔·布萨克得接受对他绝对权力的一种削弱。让另一个名字在他的草原上绽放,在他这儿可不是什么水到渠成的事儿,因而,布萨克的反应使公司所有高层感到万分讶异,其中也包括法约尔。但他对此充满信心。"接下来发生的种种,"他说,"充分证实了我当时判断的正确性。迪奥之所以一下子就说服了我,是因为他对自己想要创立的东西有着非常明确的概念,并且对细节极为关注。是啊,美丽可禁不起任何错误!"

## 蒙田大道的树

迪奥放开手脚、大展抱负,拥有了他自己的公司。但他还需要得到他的预言家德拉艾夫人的支持,以便做出最后的决定。

公司于1946年10月8日成立①。布萨克身为他的集团的唯一所有人,向这一刚刚创建的公司投资了500万法郎。股权被分成了5000份,每份1000法郎,其归属如下:加斯东服装公司2706股,棉花工业联盟(CIC)1000股,唐镇(Thaon)棉纺厂450股,诺默克西(Nomexy)纺织厂450股,原齐格勒公司(Ziegler)394股。事实上,公司于1946年12月15日正式营业,并立即决定从2月12日起开始推出第一批服装系列。这简直是地狱般的节奏,近乎疯狂的赌注。

就在第一场服装秀后不久,《法国晚报》(France-Soir)发表了一篇题为"布萨克最新的赛马是最纯种的马匹"的报道。报纸刊载了一幅克里斯汀·迪奥的肖像画,画下附加了如下说明:"克里斯汀·迪奥,马塞尔·布萨克培育的新赛马。他的照片被放在六名模特之上。"报纸还不无好奇地介绍了克里斯

---

① "迪奥"公司成立于1946年10月。迪奥在同年12月向勒龙递交了辞呈。格朗皮埃尔全权负责蒙田大道30号这座四层楼的房子的改建和装修。灰白交错的色调让人想起皇家路上莫林诺克斯公司的格调,但同时又打上了迪奥的个人印记。公司职员穿黑色,女设计师穿白色。开始,只有3个工作室、85名员工。迪奥的生活轨迹也同时发生了变化。他把他的私人小花园、天盖大床都搬到了朱尔-桑多大街的公寓中,皮埃尔·德布雷(Pierre Delbée)、乔治·格夫雷和维克多·格朗皮埃尔共同打造了这套公寓的装饰风格:丝缎、帷幔、冬园。一名来自西班牙的管家为他打理衣服,主厨则为他准备餐食。

汀·迪奥的公司,这家公司看上去就像现代化进程强有力的证明,已然完全美国化了。记者兴奋地指出,所有员工都说英语。另外,"公司的宣传总监哈里森·埃利奥特(Harrisson Elliott)过去曾为军事情报局服务。人们只有经过他的办公室,才有可能见到这位新的大老板"。报纸对于"新风貌"系列只字未提,连"新风貌"这几个字都没有出现,只是提到了一件适合小型晚宴穿着的直筒裙,称其长度直达脚踝。"迪奥的一大特点在于,"日报指出,"在他这一用色大胆、线条奔放的服装系列中,不乏对他的投资人的敬意(橙色大衣、灰色女帽)。"

这两个合伙人之间的关系始终直来直往、真诚热烈,同时不失清醒。1953年,迪奥去世的4年前,马塞尔·布萨克或许是听到了一些有关迪奥健康状况不佳的风声,于是找到迪奥,直言不讳地说:"50年来,没有任何一家大服装公司能比它的创始人活得更长。迪奥公司实在太重要了,我们不能让它销声匿迹。所以,请您从现在就开始寻找一个接班人,万一您生病或者不幸去世的话,也有人能够接手这家公司。"[1]迪奥当年48岁。在他去世的18个月前,他对布萨克说:"我想我已经找到了。"伊夫·圣罗兰时年19岁。布萨克在6个月后再次向迪奥确认,问他是否仍然对这个接班人信心满满。"是的,当然,"迪奥回答道。

工业家和时装设计师之间的这种默契,有时候不仅仅表现在两人显而易见的合作关系中。他们懂得通过某些"密语"进行交流,下面就是个极好的例子。有时候,在迪奥和布萨克之间,是鲜花替他们传话。棉花大王讲述了这一轶事。在迪奥首秀的前夜,每个人,包括他自己,都紧张万分。即使一切就绪,都按照计划进行,这份紧张依然挥之不去。彩排非常顺利;彩排过后,《生活》的摄影师来给克里斯汀·迪奥拍摄人物照,虽然迪奥自己万般不情愿,但从此以后他将成为活在"取景框"里的人了。布萨克回到了他在讷伊的家,"我在家门口看到了一束黑白色兰花组成的鲜花,是克里斯汀·迪奥让人送来的。我

---

[1] 布萨克对迪奥的去世有所预感:迪奥心脏病发作的次数似乎愈加频繁,他的健康状况每况愈下,他的不知节制、过度节食,这些都促使商人布萨克要求迪奥选定一名继承者,万一有一天他需要"休息"的时候大家不致手忙脚乱。从这可以看出,布萨克极具先见之明,而迪奥出于疲乏和厌倦,同意了布萨克的要求。

从来没见过这么漂亮的鲜花。我跑到布萨克夫人的房间里,对她说:'你不用为明天担心啦,世界上没有一个花艺师能够包出和我刚才所见一样美丽的花束了。我确信,明天一定会取得巨大的成功。'"

团队已经建好了。雅克·鲁埃(Jacques Rouët)担任法人和公司的行政、财务总监,他是唯一由布萨克任命的公司管理人员,始终和迪奥合作无间。雷蒙德·泽纳克被迪奥称为"第二个我、幻想中的理性",她随迪奥一起离开了勒龙公司。玛格丽特·卡雷是"服装女神"的化身,她统管迪奥所有的工作室。米察·布里卡尔的职位同样重要,但没有前面几位那样职责分明。"布里卡尔夫人的优雅,"迪奥写道,"可谓世界主义风格的楷模。她独一无二的天性、夸张的行事风格,刚好能够完美地平衡我那太过理性的诺曼底性格。"格兰佛的童年好友塞尔日·埃夫特莱-卢伊什很快执掌起了"克里斯汀·迪奥香水公司",这家公司建于1947年3月13日,初始投资为200万法郎,分为2000份,每股1000法郎:克里斯汀·迪奥500股,埃夫特莱-卢伊什集团600股,布萨克集团900股。

1949年,"克里斯汀·迪奥香水(纽约)"公司成立。1955年,迪奥伦敦店开业。自1949年起,克里斯汀·迪奥和马塞尔·布萨克得到了第一份美国长筒袜和领带销售许可,服饰以外的生意在20世纪50年代中期占到了公司业绩的80%。然而,布萨克却认为迪奥只是他众多事业中"一朵光彩夺目的小花朵",最多只要花去他五分之一的时间。这也不假。因为马塞尔·布萨克始终不满足,不断加固着他工业帝国的基石。

## 与迪奥合作的连接点

布萨克来到巴黎后,首先选择在莫伯日(Maubeuge)广场落脚,在门前竖着崭新的"棉花工业联盟"的标牌。他卖的布料样式新颖、悦目,价格极具竞争力,铺开销售,在孚日山脉地区的生产成本又相对低廉。1949年,布萨克和他的6位员工每月销售70万米布料。在他24岁时,他开上了他的第一辆劳斯莱斯。第二年,他又购买了他的第一匹赛马。他和他的好友卡斯泰尔巴雅克伯爵(Castelbajac)频繁出入赛马场。他重组、购买了许多布料公司,并推进了这些公司的现代化进程。对所有人他都这么说:"我的秘密在于细节。我对我的工厂了如指掌,无论是它的优势还是弱点。"1914 年,战争爆发,布萨克生产飞行服布料、军装、防毒面具、勘探气球,并成为了克列孟梭(Clemenceau)的亲信。毫不夸张地说,他有着移山的能耐。孚日山脉贴近前线,离港口距离遥远,可这又有什么关系呢?他聚集了一批生产商,和他们一块儿集资购买了 5 艘挪威大船、若干小艇,在英国采购煤炭、棉花。船队从加的夫(Cardiff)出发,将矿石和棉花带到鲁昂(Rouen),而小艇则用来为孚日山脉地区提供补给。战后,他继续出售飞行服布料,质量可靠,价格低廉;他还用这种布料生产衬衫,并在他新开的名为"飞行服规格"的店面中售卖。此举获得了巨大成功,因为公众对于自己能和飞行英雄沾上关系感到格外高兴。1929 年金融危机一爆发,他就调低了价格,成为市场上最便宜的供货商。他将自己的库存减到最低,回笼了现金流。1933 年到 1936 年间,他不停购买工厂:作为法国排名第一的布料生产商,他的产量从 1920 年的 3600 万增长到了 1939 年的 8800 万。马塞尔·布萨克随时为扩张他的集团做好了一切准备。

当然,第二次世界大战于他也是一段艰难时期。他没有关闭工厂,为的是保住他的员工,但他减少了产量。他说:"我成功地保住了我工厂的所有员工,但我的产量不到战前的 20%。德国人从中征收了不到 6%。如果我离开了,我的工厂就得彻头彻尾为德意志国防军服务了。"然而,在此期间布萨克似乎成功地让人替自己运送德国进口的机器,为此他辩解说这是战前就已经谈好的生意,是由阿尔萨斯现代纺织公司负责运送的。很显然,和那个年代的大多数工业家一样,如何维持他企业的实力和竞争力对他而言是一个甚至是唯一一个重要挑战。无论如何,战后肃奸阶段,他并没有遭遇实质性的困难。

遇见迪奥的时候,在海外拓展事业的布萨克也属于那些试图让巴黎在世界时尚界重现昔日之荣的人中的一员。这不仅仅是为了那份荣光。事实上,他清楚地知道,如果世界中心始终在纽约,他面临的状况将愈发糟糕。在美国寻找棉织品的模板是一场必输的赌局,他的工厂或许会因此面临倒闭。正是因此,他和迪奥之间的合作有了连结点,这一连结点并不在于布料的大规模使用,而是在于,如果巴黎再次成为世界时尚之都,将对他的销售市场起到极好的保障作用。除了纺织品,布萨克同时还是世界上培育赛马的第一人。他成立了著名的"名马工厂"——即便他本人一点不喜欢这个名字以及名字背后隐含的意思。他最早尝试近亲繁殖的育马方式,通过不断配种来改善马匹血统,并将马匹的优良特性稳定地遗传给后代。捕猎,赛跑,布萨克管理着他的巨型工业帝国,而他的一举一动也都与此相称。

## 拜访鲁埃先生

迪奥档案馆保存着一份和公司扩展有关的珍贵档案,它并非财务报表,而是属于非典型的那一类——它是一名年轻工业家的记述。1953年,一辆火车载着一批从纽约搭乘"自由"号漂洋过海的乘客,其中包括迪奥。企业家们在谈话间便把话题转到了迪奥公司,而这位年轻工业家认为迪奥公司是一家"作为金融业先遣部队的国际化大公司"。他请求能够在巴黎再见上克里斯汀·迪奥一面,迪奥则建议他拜访雅克·鲁埃,他才是回答经济类问题的合适人选。他说:"如果这个(有关国际化公司的)问题让你感兴趣,我会去问问我的总经理鲁埃先生,请他来和您见面。这并非因为我对于情况不甚了解,或者说我对于公司的经营状况毫不关心,而是因为我更加喜欢各司其职、职责分明的工作模式。"

于是,年轻人有机会以刚入行的新人的目光打量着蒙田大道30号的房子,并把他对那里的印象诉诸笔端。迪奥的工作室是一个巨大的白色房间,光线充足,堆着一卷卷布料。各个客厅都是灰色调的,简洁而精致;接下来是各个工作室。到了最高一层,"楼梯变得更加狭窄、更加费劲,仿佛是在提醒来访者对于事物的观感应该发生变化了,仿佛他之前把服装公司想成肤浅的公司是完全错误的(……)"。他对经理室的等候间做了描述:在软垫门上嵌着姓氏铜牌,鲁埃先生在门的另一边选择点亮"不要打扰"或者"请进"的标志。办公桌上,打字机和计算器并排放着。为了能够更加迅速地从一边走到另一边,沿墙边装着一排滚轮。这是一家崇尚效率的公司。

雅克·鲁埃出现了。他高大、年轻,看上去活力四射。"1947年初,"鲁埃对年轻人说,"这棵树种得很好,树干已经长成,但还不够粗壮。当时共有90名工人。因而从第二季开始,公司便开始生产帽饰。我们在蒙田大道30号的庭院里造了栋7层楼的房子,把各个工作室都搬了进去。有一部分生产任务被安排在弗朗索瓦一世路上完成。"他接着讲述了在国外创立香水公司以及品牌在纽约扎根的过程,以及随后又是如何攻占英国市场的。皮草部门于1951年建立,并获得营业许可。这样的故事不断在智利、古巴、摩洛哥、叙利亚、澳大利亚①重复上演……雅克·鲁埃还向他的访客宣告了加拉加斯分公司将在当年(也就是1953年)开业。随后,他看了一眼墙上那口大钟,示意下个约见时间到了。

迪奥公司便是如此一步步建立起来的。短短几年,这棵树就已经枝繁叶茂。

---

① 迪奥的顾客是非常国际化的。迪奥本人首先瞄准了"咖啡社交圈"中那些战后对于长居巴黎感到犹豫的群体,希望这一群体能成为他的品牌的忠诚客户。苏珊娜·卢琳在公共关系和宣传上帮了大忙。迪奥还雇用了一个美国年轻人专门负责宣传工作。第一年,迪奥就在达拉斯斩获了服装界的奥斯卡奖。他1948年起就开始设想在纽约成立工作室,而布萨克的团队则配合他对于如何更好地绕过海关控制做了一番调查研究。迪奥公司顾问让-吕克·德弗雷纳在《迪奥和世界》这本格兰佛博物馆导览手册中写道:"美洲市场的开拓是由南边开始的。"伊娃·贝隆(Eva Peron)从1947年就开始订购迪奥套装。而在石油业欣欣向荣的卡拉卡斯,人们能够看到迪奥巴黎门店的缩影。
迪奥获得了进口尼龙女袜的优先权。后来又把部分生产工作搬到了丹麦。美国对于迪奥而言就好像一个实验室,他试着生产一些更加简化的服装。他想象了一种"鸡尾酒"线条,量身定制的成分日益减少,而更多地趋近"成衣"的形态(ready-to-wear)。20世纪50年代初期,由勒瓦瑟尔负责的"门店"生产线投入生产。1954年,迪奥在日本出售产品,并在大阪的大丸百货公司(Daimaru)成立了一间高级服装定制的工作室。1954年,他获得了日本佳丽宝(Kanebo)营业许可。当时,雅克·鲁埃推行了一条营业许可政策,规模空前,为公司带来了客观的收入。这一多样化生产策略在迪奥去世后依然延续了下去,尤其是1967年"迪奥婴儿"的成立,这是第一个专门针对孩童的部门。这一政策的推行者鲁埃直到1984年还在管理着公司业务。
克里斯汀·迪奥香水的创始人克里斯汀·迪奥和塞尔日·埃夫特莱-卢伊什先后去世——两人的去世仅隔了两年时间——后,公司在20世纪60年代曾经历了一段困难时期。但是,勒内·格鲁瓦这位杰出的插画家把迪奥公司的作品和大众最紧密地联系在了一起。随着1966年"清新之水"(Eau Sauvage)获得成功,以及1968年被酩悦-轩尼诗(Moët-Hennessy)公司接管后,迪奥香水随后的20年间在国际上大放异彩。

# 第十三章

## 迪奥，国之丰碑

克里斯汀·迪奥在和马塞尔·布萨克会面的第二天就开始自问：他的服装公司需要怎样一个"匣子"来装？诚然，在决定给他投资的工业家面前，他坦言自己想要建立的是一家"小"服装公司；但他还是坚持要有专门的生产经营场所。虽说他假装寻找了一番，但事实上他早就知道自己想要什么。在巴黎这个他驾轻就熟的大城市中，只有一个地方适合他。"在这一决定性的谈话以前，多年来我只在两幢毗邻的小房子前停留过，它们分别是蒙田大道28号和30号。我曾经向某个朋友称赞过这两栋房子，我觉得它们规模不大，具有一种克制的优雅之美，却没有背负那种压死人的'家族谱系'。"[1]

这位朋友、画商皮埃尔·科勒和迪奥共同打造了一个献给绘画艺术的地方。但这又如何？克里斯汀从来不曾放弃过他扎根于蒙田大道，以此为起点的决心。战争刚结束的时候，这条街并非时尚要道[2]，但迪奥仍然坚持自己的想法。在那个节衣缩食的年代里，此地的惊鸿掠影让迪奥始终记忆犹新，并暗自决心要扎根于此。这里无疑是他服装公司最理想的选址，甚至可以说是生命的一种必需。迪奥的生活难道不正是由接二连三的挑战所构成的吗？为了向理想迈进，这个外表看起来温顺而意志薄弱的人跟自己有个约定。虽然常常举步维艰，但总会有奇迹发生。迪奥不缺奇迹。

## 蒙田大道30号

1946年，迪奥仍然在苦思他未来的服装公司的定位，这对他个人身份的

---

[1] 这段故事在迪奥笔下的各种记录以及公司的各种档案资料中都有所描述。
[2] 当时的时尚要道更多地指向皇家路，蒙田大道所处位置相对比较"偏僻"。

建设至关重要。他不断细化公司的组织模式，对于他的心仪之地也从未死心。即使当时"没有任何迹象显示，蒙田大道的那两栋房子会腾出来"。迪奥请房产中介替他在香榭丽舍街区寻找适合的地方，人们介绍给他的房子都非常出众。一幢位于弗朗索瓦一世广场，著名的布朗谢·德·克莱尔蒙-托奈尔(Blanche de Clermont-Tonnerre)伯爵夫人曾在此地多次举办节庆宴会。另一幢则位于马蒂尼翁大街(Matignon)，房子面积巨大，后来成为一个来自诺曼底的朋友、时装设计师让·德塞(Jean Dessès)的产业，而迪奥并不觉得自己需要找一个如此大的地方。在他的书中，记录了他矛盾的决心。是的，他想要小巧的地方，但他心怀的却是大大的梦想。"我希望在朴实无华的房子中大展宏图。这些房子都不中我意。它们不属于我(……)。有人漫不经心地跑过来对我说：'既然你正在找房子，那就去蒙田大道看看吧。30号那家女帽店关门了。'"而这正是迪奥所期待的讯息。"克里斯汀·迪奥公司，"他措辞谨慎地写道，"就此成立了。"

蒙田大道过去曾叫"寡妇街"(allée des Veuves)，和香榭丽舍大街垂直，这条街被一分为二，一头是马蒂尼翁大街，另一头变作了今天的蒙田大道。埃里克·阿赞(Éric Hazan)在《巴黎的创造》一书中描述了"舞厅和沃克斯豪尔汽车"是如何在18世纪70年代大行其道。阿赞还回忆了夹在"寡妇街"、科利塞路以及香榭丽舍大街之间建的科利塞圆亭(rotonde du Colisée)："这一建筑里共有5间舞厅，还有各色时装首饰店、咖啡店和剧场，它的烟火以及化装舞会在坊间非常有名，连玛丽·安托瓦内特(Marie-Antoinette)都慕名而来。"而著名的美食家葛立莫·德·拉·黑尼叶(Grimod de La Reynière)则在边上的博讷莫鲁路(Bonne-Morue)上建起了酒店，酒店由克莱里索(Clérisseau)建造，装饰成了庞贝风格。这一切，怎能不让身为面具爱好者的迪奥满心欢喜？

在巴黎的这一地区，一方面，人们可尽情享受夜生活的精彩以及各式宴会的欢乐；另一方面，寓居于此的居民也可以在长方形小花园后面享受私密空间。正是在这里，迪奥的名字找到了安放之处；正是在这里，他的私人府邸闪亮登场。迪奥服装公司雄伟而具有纪念性的建筑将在巴黎的这片沃土上生长，而这正是迪奥一直以来的夙愿。

布萨克的雄心壮志从来不会真正得到满足。迪奥的销售额很快达到了出乎意料的水平,获得了巨大成功。这样的一种品牌活力使公司不得不从1948年起大举扩建,在原来建筑的基础上又加盖了好几层楼。迪奥开玩笑地说,蒙田大道的这幢建筑已变得"和埃菲尔铁塔一样有名"。1949年,公司开始寻求扩张,它或买或租,把所有周围能够立即拿下的地皮全部收归己有。就这样,弗朗索瓦一世路上的11号、13号、15号都成为了迪奥的产业。迪奥-德尔曼系列鞋店随之开张,位于弗朗索瓦一世咖啡馆的两边;咖啡馆不久后便也被迪奥饰品店吞并。1949年,1500名员工在这样一个走道、楼梯交错的大楼里工作,这个大楼简直可与画家埃舍尔(Escher)的作品相比。迪奥又打趣道,只有"身处其中、走走看看"才是唯一能够理解它运作机制的方法。这已不仅仅是服装公司,更是超大规模的房地产事业。

迪奥请建筑家维克多·格朗皮埃尔来进行空间规划,格朗皮埃尔恰如其分地抓住了迪奥一直以来寻觅的感觉。在他设计的空间里,迪奥得以继续将自己不声不响掀起的革命引向胜利。格朗皮埃尔为"新风貌"设计了布景,他找来了美好年代的装饰元素,同时也不忘注入现代气息。艾莉(Helleu)的新路易十六风格也通过白漆家具、灰色帷幔以及菱形方格门回归了。这一风格还有另一个名字:设计师青年时期公寓的风格。灰色和白色这两种颜色成为了整栋楼的标志色。"新风貌"怀旧而具有革命性意义的梦想正慢慢成形。"我的想法多少有些含混,并没有表述得太清楚,但他都能一一为我实现。我们两人的品味是如此一致,我们都在追忆童年的天堂。"有关格朗皮埃尔,迪奥如是说。

迪奥的好朋友让·奥贝来说:"我曾在迪奥买下的米利拉福雷磨坊里度过了好多周末,那里的装潢近乎修道院风格,和朱尔-桑多大街公寓的奢华形成鲜明对比(……)。那些动人的午后,我至今记忆犹新。午饭过后,我们一块儿品酒,是克里斯汀自己酿的那种覆盆子酒。后来他又在南部购置了房产,希望有机会能够在那里隐居。长期以来,他为了公司而牺牲了个人生活,为此他始终感到遗憾。"言下之意:迪奥公司终于建成了,而它占据了我们设计师的所有时间。

## 从格兰佛到巴黎

对于迪奥而言，巴黎背后隐着的是格兰佛——并非所有时尚狂热者都了解它。迪奥在短时间内就把蒙田大道的一部分改造成了拉芒什海峡的缩影，这把通向格兰佛的钥匙是他的秘密武器。众所周知，迪奥将他青年时期的朋友都召唤到自己身边，这些人是他强有力的支持，这些人和他一块儿编织共有的记忆，这些人是他和另一所房子之间的桥梁。他是如此想念他童年的居所，失去它后，他痛苦万分、日夜哀伤。蒙田大道则再现了法兰西这一隅的种种。看门人费迪南(Ferdinand)来自圣洛(Saint-Lô)，他的职责至关重要——负责看守公司在巴黎的内部资料存放处。有许多职位雇的都是格兰佛人。迪奥在巴黎的黄金三角地带组建自己的小王国——他的诺曼底半岛。事实上，当他挑选团队成员时，主要有两条标准：其一，必须机敏异常，履历良好，特别是招收销售员以及工作室学徒时，考核尤为严格。他招揽了不少之前的同事，尤其从巴杜那里挖来了不少员工。但自始至终，他都对诺曼底人偏爱有加。

很早就受雇于布萨克而出任公司行政、财务总监的雅克·鲁埃也是诺曼底人，迪奥对他赞不绝口："他身上具有诺曼底人的细腻敏锐，因此能够巧妙地避开'我们亲爱的'——一线员工、模特、销售员、记者和顾客——所设下的一切隐秘而华美的陷阱。"

首席销售员妮科尔·里奥托(Nicole Riotteau)身上也带着格兰佛的印记，迪奥称她"几乎算得上是自己的姐姐"①。更值得一提的是他"最早相识的故交"塞尔日·埃夫特莱-卢伊什②。这个青年才俊很快出任科蒂(Coty)香水公司总经理，同时领导化妆品配给公司。塞尔日·埃夫特莱-卢伊什在格兰佛

---

① 妮科尔·里奥托成为了迪奥公司的首席销售。她是迪奥儿时和青少年时期在格兰佛的朋友之一。

② 塞尔日·埃夫特莱-卢伊什是克里斯汀·迪奥的童年好友，或许也是最亲密的好友。年轻时曾是风流才子的塞尔日现在弗朗索瓦·科蒂香水公司工作，1947年他加盟迪奥公司，负责公司香水的生产线，迪奥后来成为这一品牌成功和持久生命力的关键。在公司创始人迪奥去世后，他的左臂右膀也很快罹患癌症，离开了人世。塞尔日·埃夫特莱-卢伊什和迪奥一样，个性也相当谨慎，他的一生相对而言也不太为人知。

时曾和迪奥毗邻而居,他这个花花公子的魅力没有女人能抵挡。自1947年和迪奥重聚后,他便始终不遗余力地支持着他的至交克里斯汀的事业。他们俩拥有共同的珍贵回忆,他认识迪奥最爱的母亲玛德莱娜。他们是如此投契,又是如此不同。他始终都是迪奥最亲近的朋友圈中的一员,无论什么情况下都是最懂设计师的人之一。他从1948年起创立了克里斯汀·迪奥香水公司,并持有其中35%的股份,而克里斯汀·迪奥持有25%,剩下的40%归马塞尔·布萨克。格兰佛的力量再次拧成一股绳,集中发力。

迪奥通过以下两种方式向他的国家致敬:一是为法国鞠躬尽瘁,竭力维护它的荣光;二是为拉芒什地区效犬马之劳,对他而言这里是他永远的故土。在法国另一个地区,激荡着振奋人心的回忆——这里曾经有过战斗,曾经迎来过盟军的登陆——而迪奥的故事正是和那样一个地区休戚与共。正如在克里斯特巴尔·巴伦夏加[①]才华横溢的作品中,处处可见西班牙的印迹;同样地,风暴、咸涩的海风、松木的香味构成了迪奥公司的大背景。正如人们能在"迪奥利西莫"(Diorissimo)香水中闻到迪奥最爱的铃兰的质朴香味;同样地,一走进蒙田大道的房子,这种香气便在空气中漂浮。在迪奥公司中,人们总能发现那层隐藏的景致、那块掩盖起来的基石、那个遗失在壁画中的原始细节。正是在这一内在的、脉络清晰而无比精妙的骨架上,一针一针缝合出了迪奥的服饰;他的回忆录中充斥着各种隐秘的过往;他的居所中掩藏着其他的容身之地。

但是,格兰佛也并非一草一木、原封不动地被搬到了蒙田大道。克里斯汀·迪奥也不是格兰佛独立主义者。对他而言,源自拉芒什海峡的点点滴滴就像他的某些成功保障一样,它们拼凑在一起,使迪奥能在其上建立起他个人的传奇以及服装公司的传奇。蒙田大道30号打开了任人想象的全新视野,这一地址很快成为买手和顾客心中最强有力的识别标志。在那里,一切皆可能。

另一位来自格兰佛的人苏珊娜·卢琳为公司打了头阵。她和迪奥一起,

---

① 巴伦夏加是同时代另一位伟大的时装设计师。和迪奥的突飞猛进不同,克里斯特巴尔·巴伦夏加非常缓慢地推广自己的品牌,他的秀不太受人关注,他的时尚风格缓慢、稳步地发展。但是这两个男人惺惺相惜,互相敬重。巴伦夏加的样衣是"绝对优雅"的代言人,永不过时。他创作的是世上最美丽的作品,其想象力和制作工艺或许有时候比之迪奥的更趋完美。

对于公司初创阶段需要面临的问题都做了通盘考量,其中也包括公司的选址。和她在一起,便不会有任何偶然发生。她说:"我们都很清楚自己想要待在哪里。得挨着一家大宾馆。丽兹很不错,加勒王子酒店(Prince-de-Galles)就更令人满意了。布里斯托尔(Bristol)也不差,但是圣奥诺雷郊区路的马路实在太窄。广场酒店(Plaza)也近乎完美,但它可能接待不下所有的买手,更何况在它对面还矗立着一座德国人建造的巨大碉堡。蒙田大道是双行道,路面够宽,还有个充满魅力的小酒店。我们可以在弗朗索瓦一世路上的书店里印东西,还有个小酒馆。那个时代,所有一切都被警察局拿走了;人们能在警察局查阅到所有人的资料(追溯到纳粹时代)。随后,一切都被拿出来卖。刚开始,迪奥只拥有左侧的一家小店。工作室还在老楼里,都是一点点建起来的。刚开始,我们才不到 100 个人。"①

在迪奥为自己的服装公司选址的过程中,他的主要性格特征已经展露无遗。一言以蔽之,就是 Less is more②。当迪奥的姓氏在蒙田大道上站稳脚跟,克里斯汀便不遗余力地致力于他的终身事业:寻找私人住所。他寻寻觅觅的是和眼前公司大楼截然不同的地方。从"库德莱磨坊"到朱尔-桑多大街的豪华公寓,再到他最后的寓所、日式简朴风格的"黑胶"庄园,克里斯汀·迪奥专心致志地埋头于打磨(用他自己的话来说)、毁坏、调整和建立中。他是个建设者③。

他为他的那些住所写下了许多热情洋溢的文字,值得好好读读。他在这些地方度过周末时光;他隐居在这里,是为了揣摩、绘制他新的服装系列设计草图。"巴黎的空气,"他写道,"弥漫着时装的味道。但当我接连数月吸入这一空气时,乡村的平静便成了一种必需,我需要能够让我消化、思考的地方。"

迪奥近乎疯狂地爱着那些他选择并购置的房产。像他这样一个如此情系故居的人,竟在很长一段时间中时常面临无家可归的窘境,不得不在东一个朋友、西一个朋友家借宿,睡在简陋的床垫上。这些床垫被直接铺在房间的地板

---

① 资料来源于迪奥档案馆。
② 英文,少即是多。——译注
③ 迪奥在他的回忆录中不遗余力地反复提及:他首先是个建筑师。

上，而这些房间没一个属于他。他觉得自己就像孤魂野鬼般飘荡，这样的感觉如影随形。如他自己所言，这便是为什么"我希望我乡下的房子——第一幢属于我自己的房子——是生机勃勃而'真正亲历'过的"。

在寻找"一间能够应付我场面上生活需求的巴黎住所"时，他参观了房产中介介绍的16区朱尔-桑多大街的公寓，普鲁斯特有关记忆的描写一下子出现在他的脑海。"那一刻，我听到了过去时光'啪嗒'响了一下，在我眼前展开。我当时还有其他事务要处理，所以匆匆忙忙赶去了中介给我的地址。那个地方让我欣喜若狂，因为就在离那里不到50米的地方，我看到了阿尔伯里克-马尼亚尔大街，那是我小时候住过的地方。"

克里斯汀行色匆匆。他领着众人打造出一幢恢宏建筑……可自己心里想着的却只是重新找回他人生的第一个房间。而事实上，只有当克里斯汀逐渐远离他青年时期的居所，属于迪奥的人厦才真正有机会破土而出、一展宏图。

## 不 断 扩 大

迪奥公司这一不朽杰作永远都在完善中。每一季，品牌的规模都在扩大。它的羽翼延展到公司围墙之外：在世界的各个角落，在重要的首都，都能看到它的踪迹。迪奥，成了法式优雅和女性在全球的代名词。在纽约，在墨西哥，在莫斯科，在卡拉卡斯，迪奥和他的公司一唱一和，获得了巨大的成功。他的家具和墙的色彩——特里亚农灰和白——俘获了太多人的心。法式优雅的丰碑就此竖立了起来。

迪奥所建立的一切、所创造的一切都成为了一种模型，可以被复制和传播。吕西安·弗朗索瓦对于时尚和人的心理都十分熟稔，他做了非常透彻的分析，并记录下了这样一段对话："'这条裙子，是我生命中最美好的回忆。而这条裙子，它代表了巴黎，'她这么说。另外有人补充说：'它不只是巴黎，它是整个法兰西。'我忽然间顿悟了时装设计师真正的功能，即使那些原本只是附属功能。它属于人们所爱的国家的内涵。人们因为那些独独属于这个国家的东西而深情地爱着它：它的露台，它的后台，它的设计师。即使它的露台、它的后台都被人遗忘,它的设计师依然铭刻在记忆中。"①

　　为了进一步推广他的品牌,克里斯汀·迪奥很快便找来了各个领域以及跨领域的人才,他们都是精通生活艺术的贵族和魔术师。比如,他找来了尼古拉斯·德·冈兹堡②,他是克里雍大酒店的继承人,非常注重培养真正的礼仪气度。他总是一身黑衣示人,但也正是他捧红了一个个设计师,掀起了一阵阵时尚潮流。他在纽约的公寓是由比利·鲍德温(Billy Baldwin)③负责装修的,迪奥在1948年请比利设计了迪奥公司在纽约的工作室。

　　1950年初,迪奥公司的发展战略早已着眼全球,可谓雄心勃勃、锐意进取。这绝不会让马塞尔·布萨克感到力不从心,他身边围着一群金融界的青年才俊,比如亨利·法约尔。法约尔很早以前就发现了迪奥身上的傲气和才气,或许也看出了这个企业家的儿子、政治学院毕业生身上的清醒和明智。马塞尔·布萨克的团队试着建立新的运营模式,或者类似的东西,企业家迪奥则随时在一边全力协助。但迪奥想要更多、更好。他不止想要一家公司,而是很多家公司;他不止想要一种人生,而是很多种人生;他不止想要一时一刻的声名,而是想要谱写整个银河系的传奇。这并非因为他狂妄自大,而是因为一种可怕的饥饿感从来不曾离开他的内心。

　　再说,在蒙田大道,这事无人不知。整盒整盒的巧克力在同事间传来传去,迪奥是那种被大自然拿来取乐的美食家;他吃什么都胖。但他仅仅只对食物感到饥饿吗?他这样一个不怎么引人注目甚至差点被命运遗忘的人,缺乏的是爱和被爱,因此他极度渴望。迪奥品牌的国际影响力不断扩大,但他始终还是会回到自己内心的秘密花园。他制作了各种用于展示的衣服,但他只信

---

①　吕西安·弗朗索瓦,《一个人名如何成为标签》。
②　尼古拉斯·德·冈兹堡(Nicolas de Gunzburg),"咖啡社交圈"的非典型人物,四海为家。1904年,他在巴黎出生于一个俄国家庭,家庭成员的重要代表都是效忠于沙皇的银行家。他在德国长大成人,随后又回到法国。他的父亲在法国拥有的众多财产中包括了克里雍大酒店。他总是穿着黑色衣服,喜欢打扮。他有部分时间住在纽约,在《时尚芭莎》《时尚》等杂志担任编辑20余年。是他让比尔·布拉斯(Bill Blass)、奥斯卡·德拉伦塔(Oscar de la Renta)、卡文·克莱(Calvin Klein)名扬海内外,也是他让迪奥沙龙得以在纽约落成。当他感到大限将至时,他让人拿来自己的黑色长靴,因为他要离开了……
③　室内装修的时代开始了,并延续至今。

任事物的内在表现。克里斯汀让迪奥在蒙田大道入睡,等他醒来时发现自己已置身于其他住所,其中唯一重要的是重拾……回忆。纪念丰碑和家渐渐分离。他在回忆录中写道:"当我完成这本书时,我外省别墅的修整工作也进入了尾声。房子位于蒙托鲁,离卡利昂很近。15 年前,卡利昂的那颗星曾让我归于平静,迈向新的人生。"这是设计师心中的秘密,是他要去赴的和自己的约。他继续写道:"这间房子,我非常希望它成为我真正的住所。是——如果上帝愿意允我生命的话——我可以隐居的地方;是——如果我有这个能力的话——让我将生命之环首尾相扣的地方,我想要在另一片天空下重新找回曾经庇佑过我童年的封闭花园。在那里,我终于可以平静地生活,忘记迪奥,好好地做回克里斯汀。"

这些话语触动人心,但这一要求却未能得到满足。在迪奥度过了 11 年时装设计师生涯,满心想要重新开始新生活时,上帝却没有如他所希望的那样允他以生命。这段话是用孩子的请求口吻说出的,它间接地指向那个世纪发生的各种悲剧,其中包括 1929 年危机和战争。迪奥并不能完全随心所欲。他的伤口依然隐隐作痛。

那个想要回到卡利昂附近生活的迪奥还在书中写道:"我们走出了战争的年代、制服的年代、宽肩女士兵的年代。我为女人花而提起画笔,在我笔下,她们有着柔软的肩膀、美妙的胸线、如藤蔓般的纤细身材以及如花冠般绽放的裙摆。"这里提到的这些,至今仍然是迪奥公司的理念基石,和法国的历史紧密相关。从这个角度而言,迪奥的不凡传奇不乏浪漫主义色彩。但是,这一名字所蕴含的力量还不止如此。它尤其描绘了一种新生活,是它宣告了这种新生活的到来。

在法国的历史长河中,迪奥亲历了战前可怕的萧条期、世界性冲突的悲剧以及它所引发的种种后果,因此他自始至终都无法摆脱那股强烈的生存欲望。或许正是因为他自己曾经为了生存而殚精竭虑,或许正是因为他自己曾经在那样一个荒芜的年代经历了没落、怀疑、疾病和忧伤,才让他最终于 1947 年 2 月打开了一扇通往光明未来的大门;或许正是在那样一种脱节中,迪奥公司的成功找到了它的重要标记,那不仅仅只是时尚问题,更关乎整个历史长河。"新风貌"预告了物资充沛年代的回归,而迪奥公司郑重宣布了这一复兴的到来。

## 掩住招牌？

自1961年起,吕西安·弗朗索瓦写到迪奥这个名字时,便称它不仅仅是一个品牌标签,更是一座历史丰碑。他说:"无论如何,克里斯汀·迪奥跟进了这次下注:不要淹没在数量之海中,他要追求卓越。这条贯彻始终的理想准则被克里斯汀·迪奥发挥到了极致。当命运在战争开始后击中了这个男人、赋予他维护巴黎声誉的责任时,又有谁能想到他出色的团队足以助他达到这个目标?"①弗朗索瓦丝·吉鲁恰如其分地表达了相同的意思:"他在海外限入尴尬的境地:大家不知道要把他归到哪类法国人中去。嘿!我觉得你得把他归到历史丰碑这一类中。"

我得再提醒一句,迪奥家里没有商人。迪奥家庭成员或者是企业家和政治家的结合,比如叔叔吕西安·迪奥;或者仅仅是企业家,即便是最后破产的企业家,父亲莫里斯便是这一类的典型——他于1946年过早地去世了。而正是在这样一个家庭里,迪奥的服装公司找到了它的归宿。不允许将迪奥的姓氏用作商业用途的禁令或许终究会成为理解迪奥这一丰碑的最佳钥匙,因为设计师所打造的品牌并非一个商业品牌,他打造的是一个神话的标题,因此他始终没有违背父亲的意志。迪奥的丰碑树立了起来,它见证着迪奥家在蒙田大道的荣归,但莫里斯和玛德莱娜却已经去世。他们本来并不允许自己的儿子把这一姓氏放到公司招牌上,而今,这一姓氏却成为了全世界最有名的法国姓氏:至少需要树立一座丰碑,用来稍微遮一遮这一姓氏招牌!"法国依然蜷成一团。迪奥这一法国丰碑,在'新风貌'系列中想方设法让法国重新舒展开来。"迪奥的朋友让·奥贝莱在他的回忆录《艺术家的生活》②中写道。

在文艺复兴时期,人们相信记忆是一个巨大的多层几何结构,既有狩猎的陷阱,也有隐秘的出口。因此,每一个人的栖身之处多少都被打上了精神的印记:他所选择的居所,他所建构的生命历程,他所设想的未来,这一切都息息相

---

① 吕西安·弗朗索瓦,《一个人名如何成为标签》。
② 让·奥贝莱,《艺术家的生活》。

关。然而,当一个国家将一个人的一生纳为资本,将他看作自己最大的荣耀时,一切的维度都发生了改变,性质也随之发生变化。在国家丰碑前,无论是肉体上还是内在层面上他都已经改头换面。因为,在任何以他为对象的场合里——不仅仅在秀场上,整个国家都隐匿在这一丰碑之中。当品牌的标记再搅和其中时,事情就变得更加复杂。这不仅仅是在为一位历史人物歌功颂德,还是一种引起轰动的企业行为。

迪奥公司的不朽,既表现在它巨大的规模中,也表现在它推出的服饰以及其他任何细枝末节的小玩意儿里,甚至还包括它的每一个广告形象。迪奥公司的一切都参与到竖立这座不朽丰碑的过程中。如果你对它的创造者的生平有所了解,那么你就不会对此感到惊讶。这些如同完成雕塑作品般的缝纫工艺,剪裁臻于完美的这件上衣或者那条裙子,这一切都出自一个疯狂热爱着建筑的男人之手。迪奥出品的裙子是围绕身体而建的建筑奇观。结构保持隐形这一设计要义几乎被完全否定。"埃菲尔铁塔和巴黎的穹顶勾勒出了两种不同的轮廓,通过它们,新的线条得到了表达。"在1953—1954秋冬季服装发布期间,克里斯汀·迪奥针对他的"鲜活的线条"①发布会发表了以上评论。

迪奥这座丰碑是法国的丰碑,也是建筑师的丰碑。它具有抵御时间的力量也就不足为奇了。

---

① 发布会的命名值得专门研究。这些名字既承载了记忆的重量(向朋友、艺术和文学的致敬),又是现时的"凝结"。比如1938年的样衣"英国咖啡馆"就是那个年代某种情调氛围的绝佳代言。同样地,服装系列的名称以及连衣裙的名字也仿佛饱含"千言万语":1948年的"曲折"(Ziz Zag)、"飞行"(Envol),以及1957年的"自由"(Libre)。1947年发布会开始前,服装系列的媒体通稿被放在每个座位上,上面写道:"1947年秋季系列,温和的肩——丰满的胸——圆润的臀——新的长度充分展现出腿部的迷情。"

# 第十四章
## 手杖和设计师

克里斯汀·迪奥是不可捉摸的。本书也正在向你证明:你试图了解这个男人,却困难重重。人们在各大媒体上对他围追堵截,但也只是徒劳,因为无法分辨那是不是他的影子或轮廓。人们假设他会在这个或者那个场合出现,有些报刊文章甚至言之凿凿,然而他的存在感几乎呈半透明状态,如蝶翼。他不愿意显眼,他不愿意为人瞩目。他也很可能讨厌在某篇游记或者某个社交晚会专栏中看到自己的名字。即使他确实参与了某个事件的组织和发展进程,人们也几乎看不到他的踪影①。但是,他会偶尔扔下几颗小石子,让别人能够发现他的踪迹。

克里斯汀·迪奥想要创作。这是他的梦想。不是创作裙子,而是创作交响乐。迪奥没能在音乐道路上继续前进,和其他才华横溢的艺术家一样,他放弃了一个爱好,以便将自己全身心地投入到另一个中去。他选择了服装设计,但事实上,他从来不曾真正放弃过音乐。

一些人会发现两次大战期间的"六人团"和他之间有亲密往来。亨利·索盖、弗朗西斯·普朗克、乔治·奥里克也都是他的亲密好友,所有这些音乐家都忠心无二②。作曲这件事情让迪奥心醉神迷。和建筑以及植物一样,音乐对于迪奥而言代表着绝对的美。这些美的形式相互叠加,时尚最终成为了这一切的综合体。

迪奥希望成为澎湃有力、令人难以忘怀的管弦乐的作者。弗朗索瓦丝·

---

① 苏珊娜·卢琳负责组织发布会之后的晚宴。地点通常会放在伏尔泰码头(quai Voltaire)她自己的公寓里。她在那里接待时尚界的所有社会名流。克里斯汀·迪奥一次也没去过,他宁可陪客户试样。

② 在迪奥的一生中,音乐无所不在。工作的独立性无疑成为他继续前往音乐厅或者各种私人沙龙的保证。

吉鲁在他所画的某幅设计图中观察到了音乐家的影子："他的作曲天赋卓越，一些人还记得曾在奥林匹亚(Olympia)的舞台上见过他，他当时正用钢琴为一位舞蹈家朋友的试演进行伴奏。"①

## 棍子乐谱

音符在哪里？乐谱在哪里？都飞走了。

迪奥用布料和颜色取代了声音，小提琴家们和他们的琴弓变成了工作室中的阵线。比起亲自动手、弹奏一种乐器，他更喜欢很多人一起来场大合奏。

然而，凡是翻看迪奥照片的人，即便再心不在焉，都不可能不注意到他手中握着的那根手杖，这里，那里，无处不在。他握着手杖，犹如乐队指挥一般走入服装公司；就这样，音乐伴随着他，无处不在。时装设计师是众多人物之一，是克里斯汀·迪奥为迪奥公司所创造并演绎的人物。

汀和他的手杖寸步不离。手杖是他的标记，是他的个人符号，是包含在他整套行头中必不可少的元素。手杖是支柱，是风度，能发挥各种用途。它为那些优雅的女士们打出当季最适宜的节奏；它就像迪奥手指的延伸，顺着它人们的目光便能落在迪奥所指之物上面。而迪奥本人讨厌曝光，不喜欢被看到，也不喜欢被认出来。手杖将人的注意力分散，它倔强而隐晦，专制威严又疯疯癫癫。它有自己的生命，而握着它的始终都是迪奥本人②。

这样的手杖，迪奥至少有两根。一根款式简单，另一根则极尽繁复奢华，还挂着金苹果。据称，伊夫·圣罗兰得到了其中一根，在他继任迪奥公司设计总监后一直小心保存。在迪奥这样一个迷信的人的眼中，手杖无疑是魔力的象征。它是权杖，而精神分析师甚至可能将它看作是男性生殖器的象征。对于圣罗兰而言，手杖无疑如火炬传递般是一种传承的信号。

手杖时而变成马鞭，策马快行。它是精益求精的化身，是植物以及音乐天

---

① 无论是在弗朗索瓦丝·吉鲁的人物小传还是在亨利·索盖的回忆录中，都曾提到迪奥弹起钢琴来如行云流水，他是《法国女人》(Les Françaises)的作曲者，但已无迹可寻。

② 迪奥的手势借助手杖得以延伸，而手杖本身集性感和权威性于一身；而除此之外，还应该记得，它的首要功能是用来触碰远处的他人、布料和现实的。

堂的"玛德莱娜小饼";它是榛子树的香气和未经打磨的漆釉;以自己的权威阻止人们触碰那些工作室正全心全意制作的布料,监督着不让人碰坏还未完成的作品。裙子获得生命力而舒展开来,这个想法让它欣喜若狂。它任凭诗意肆意挥洒,去触碰感觉但绝不加以禁锢。

谁曾经欣然允诺,去触碰花朵的娇嫩,去责怪它们柔弱的花瓣?迪奥从来不曾触碰花朵。充其量他只是提取"黑胶"庄园花朵的精华,萃炼精油和香水。

在大部分工作室照片中,设计师的手杖和迪奥的手指紧紧相连。它是音色受损的乐器。它是颤动的塔夫绸。

1957年11月,米察·布里卡尔①从玛尔特·比贝斯科(Marthe Bibesco)公主那里收到了一封来自克洛德·里岑塔勒(Claude Ritzenthaler)的信件,后者已经在滨海阿尔卑斯省(Alpes-Maritimes)定居了下来。设计师的去世促使这位曾经的实习生一头扎入花朵和羽毛的种植及制作中。每天的春秋两季,她都会创作一些铃兰、山楂花、石竹和茶梅的样品。正是"那一点儿迪奥利西莫的铃兰",让她和迪奥相遇。每一天,她都会将成片铃兰、成束山楂花送到迪奥的管理处。在信件中,她提道:"迪奥自己曾经特别提及枝叶上铃铛似的铃兰花的轻微颤动。我想或许,这一颤动甚至比铃铛的形态本身对他而言更加重要。"②

---

① 在迪奥身边的小圈子中,如果说迪奥是拿手杖的男人,米察·布里卡尔就是挥舞马鞭的女人。米察,她就是夏娃,是罗西(Losey)电影中的那个雅娜·莫罗(Jeanne Moreau)。米察原名热尔曼娜·路易斯·纳斯塔特(Germaine Louise Neustadtl),她的父亲是维也纳人,母亲是英国人。在人们口中,她曾活跃于"准上流阶层"(demi-mondaine),结过几次婚,分别是和一个俄国王子、一个外交官以及贝尔·布里卡尔。她先后为杜塞特、莫林诺克斯以及巴伦夏加工作,加盟迪奥公司后她为这个品牌带来了叛逆的自由、女性的任性以及野性的性感(豹纹主题在某种意义上是因她诞生的)。她的手腕上戴满了手环和细纹布,为的是遮掩学徒们笑称为"爱的伤口"的印记,这位帽饰灵感女神的面容丰富又平和。她在衬衣下面几乎不着寸缕,不然也就只有一根珍珠、钻石项链。她常常孩子气地脱掉她的衬衣,在客厅里像个女皇般专横地裸露上身。如果人们认为她和威廉王储乃至德国侵略军之间存在着某种联系的话,事实上,她和迪奥一样感到自己尤其和失落的中欧有着某种亲近感。迪奥说她的"优雅是她生存的唯一理由",这是一种简练而美丽的概括,指的不是入时的打扮,而是忧郁。

② 读者能够从中看出克里斯汀·迪奥对于铃兰的执著:他的私人花艺师德德邦夫人曾专门为铃兰建造了一个温室。人们试图从铃兰中提取香味,而这一香味似有似无。铃兰似乎是一种会根据人们关注目光的节奏变化"跳动"的花朵。铃兰以及铃铛的颤动在迪奥内心所造成的情感翻涌,即便算不上宗教性的情感,至少也类似于"普鲁斯特式"的慨叹。

## 作曲家迪奥

有时候，我们在杂志的封面或者内页中看到迪奥拿出他的手杖。他正在决定下一季的潮流风向，嘴角露出微笑。迪奥非常尖刻，这是他的手杖告诉我们的。有时候，在一些重大的交流场合中，手杖这一方正的、细长的、渐进的标杆代替他和人沟通。它唤起了设计师的创造力，比如在1953年，他再次将服装的长度推上了新的标准。

在手杖的帮助下，克里斯汀·迪奥终于写就了一部巨型歌剧，九年来的各个系列就如歌剧剧情般一幕幕推进。他的伟大交响乐于1947年创作完成，是一部建立在舞动的体态和色彩基础之上的作品。这一"花冠"系列是一部通过"新风貌"为其打响名号的作品。它让人联想到一个女人在舞台上独舞，如花朵般摇曳；她是铃铛仙女，所有的手杖都为她打着节拍。

迪奥曾经参与了鲍里斯·科奇诺和罗兰·佩蒂（Roland Petit）的芭蕾舞剧《十三支舞》的①创作。这一舞剧的服装都出自于他，由舞台服装师卡琳斯卡②制作完成。但更值得注意的是，他还改编了一段18世纪格雷蒂（Grety）的曲子，这时手杖发挥了它的首要职责：作曲。

瑞典和俄国芭蕾的现代化转变赋予迪奥许多灵感，而正是在这两者的交相辉映下，成就了迪奥的艺术。在20世纪20年代，这些芭蕾舞剧试图将语言、交响乐、讽刺剧、正剧、哑剧、杂技和舞蹈融为一体。为了看一场在夏特莱剧院、歌剧院或者香榭丽舍剧院上演的芭蕾，人们打破脑袋抢票。罗尔夫·德·马雷（Rolf de Maré）既是艺术品收藏家，也是瑞典芭蕾舞剧团的奠基人，他脾气古怪，但才华横溢，在他周边围绕着从波纳尔到莱热、从藤田嗣治（Foujita）到毕卡比亚（Picabia）这样一群先锋派画家。1921年6月起，他把《埃菲尔铁塔上的新婚夫妇》③搬上舞台，舞剧脚本由让·谷克多执笔，埃里

---

① 《十三支舞》(Les Treize Danses)这出芭蕾舞剧大获成功，让世人的目光再次聚焦到迪奥身上。
② 卡琳斯卡(Karinska)是两次大战间非常有名的服装师，是那个时代戏剧界的恢宏画轴上的关键人物。
③ 《埃菲尔铁塔上的新婚夫妇》这出戏和"屋顶之牛"的创始阶段有关，但整个时代都打上了它的烙印，迪奥等一批艺术家都从中得到了源源不断的灵感。

克·萨蒂则负责配乐。1924年,他向观众呈现了《世界诞生》(*La Création du monde*)的"黑人"芭蕾舞剧,达律斯·米约为舞剧作曲,曲风介于巴西韵律和纽约爵士乐之间。季阿吉列夫动员所有先锋派艺术家来为他的舞台布景。毕加索也曾在1920—1921年间为曼努埃尔·德·法雅(Manuel de Falla)作曲的《三角帽》(*Tricorne*)设计布景和服饰。

时装设计师的手杖在这一领域找到了最魅惑人心的节奏。之后,迪奥开始了自己的乐章,他找到了最贴合时尚世界的动作和姿态。

1955年1月10日,在巴黎的美国女人组织午饭饭局,在场的包括纽约新时代出版社的珀金斯小姐以及《纽约先锋报》(*New York Herald*)的露西·诺埃勒。克里斯汀·迪奥是她们的座上客。在谈话时,露西·诺埃勒询问时装设计师手握一根能够在时尚界翻云覆雨的魔杖①是什么感觉,他这么回答:"有时候我觉得是另一个克里斯汀·迪奥在行动、讲话和走路。我停下来,我看着自己。那是我的'两面性'。"

迪奥和他的手杖。一个是另一个的延伸,是创作者身体的一部分。双面迪奥就是这样的。

---

① 这一评价看起来"不太正经",但对于理解迪奥这个人却至关重要。在这里,我们对这一主题进行了一番思考,丹尼斯·蒂阿尔叙述的以下这则轶事或许能够加深我们的理解:

1941年,克里斯汀·迪奥还只是个无名小卒,在时尚界几乎无足轻重。他已经37岁,人生大半匆匆已过。他画了一些时尚设计图。在普莱维尔丹兄弟的好友丹尼斯·蒂阿尔的电影计划中,扮演了忠诚好友的角色。即便在占领期,他仍试图为电影行业尽一己之力。他们两人一块儿为《柱床》一片中舞会场景服饰寻找面料,它的原著是路易丝·德·维尔莫兰(Louise de Vilmorin),"剧本改编"一栏一开始署上的是夏尔乐·斯巴克(Charles Spaak)这个名字,后经证实,它的改编者是让·谷克多。丹尼斯·蒂阿尔诉说道:"他真是个细节癖。他给出的每一条指示都是如此清晰细致,不需要再多做什么阐释。我们非常合得来。他很爱笑,在马蒂兰剧院的一片混乱中,他总能够自娱自乐。克里斯汀·迪奥的穿着打扮像个英国人,这在被占时期特别让人感到身心愉悦。他戴着一顶圆礼帽,饰带上插着松鸦的羽毛。一身灰色法兰绒套装,在衣领饰孔上别着一枝矢车菊。我们还以为自己身处皮卡迪利大街呢!"丹尼斯和克里斯汀得知一个珠罗纱生产商把货物囤在了卢瓦河沿岸的某个仓库里。他俩都觉得这是个值得抓住的好机会,因为当时几乎所有的戏装商都把戏服卖掉了,"我们没有多想就出发了,去探寻我们的珠罗纱工厂。远征这个想法尤其让我们开怀,我们好像漫画里的人物,出发冒险。克里斯汀说:'我们正在寻找失落的珠罗纱。'"显然,最后他们找到了,因为他们去找了。5年后,迪奥创建了自己的服装公司,他找到了失落的珠罗纱的圣经。

# 第十五章
## 迪奥和圣罗兰：情如父子？

2010年春，巴黎小皇宫举办了一场有关伊夫·圣罗兰(YSL)的大型展览。拥护者们就好像奔赴一场最大的跨洲秀一样纷纷前往，去追随自己的偶像。巴黎卡斯蒂尼奥纳酒店(Castiglione)中厅堂、走道纵横交错，吸引了大批媒体的目光，事实上这里很长一段时间都堪称时尚的神经中枢，圣罗兰的很多服装发布会都在这里成功举办。全世界都争相赶赴他每一场的时尚秀，其经典性让所有其他时装设计师的表演都黯然失色或如昙花一现，尤其是那些稀奇古怪的表演①。

通常，时尚史学家会把圣罗兰和迪奥联系在一起来讨论，以此成就一段尊师佳话，甚至"父子"情谊。而在时尚真正的礼拜仪式上，在许多回忆录中，我们可以看到20世纪法国时尚存在着清晰的断裂。裂痕出现于1961年——也就是迪奥突然去世3年多后，当时马克·博昂(Marc Bohan)代替迪奥生前唯一认可的继承人伊夫·圣罗兰接任迪奥公司设计总监一职。（错误的）开端背后隐藏了一个真正的新的起点。那是伊夫·圣罗兰的起点，是他接受遗赠后重获自由的开始，或者更准确地说，是他躲开这些遗赠绕道走出自己道路的新开始。

今天，YSL是大众流行设计的代名词。无论是在自动可视电唱机还是在You Tube 上，YSL 都是标准，大卫·鲍伊(David Bowie)、皮特·多赫提(Pete Doherty)和安迪·沃霍尔的形象使它的地位更加不可撼动。

---

① 20世纪90年代的转折点上，走秀的表演性变成了非死不可的必需，这和世界性的媒体化过程直接相关，这些"现场秀"的片段几乎都被同时贴上网络。镜头效果、模特断续的走步、摄影区舞台前显著的定格：现场直播的走秀不再只是艺术行为，而成为了公共事件，有时候特别矫揉造作。面对这一变化趋势，YSL 的秀场却始终保持着法国仪式化的传统。尤其是凯瑟琳·德纳芙领衔的秀场——她忠诚地参与了YSL绝大部分的走秀活动。

部分的展览空间中展出的全是德纳芙(Deneuve)小姐的个人着装。人们纷纷涌向这一幻觉交错的客厅，他们喜欢设计师全心全意献给女演员的这个小房间；人们心急如焚地走入路易斯·布努埃尔(Luis Bunuel)的电影，盯着《白日美人》(Belle de jour)中的正装裙以及带扣的大衣。在她身上，时尚不仅仅是四季变化，更是一整年的感官享受和记忆。翻看Lookbook①服装秀场小册子，就仿佛忽然闯入了电影《骗婚记》(La Sirène du Mississippi)或者《最后一班地铁》(Le Dernier Métro)②那个年代的衣橱里。

皮埃尔·贝尔热曾采访过时尚史专家、本次展览目录作者弗洛伦丝·穆勒和法里德·彻诺伊③，迪奥被再次提及。"事实上，伊夫·圣罗兰在他一生中只喜欢过三位创作者：香奈儿、薇欧奈和斯奇培尔莉。(……)如果说还有第四个对他而言重要的创作者，那就是克里斯汀·迪奥，但和他相处的话，圣罗兰多少感到更加自如一些。一方面，他知道这是位伟大的时装设计师，并且是他的师父。但另一方面，自从他接手了迪奥公司，便摧毁了迪奥的工艺。仅仅一季，他就让克里斯汀·迪奥过了时(……)。对于伊夫·圣罗兰而言，历史很快便成为了历史。他很幸运能够成为克里斯汀·迪奥的接班人，是迪奥的去世让他取得了媒体方面的成功。"

皮埃尔·贝尔热作为圣罗兰的伴侣，无法想象如果圣罗兰没有逃开、远离迪奥，一切会变成什么样。他甚至说圣罗兰是从一所糟糕的学校——克里斯汀·迪奥的学校——毕业的，他认为迪奥"让时尚屈服于人为的变化"，这样一个男人不可能从深层次给予未来的圣罗兰启发。他说："香奈儿对他颇有教

---

① Lookbook，原貌呈现服装系列全貌的手册。人们把记录"模特数据"的册子称为"大杂烩"(composite)：其中，模特代理会放上几张模特的照片，还有一些数据(身高、体重等)。"大杂烩"这个词很好地反映出在时尚中"被使用"的身体的分裂状态。

② 特吕弗(Truffaut)和迪奥：这两个男人之间并不存在直接联系。但是，当我们观看电影《绿屋》(La Chambre verte)——根据亨利·詹姆士(Henry James)的短篇小说改编——时，或许能设想他们之间存在着某种意义上的合作：他们两人都受到某种过去的"召唤"，这种过去在现时中"造型化地"占据一席之地。

③ 法里德·彻诺伊为时尚史撰写过不少优秀作品，在这里仅举《时尚和人》(Des modes et des hommes)一例。弗洛伦丝·穆勒则是圣罗兰特展的组织者和目录编撰者，近几个月来他接手了让-吕克·德弗雷纳的文献整理工作。在格兰佛举办的展览"艺术家的舞会"以及它的同名展览目录上，迪奥再次焕发新生。

益,这和旁人的怂恿毫无关系。从那时开始,他就厌恶时尚。他相信的只有风格。他狂热地追求风格。"

## 伊夫·圣罗兰和迪奥之间究竟发生了什么?

按照克里斯汀·迪奥的遗愿,伊夫·圣罗兰被任命为迪奥服装公司的艺术总监。伊夫被迪奥身边的"贴身守卫"们——米察·布里卡尔、雷蒙德·泽纳克、玛格丽特·卡雷——紧紧环绕,或许对于这个精神独立的男人来说这种环绕实在太过紧密。连续六季的服装都获得了巨大成功,圣罗兰的聘用合同被一再续期。1956年,阿尔及利亚战争爆发,圣罗兰应征入伍,很快他就因精神抑郁而退役,被送往巴黎的圣宠谷医院(Val-de-Grace)。马塞尔·布萨克关注着事态的发展,他的目光同时扫向了马克·博昂这个已经进入迪奥公司工作的设计师。

皮埃尔·贝尔热当时已经开始充当圣罗兰的经营顾问,他建议布萨克投资第二家更小、更独立的服装公司。迪奥公司的高层雅克·鲁埃和亨利·法约尔并没有表态反对这一建议。布萨克考虑了一番,但他不喜欢留给别人一种重新评估迪奥的感觉,或许也不希望和皮埃尔·贝尔热这个精明的商人搭档管理这第二家公司。因而,他提议让年轻的圣罗兰到美国游学,顺便提高自己的英语。皮埃尔·贝尔热把这解读成拒绝继续聘用圣罗兰,而且对他的索赔请求已有所准备。1961年,伊夫·圣罗兰和迪奥公司解约,他的位置很快被马克·博昂[①]取代,布萨克和后者签订了两年合约。

回到正在施工的斯蓬蒂尼路(Spontini)上的公寓前,圣罗兰临时蛰居于

---

[①] 马克·博昂在布萨克眼中是个完美的局外人。他从1960年起担任高级定制系列的艺术创作总监。事实上,他是在迪奥去世后才进入迪奥公司工作的。1945年,他首先从皮盖公司开始职业生涯,后来转到莫林诺克斯那里,之后又成为巴杜公司的服装系列负责人。然而,博昂声称是迪奥本人联系的他,让他负责面向英国本土和英联邦市场的成衣系列。他说:"这是对服装的一种改造,用不同的面料制作,样式也有所简化。这种服装的制作时限很短。"我们还能饶有兴致地在马克·博昂接受的某个访谈中找到一些其他信息,这一访谈被收录在迄今为止对迪奥最全面细致的介绍《向克里斯汀·迪奥致敬》这本书中,该书由时尚艺术博物馆于1986年汇编出版,其中收录了克里斯汀·迪奥推出的所有服装设计的标题、样衣以及媒体通稿。

拉博埃西路上,三名迪奥曾经的合作者一直追随着他:名模维克图瓦①、公共关系部负责人加布里埃·比夏尔(Gabrielle Busschaert)以及工作室主任克劳德·里卡德(Claude Licard)——安娜-玛丽·穆尼奥斯(Anne-Marie Munoz)很快成为了他的副手。在 YSL 公司雇用的 80 名工人中,有 40 人直接来自于迪奥公司②。伊夫·圣罗兰和皮埃尔·贝尔热还找到卡桑德尔,那个赫赫有名的交缠形态的 YSL 标签就是出自他的手笔,而此前他亦为迪奥创作了公司标签。

自 1955 年起,克里斯汀·迪奥的影子就已经投射到伊夫·圣罗兰那清澈的眼眸中。在皇宫里仔细观察 YSL 的事业初期,不费吹灰之力便能发现迪奥掘出的道道犁沟。在他们之前存在着一种绝对的信任,默契也同样显而易见。有一种象征性的火炬在这两个男人之间传递:只要时间到了,伊夫必将成为迪奥的接班人。这是说定的事儿。克里斯汀·迪奥推出的最后一个服装系列并没有得到一致叫好,他想要很快隐退的愿望——即便具体日期还没有确定——是绝对真实的。"从他对伊夫·圣罗兰的设计图纸所表现出的信心,就可以看出他想要交接职位的决心。这一季的主旋律可以被概括为'没有迪奥的迪奥'。"研究迪奥的专家让-吕克·德弗雷纳肯定地表示。

然而,时间表突如其来地提前了。

有关伊夫·圣罗兰和迪奥之间的关系,圣罗兰本人在 1986 年的一份手稿中曾有所提及,这是最好也最有说服力的诠释。这段话的语气和皮埃尔略有背信弃义之嫌的评论大相径庭。"我记得一切,"他写道,"我记得那里的环境,记得灰珍珠色的墙壁和白色的线角,记得沿着主楼梯摆满的棕榈叶,我记得发

---

① 维克图瓦·杜特勒洛、贝蒂·卡特鲁(Betty Catroux)以及露露·德拉法蕾斯(Loulou de la Falaise)三人和 YSL 的精神密不可分。她们不仅仅是伊夫·圣罗兰的灵感女神,更是他的对话者。维克图瓦·杜特勒洛原本是迪奥公司的模特,她出版了一本和她本人一样幽默、叛逆的书,名叫《迪奥创造维克图瓦》(LP 出版社,1999 年)。贝蒂是圣罗兰的化身。而露露·德拉法蕾斯的优雅轻盈灵动、无可比拟,她负责 YSL 的配饰系列。她的步伐、她的静默、她的决定、她言谈中的幽默感,无不贴合着迪奥的欲望构架,他们之间也成就了一段迷人的友谊佳话(作者和伊夫·圣罗兰、露露·德拉法蕾斯的谈话)。

② 服装公司的人员流动非常频繁。媒体专员、学徒、工作室主任、设计师、模特还有管理人员,他们的职业生涯几乎是在公司间的跳槽中完成的。

布会首日大束鲜花的香味,我尤其记得他。(……)因为,自从我来到他的公司一直到他死亡,我们之间一直保持着这种奇特而令人惊异的合作关系,在我们这两个如此复杂的敏感体之间,建立起了一道不可逾越的屏障:我对他怀着巨大的尊敬,而他则在我面前维持着一个父亲在儿子面前的腼腆和节制。他情感的优雅和我的职业紧密相关。在我们之间建立起了一种非同寻常的默契。(……)我记得那些休息间隙,我们笑得像个疯子;我记得他可贵的善意,还有他对人所表现出的尊敬和爱护。他教会了我最重要的东西(……),无论在我职业生涯中发生了什么,我都必须说,在他身边工作的那段时间我是最幸福的,当时我还不满20岁,正如普鲁斯特所写:'我们业已失去的才是真正的天堂。'"①

迪奥的朋友、《我是时装设计师》访谈录的作者之一爱丽斯·沙瓦纳当年曾在《费加罗报》上这么写道:"国王已死。国王万岁。"似乎没有其他什么更好的说法了,"在这一交接之时,迪奥应该会为此鼓掌"。

对于被选中的伊夫·圣罗兰而言,当摆渡人离开后,他感到的是内心的空虚。在1958年4月9日的《周日新闻》上,他用简练而触动人心的方式解释道:"我感受到一种空虚,在我第一个服装系列发表后我也曾感受过一模一样的空虚。这不是出于恐惧的空虚,而是出于虚无的空虚。我如此信赖他,信赖所有他说的、他做的,当我想到之后再也不会有人对我说'这不错,那很糟'的时候,我心里惊恐万分。众所周知,他能够成功地克服重重挑战。在并没有那么短暂的迪奥公司创立阶段,他便已经做到了。"

---

① 这段话原样收在了由国家博物馆联合会编辑整理的"伊夫·圣罗兰"目录中,而皮埃尔·贝尔热的谈话则被收录在同册的"访谈"板块中,他们两人的讲述相互矛盾。

# 结束语

## 当汀成为克里斯汀·迪奥

1946年年末某个寒冷的日子里,汀——迪奥私下里喜欢人们这么喊他——感到自己一直在事物的外围打转,无法走入其中。他想,肯定有什么事情不对。因为他做不到,什么都没进展,他感到今天自己没办法好好给眼前的模特试装,他对自己再无信心。他从事过很多职业,最终他说服自己:他画的这些设计稿、这些帽子、这些午后套装,都不是经过思考的东西,不是他自己真正相信的东西。

使命、天职于他这样一个文艺爱好者而言,是不存在的。他曾经写过钢琴曲,但没有坚持下去。他于1931年和一群建筑师结伴前往俄国游学,但空手而归,脑子里只有些空泛的想法。毕竟,吸引他的是别人身上闪光的艺术。他喜欢躲在朋友的身后观察艺术行为。他一边往高大、僵直的木制模特身上盖各种毫无创造力的布料,一边扪心自问。布萨克?管他呢。他要去告诉这个人,自己辜负了他的信任。

有一天他能成为真正的艺术家吗?眼前的木制模特又矮又胖、胯部肥大、身材厚实得不可思议,他轻蔑地看着它,脑子里空空如也,没有任何灵光闪现。他太笨拙,太不机敏,什么都做不了,他就像眼前这个可笑的模特一样。有人说他是懦夫。他看起来一直都在生活中跑龙套,除了在某些时刻,会有一些强有力的图像或者整体的结构甚或近乎超现实的空间展示划过他的(而不是其他人的)脑海。他有点像魔法师,有点像中介,最终他相信了这点,但还不是太确信。但如果这些幼苗、新芽不再生长,该怎么办呢?他真的已经准备转身走人了。他童年的朋友苏珊娜·卢琳说:"如果在青年时期没有经历家庭破产,克里斯汀将成为一个文艺爱好者、文艺资助人,他的名字永远不会为世人所知。"

汀做了只有他一人能够做到的事情。他杀死了他的另一个自我。他以不容置疑的暴怒狠狠地责怪着,责怪对象不是他自己,而是他的化身——眼前的这个模特。他越来越重地用榔头击打这个模特,近乎残忍,因为他无法凿出他想要的身材模子。没关系,他会强行取得他要的东西。他毫不克制地挥出榔头。世界应该围着他转,而不是反过来他绕着世界转。汀不会迎合这个世界。让这个世界折服于他,是他生存的唯一方式。如果他做不到,一切都会再次被破坏殆尽。他神经质地重重击打着这个他称为"史塔曼"(Stockmann)的模特,想要塑造出他心目中理想的女人的形态。模特变得面目全非。一个暴躁别扭的人被埋葬于此,这是犯罪现场。他的这一举动奠定了今后的一切。

他的团队后来有很长一段时间都会谈论这段耸人听闻的故事,这个"被谋杀的模特"——这是他们的用词,是个相当强有力的表达方式。服装发布会获得成功后,史塔曼公司曾定制了"被打碎的模特"的特别系列,被称为史塔曼"新风貌轮廓"。迪奥雕琢了他的欲望,迪奥的性感来自于这样一种欲望,它起先是悲观的、压抑的,而后又被残忍地暴露人前,标志他正式踏足时尚世界。在这样一个被过分强调、比女人还女人的轮廓边上,所有女人步调一致,她们在它身上看到了自己,既是合成一体、不可隔离的,但同时又是被肢解、摔碎、扭曲,甚至是被摧毁的。汀创造了一个偶像,由他带到世上的偶像;他将在它被掏空的胯部周围建立所有 H 型、Y 型、剪刀型、8 字形的人像,用克里斯汀所选择的尼古拉·科尚字体修饰,之所以选择这个字体,是因为它"足够狂野"。

迪奥用标识字母的直线和斜线来创建样本,因此他所感兴趣的"是字母的框架结构",时尚史专家瓦莱里·德·吉弗里(Valérie de Givry)如此细致分析道。事实上,一季接着一季,迪奥写就的是关于他人生的小说。

在"新风貌"发布会开始前,他把他的名字展示在蒙田大道那幢房子的墙面上,并大喊道:"如果妈妈还在世的话,我永远不敢这么做!"人们时常追问究竟是什么造就了迪奥的成功,是什么把一个文艺爱好者变成了一个工作狂。诚然,他想要为自己的姓氏雪耻;诚然,他有想要追讨回来的东西;但更重要的是,他的身上附着他自己的分身。在他杀死那个"他"的当天,亦使其不朽。汀不再只是苟延残喘:克里斯汀·迪奥诞生了。

### 图书在版编目(CIP)数据

时尚教主:告诉你一个真实的迪奥/(法)拉比诺著;王笑月,郑红涛译.
—上海:华东师范大学出版社,2015.8
ISBN 978-7-5675-3849-8

Ⅰ.①时… Ⅱ.①拉…②王…③郑… Ⅲ.①迪奥,C.—生平事迹 Ⅳ.①K835.655.7

中国版本图书馆 CIP 数据核字(2015)第 161231 号

DOUBLE DIOR. Les vies multiples de Christian Dior
By Isabelle Rabineau
Copyright © Éditions Denoël, 2012
Published by special arrangement with Éditions Denoël in conjunction with their duly appointed agent 2 Seas Literary Agency
Simplified Chinese Translation Copyright © 2015 by East China Normal University Press Ltd.
ALL RIGHTS RESERVED.
上海市版权局著作权合同登记 图字:09-2013-329 号

## 时尚教主:告诉你一个真实的迪奥

著　　者　(法)拉比诺
译　　者　王笑月　郑红涛
审读编辑　钟　瑾
责任编辑　高建红
封面设计　徐书宸

出版发行　华东师范大学出版社
社　　址　上海市中山北路 3663 号　邮编　200062
网　　址　www.ecnupress.com.cn
电　　话　021-60821666　行政传真　021-62572105
客服电话　021-62865537　门市(邮购)电话　021-62869887
地　　址　上海市中山北路 3663 号华东师范大学校内先锋路口
网　　店　http://hdsdcbs.tmall.com

印　刷　者　上海景条印刷有限公司
开　　本　787×1092　1/16
印　　张　15.5
字　　数　206 千字
版　　次　2015 年 8 月第 1 版
印　　次　2015 年 8 月第 1 次
书　　号　ISBN 978-7-5675-3849-8/K·451
定　　价　39.80 元

出版人　王　焰

(如发现本版图书有印订质量问题,请寄回本社客服中心调换或电话 021-62865537 联系)